錢穆先生全集

錢穆先生全集

〔新校本〕

# 中國學術思想史論叢

（二）

九州出版社

圖書在版編目（CIP）數據

中國學術思想史論叢.2／錢穆著.-- 北京：九州出版社，2011.5（2020.12重印）
（錢穆先生全集）
ISBN 978-7-5108-0894-4

Ⅰ.①中… Ⅱ.①錢… Ⅲ.①學術思想－思想史－中國－先秦時代 Ⅳ.①B2

中國版本圖書館 CIP 數據核字（2011）第 046742 號

中國學術思想史論叢（二）

作　　者　錢　穆　著
責任編輯　陳春玲　周弘博
出版發行　九州出版社
裝幀設計　陸智昌　張萬興
地　　址　北京市西城區阜外大街甲 35 號
郵　　編　100037
發行電話　（010）68992190/3/5/6
網　　址　www.jiuzhoupress.com
印　　刷　三河市東方印刷有限公司
開　　本　635 毫米 × 970 毫米　16 開
插頁印張　0.25
印　　張　32
字　　數　358 千字
版　　次　2011 年 5 月第 1 版
印　　次　2020 年 12 月第 3 次印刷
書　　號　ISBN 978-7-5108-0894-4
定　　價　498.00 元（全十冊）

# 目次

# 序

余早年即好治孔孟儒家言，最先成論語、孟子要略兩書；因考孟子生平，遂成先秦諸子繫年。惟讀書漸多，愈不敢於孔孟精義輕有發揮。晚年，始成論語新解及孔子傳，雖對孔子思想續有啟悟，然常自慚，於孔聖人深處，恐終未有登堂入室之望。於孟子僅略闡其「性善」義。惟於易傳、中庸，認為當出晚周、秦、漢間，則信之甚篤。於大學，僅闡其「格物」義。偶有撰述，皆收本集中。於其他先秦諸子，深信老子書晚出，凡所論辨，集為莊老通辨一書。又有莊子纂箋。此為余治道家言之所得。余又深信名家源於墨，除墨子與惠施兩小書外，此編第二冊所收皆是。余又擬為陰陽家言發微，迄未下筆，僅於劉向歆父子年譜中略述其意。此文當收八本書之第二編。又有中國思想史一書，於上所提，皆粗有涉及。荒陋所得於先秦諸子方面者，僅止於此。又曾撰荀子篇節考，乃在蘇州中學任教時所成，曾刊載於吳江某生所編某雜誌中；自謂昔人治荀書，獨未於此有注意；惜行篋中缺此篇，附識於此，誌敝帚之自珍焉。

一九七六年冬至日錢穆於自識臺北外雙溪之素書樓，時年八十有二。

# 儒家之性善論與其盡性主義

儒家思想形成中國民族歷史演進之主幹，這是無疑的。廣播在下層的是社會風俗，英華結露而表顯在上面的是歷史上各方面的人物。而傳衍悠久，蔚為一民族之文化。中國民族之前途，其唯一得救之希望，應在其自己文化之復興。要復興中國民族傳衍悠久之文化，儒家思想的復興，應該仍是其最要之主源，似乎也是無疑的。已往的儒家思想，未必能適應當前的環境，而振拔尤其困難。然而儒家思想是中國民族性之結晶，是中國民族文化之主脈。並不是儒家思想造成了中國民族之歷史與其文化，乃是中國民族內性之發揮而成悠久的歷史與文化者，其間最要的一部分，則為儒家思想。梅樹總得開梅花，中國民族若尚有將來之歷史與文化，好如雪後老梅，只要生氣尚在，其再度的開花敷萼，無疑的依然是梅花，縱使不是去年的。而去年的梅花早已老謝，本也沒有再上枝頭的可能。作者發願將中國二千年來儒家思想之內蘊，從各方面為之發揮引申，闡述宣布；不過像拾起地下墜花，仔細端詳，來揣測枝頭新葩的面影之依稀而已。

我想在「儒家哲學發微」的總題下分別寫定各題。現在先舉儒家之「性善論」與其「盡性主義」。

儒家思想，是強烈的情感主義者，而很巧妙地交融了理智的功能。儒家思想，是強烈的個己主義者，而很巧妙地調和了人我、內外的衝突。儒家思想，是強烈的現實主義者，而很巧妙地滲透了一切神天不可知界的消息。現在暫從其性善論和盡性主義方面加以闡發。

性善、性惡，是先期儒家一個極重要的爭論，而結果則全折入於性善論之一途。性善論實在是儒家思想一個中心的柱石。荀子是主張性惡的，他說：

> 古者聖人以人之性惡，以為偏險而不正，悖亂而不治，故為之立君上之勢以臨之，明禮義以化之，起法正以治之，重刑罰以禁之，使天下皆出於治，合於善也；是聖王之治而禮義之化也。今嘗試去君上之勢，無禮義之化，去法正之治，無刑罰之禁，倚而觀天下民人之相與也；若是則夫彊者害弱而奪之，眾者暴寡而譁之，天下之悖亂而相亡，不待頃矣。用此觀之，然則人之性惡明矣。（性惡篇）

這可算是性惡論一個極堅強的證據。然而我們試從反面想來，人類本就是「彊者害弱」、「眾者暴寡」的，本沒有所謂「聖王之治」、「禮義之化」，何以忽然生起聖王禮義來？這不得不歸功於所謂「聖人」。而聖人究竟也只是人類中的一分子。孟子說：

聖人與我同類者。

這就變成性善論了。所以主張性惡論者，不得不把「聖人」和「人」分作兩等看；而性善論者，則「聖人」和「人」仍是同等。所以性善論者主張平等，而性惡論者卻不得不主張階級。性善論者主張自由與啟發，而性惡論者卻不得不主張束縛和服從。性善論者主張「明善誠身」，性惡論者卻不得不主張「化性起偽」。其間是非，此處暫勿深論，而性善論終究是儒學正論，則可無疑。孟子論性善也有一番極好的論證，正和上引荀子之說，遙相對立。他說：

蓋上世嘗有不葬其親者，其親死則舉而委之於壑。他日過之，狐狸食之，蠅蚋姑嘬之，其顙有泚，睨而不視。夫泚也，非為人泚，中心達於面目。蓋歸反蘽梩而掩之。掩之誠是也，則孝子仁人之掩其親，亦必有道矣。

這可算是性善論一個最親切的明證。本來，儒家的性善論，正從歷史的進化上着眼。（這一點，清儒焦循孟子正義裏頗有發揮。）孟子又說：

堯舜性之也，湯武反之也。

「性之」、「反之」是怎樣說的呢？譬如上舉「其顙有泚」的人，他「非為人泚，中心達於面目」，正是他天性的流露，所以叫「性之」。旁人見其如此，恍然大悟，想到從前父死不葬，定為狐狸所食，蠅蚋所嘬；他以後再逢母喪，定必效法那人虆梩而掩；這所謂「反之」。反之者，謂反之吾心而見其誠然。人類在先本不知有烹飪，茹毛飲血，解其飢渴而止。後來漸漸地發明火食了，一人偶先熟食，眾人羣起而效，至於易牙，而為天下人口之所同嗜。易牙便成天下人口味的標準。人類在先本不知有美觀，男女裸相逐，得遂其性而止。後來漸漸地發生美感了，一人偶然修飾，眾人羣起而效，至於子都，遂為人類體貌美之標準。飲食之味、男女之美，隱隱地都有一個標準。無論你知與不知，那個標準卻長是潛藏在你心裏。一人偶然的把那標準發現了，提供出來，人人覺得愜心當意，那一人便是所謂「聖人」。聖人只是「先得吾心之所同然」。他的長處，便在把人類心裏一種潛藏的標準發現而提供給大眾，好讓大眾覺悟追求和享受。口味有標準，美色有標準，音聲有標準，至於行為的全體，自然也應有標準。那種標準，並不是別人創立了，來強迫我去服從。捨了我的天眞，而虛偽地去模倣。那種標準，正為其是我內心潛藏着的標準，一旦如夢方醒地給人叫醒，所以才覺可貴，所以才得為人類公認的標準。孟子說：

口之於味，有同嗜也，易牙先得我口之所嗜者也。……至於聲，天下期於師曠。……至於子都，天下莫不知其姣也。……故曰：口之於味也，有同嗜焉。耳之於聲也，有同聽焉。目之於色也，有同美焉。至於心，獨無所同然乎？心之所同然者，何也？謂理也，義也。聖人先得我心之所同然耳。

又說：

規矩，方圓之至也。聖人，人倫之至也。

規矩便是方圓的標準，聖人便是人倫的標準。聖人得此標準到手，也只是他天性自然的流露。孟子又說：

舜居深山之中，與木石居，與鹿豕遊，其所以異於深山之野人者幾希？及其聞一善言，見一善行，若決江河，沛然莫之能禦也。

正是指點出這層意思。南宋陸象山和朱晦菴為着討論教人先從「尊德性」或「道問學」入門的問題而爭執。象山要問晦菴：「堯舜以前曾讀何書來？」這實是透性之見。但究嫌太狹窄了。把人性只關閉在各自個己的圈子內，定要「性之」，不重「反之」，這也未是。孟子說：「堯舜性之，湯武反之。」正是說堯舜乃上古之聖人，在他們以前文化未啟，一切都是他們創作；他們在天性流露的分數上多了些，所以說是性之。湯武已是中古之聖人，在他們那時，文化已稍稍有個基礎，可是當着桀紂亂世，文化的標準又迷惘了，湯武卻能反之於己，重把上古聖人創建的標準提供出來；他們是反身而見其誠然的分數多了些，所以說他們是反之。然而入細講來，堯舜亦未嘗非反之。譬如舜居深山，與木石居，與鹿豕遊，還是一個深山的野人。可是卽在深山野人裏面，並不是沒有天性流露。舜所聞到的善言，見到的善行，不消說只是深山野人之天性流露，並不是荀子之所謂「聖王之治」、「禮義之化」。可是舜卻一經啟發，卽便沛然若決江河，自己走向善的路上去。西國有一寓言說：

> 一稚獅自幼卽乳於羣鹿，長而忘其為獅。一旦見雄獅踞山而吼，稚獅隨鹿震怖。雄獅憐之，詔其臨潭自照。稚獅顧見己貌，無殊雄獅，長吼奮躍而去。

這雖寓言，正可說明「反之」的情景。那稚獅本自潛藏有獅的賦性，苦不自覺。一旦遇見雄獅，臨潭自照，如夢之醒，如瞽之視，自然「若決江河，沛然莫之能禦」了。

孟子又說：

萬物皆備於我矣，反身而誠，樂莫大焉。

「湯武反之」的「反」，卽是「反身而誠」的「反」。所以又說：「堯舜性之，湯武反之。」後人誤解了「反」字，以為要從大人反復到孩童赤子，要從文物昌明的後世反復到木石鹿豕的深山；主張自由進化主義的性善論，一變而為消極退化的了。至於「萬物皆備於我」一語，也為後人誤解。原來「物」字正是「標準」的意思。譬如說「有物有則」，「則」是方式，是模樣，是標準。「物」字的意義也是一例。（此層顧亭林日知錄也說過。）孟子的話，用今語譯來，正是說：「一切的標準，都本潛藏在我的內心，我只一反省而見其誠然，覺得那標準正合我心所要求的一種趨嚮，那便是外部的規範和內部的自由訢合一體，這自然是快樂的了。」

中庸上也說：

自誠明謂之性，自明誠謂之教。

「自誠明」，相當於孟子之所謂「性之」。「自明誠」，相當於孟子的所謂「反之」。那一性一反之間，天人交融，外內相發，明誠一體，便完成了人類的進化。人類只本着那天性，自然能尋向上去，走上進化的大道，所以說是性善了。捨卻這條路徑，人類亦別無進化之可能。

以上是儒家的「性論」和「性善論」。以下再說儒家的「盡性論」和「止至善論」。

儒家事事愛立一個標準，性的標準便是「善」。達乎「至善」，才算是盡其性。未達乎至善，便是未盡其性。孟子說：

口之於味也，目之於色也，耳之於聲也，鼻之於臭也，四肢之於安佚也，性也，有命焉，君子不謂性也。仁之於父子也，義之於君臣也，禮之於賓主也，知之於賢者也，聖人之於天道也，命也，有性焉，君子不謂命也。

口之於味，耳之於聲，目之於色，四肢之於安佚，明明是性，君子何以不謂之性？正因儒家論性，有一個最高可能的標準，那個標準便是善，便是仁、義、禮、知。性分所有，不一定全是仁、義、禮、知，全是善；但是仁、義、禮、知之善，終是在性分以內。儒家便在人性中抉擇出仁、義、禮、知的善來作為盡性的最高可能的標準。正如人類並不全是堯、舜、孔子，而堯、舜、孔子要為人類中的一人，儒家便在人類中抉擇出堯、舜、孔子幾個聖人來作為做人最高可能的標準一樣。再換一個淺顯的例來說：種種甜、酸、苦、辣都是味，普通卻愛在味的裏邊建立一個最高的標準，便是易牙的烹調。嫫母、籧篨也是色，普通卻愛在色的裏邊建立一個最高的標準，便是子都的風采。儒家亦和普通一般的見解，同樣的提出善做性的標準，提出堯舜做人的標準。可是飲食定要易牙般的烹調，擇配定要子都、西施漾的美麗，這是不可能的；所以食、色雖屬天性，儒家卻並不強調那標準來勸人追求。因此說：「性也，有命焉，君子不謂性也。」至於堯舜般的善言、善行，並非不可能，雖說也有困難，到底可以戰勝，所以儒家鼓勵着人們說：

人皆可以為堯舜。

勸人努力向上追求，達到那最高可能的標準。不要自暴自棄，懈怠了。所以說：「命也，有性焉，君子不謂命也。」

孟子盡性主義的見解，到大學裏才盡量地發揮。大學自然是孟子以後的著作。大學開首的三綱領說：

大學之道，在明明德，在親民，在止於至善。

這「明明德」、「親民」、「止至善」三綱，依實看來，只是一事。（這層王陽明說過。）明我之明德，即所以親民；而此明我之明德以親民，便是至善了。讓我舉一實例來說：譬如「孝」，便是我之明德，

「德」是性之充實而又表著的名詞。人性本有「孝」，及其充實而表著於外，遂形成一種德。「明德」的「明」，只是美大之義。孝應有一個對象「父」，父亦便是「民」。明我之明德，便是親民。只此行為，即名「至善」。止於至善，即是盡性。

朱子說：

「止」是至而不遷之義。

我們要到達那至善的標準而更不遷移，才得為止至善。大學上又說：

為人君止於仁，為人臣止於敬，為人子止於孝，為人父止於慈，與國人交止於信。

仁、敬、孝、慈、信，都是至善。我們只求到達那至善的標準而更不遷移。這話看來似易，其實則難。周公以文王為父，其孝易。舜以瞽瞍為父，其孝則難。舜以堯為君，其敬易。周公以成王為君，其敬則難。盡性的境界，決不是一蹴即幾的。所以大學上又提出八條目的步驟來：

古之欲明明德於天下者，先治其國。欲治其國者，先齊其家。欲齊其家者，先修其身。欲修其身者，先正其心。欲正其心者，先誠其意。欲誠其意者，先致其知。致知在格物。

那裏面「格物致知」的訓解，為宋、明以來諸儒熱烈的爭點。據我看，「格物」的「物」字，正是孟子「萬物皆備於我」的「物」，是一種方式、模樣、標準的意思。禮記裏說：

仁人不過乎物。孝子不過乎物。

「物」正是規範、標準。「不過乎物」，便是「格物」。仁人無論如何不踰越他仁的標準，孝子無論如何不離棄他孝的規範。這便是「止於至善」。

「物」字在禮記裏，又有一個特殊的訓詁，便是「射者所立之位」。古人以射觀德，所以講到行為方面，往往以射為譬。中庸上說：

射有似乎君子，失諸正鵠，則反求諸其身。

論到射，一面是射者所立之位，一面是要射的正鵠。射不中的，決不能責諸鵠的，也不能怪自己所站的地位，只是他射法之不精。一切行為正亦如此。譬如孝，父便是正鵠，子是射者所立之位。子孝其父而得父之懽心，便是一射中的。舜孝瞽瞍，瞽瞍卻反蓄意殺舜，這是舜射不中的，失諸正鵠。設使舜回頭說：「你這樣的父，也不配受兒子的孝順」，或者擺出「帝壻」的眉眼來傲視其父；在瞽瞍自然仍舊是個瞽瞍，在舜卻也不成其為一個孝子。正如射者不中鵠的，便把箭垛子搗毀了，另立一個新垛子。或者把自己地位變動了，另移一個新地位。不好說他是誠意要學射。而射的方法，他也必終於沒有知得。要證明你自己是誠意的學射，要知得射的方法，只有立在你原定的地位上耐心射那原定的垛子。立在你原定的地位上耐心射那原定的垛子，便是大學所謂「格物」。「物」是射者原定的地位。「物」又是一個標準，便是射者所懸的鵠的。只有格物的精神，才能「致知」。致知便是曉習射的方法和藝能，便可致得射的知識。射的知識致得了，射的方法藝能精熟了，才見你習射的「誠意」。否則你雖說愛射，終不見你愛射的誠意之表示，怎叫人信呢？正如子孝其父，須有孝父的方法和知識。人們遇到萬不同的父母，誰也不應移動他為子的地位，只有在知識方法上變通，如何能得吾親的懽心，如何能致吾孝心於吾親，此所謂「致知在格物」。孝的知致了，父母也順了，我孝的誠意也表白了，證實了。人們常說：「我未嘗不願孝我之親，只恨我親難服侍，到底不配得孝子的侍奉。我也只好灰心了。」這裏如何能證實你孝的誠意呢？我們惟有責他孝的方法不周到，孝的知識不完全。惟有勸他依然站在子的地位，依然耐心地孝他的父母，而於方法上再仔細地考究。這便是大學格物致知的真解。也便是盡性、止至善的真工夫。

在革命潮流、自由空氣很澎湃濃厚的近代，看了儒家「止至善」的理論，難免不生反感。然而儒家也自有其理由。東鄰之子踰牆偷窺西鄰的處女，西鄰的男子忿不過，鑽隙而往東鄰以妻其家之姊妹們，這是報復。報復直到近世還常通行，所謂「默認的公道」。中庸上說過：

> 寬柔以教，不報無道，南方之強也，君子居之。

人世間的起先，原是一個無道的局面。人們專以報復為公理，世界永無走入大道之一日。程伯子曾說：「世間只是一個感應。」人們只自居「反應」的地位，把「感動」的責任放棄了。為父的要遇到孝子纔肯做慈父，為子的要遇到慈父纔肯做孝子，無道報無道，誰先走向有道的路呢？混濁之世，永無清士。淫佚之邦，永無節女。孟子說的：

> 待文王而後興者，凡民也。若夫豪傑之士，雖無文王猶興。

孟子又說過：

> 君子以仁存心，以禮存心。仁者愛人，有禮者敬人。愛人者人恆愛之，敬人者人恆敬之。有人於此，其待我以橫逆，則君子必自反也：我必不仁也，必無禮也，此物奚宜至哉？其自反而仁

矣，自反而有禮矣，其橫逆猶是也，君子必自反也：我必不忠。自反而忠矣，其橫逆猶是也，君子曰：此亦妄人也已矣，如此則與禽獸奚擇哉？於禽獸又何難焉？

這眞是「行有不得則反求諸己」的眞榜樣，這纔是格物的眞工夫，纔是豪傑無所待而興起的眞行徑。如此纔能至於至善而不遷，如此纔是儒家明善誠身的眞哲學。

中庸裏也說過：

誠者，天之道也。誠之者，人之道也。誠者不勉而中，不思而得，從容中道，聖人也。誠之者，擇善而固執之者也。博學之，審問之，愼思之，明辨之，篤行之。有弗學，學之弗能，弗措也。有弗問，問之弗知，弗措也。有弗思，思之弗得，弗措也。有弗辨，辨之弗明，弗措也。有弗行，行之弗篤，弗措也。人一能之，己百之。人十能之，己千之。果能此道矣，雖愚必明，雖柔必強。

擇善固執便是格物，博學、審問、愼思、明辨、篤行便是致知。格物、致知都是誠意的工夫。故儒家的性善論決不是現成的，而是不斷作為的。他要把「天性的自然」與「人道的當然」打成一氣，調和起來，這是儒學的見解。

而且儒家所謂格物、止至善，在世俗看來，不免譏為是「愚」的、「柔」的，而儒家則自認為「明」而且「強」。何以呢？人們善意的為着他人，而即以完成其自己，這樣聰明而公平的辦法，到底是沒有不勝利的。子孝其父，孝自然是利他的，為着父母；而同時是利己的，完成了他自我的固有之性向而得滿足。人、己的隔閡，很巧妙地打通了。而且儒家立在「人心同然」的見地上，以為人類情感是可以相通的。「愛人者人恆愛之，敬人者人恆敬之」，雖說有「與禽獸奚擇」的人，到底慈父可以感得到有孝子，孝子可以感得到有慈父。所以說：

忠恕違道不遠。

能盡其性，則能盡人之性。

兒子誠意的孝，也是本乎他天性自然的傾向，便是他的「忠」。父母沒有不希望兒子孝的，「所求乎子以事父」，便是他的「恕」。兒子忠實地孝，便是「盡己之性」。兒子孝了，滿足父母希望子孝的天性，還能激發父母慈愛兒子的天性，便是「盡人之性」。儒家抱着這樣一個見解和理論，所以說：

君子素其位而行，不願乎其外。素富貴行乎富貴，素貧賤行乎貧賤，素夷狄行乎夷狄，素患難行乎患難，君子無入而不自得焉。

素位而行，也便是格物、止至善的工夫。所以君子只是「寬柔以教，不報無道」。不報無道，所以盡己之性。寬柔以教，便是盡人之性了。總之儒家只要處在「感」的地位上，去造成一個最高可能的善的世界。

盡物之性，也只是一個「恕」。電可以為人拉車、為人點燈、為人通話、為人傳信，也只是盡了電的性。要利用自然，還須先為自然服務。稻喜水，麥喜旱，農夫的耕耰，全得依順着五穀的好惡性向。農人對五穀的勤勞，也正如子孝其父，臣敬其君一樣，才得有豐收的希望。這也是「忠恕一貫」之理，還須「盡己之性」打通到「盡物之性」。惰農楛耕，己性不盡，物性也便不盡。己、物還是一貫。中庸上說：

誠者，非自成己而已也，所以成物也。成己，仁也；成物，智也。性之德也，合外內之道也，故時措之宜也。

這樣闊大圓融的理論，似乎比荀子天論篇裏的「戡天主義」實在要強些。

左傳上也說「正德」、「利用」、「厚生」。「正德」不僅是正我之德，正德也便是中庸的所謂「盡物之性」。物正其德，乃可以利用而厚我之生。「厚生」又略當中庸的「盡己之性」。己與物交互為利，交互為用，也正和己與人的交互為利、交互為用一樣。惟儒家講人、己與物的交互利用，卻並不從功利上佸量，而從性分上闡發。這是儒家思想一要點。中庸又說：

道並行而不相背，萬物並育而不相害。

這正是儒家理想上一個善意的世界，要人類努力用「止至善」的工夫去企求。人、己的調和，人、物的調和，歸極於人與天的調和，那便是中庸所謂「贊天地之化育」、「與天地參」。孟子上說：

可欲之謂善，有諸己之謂信，充實之謂美，充實而有光輝之謂大，大而化之之謂聖，聖而不可知之謂神。

這是人、神的合一。可算是儒家實踐倫理的最高境界。而實際還只從「善」字栽根。善只是一個「可欲」，只是人們自己內有的性向。故從大學言之，從「明明德」一串向前而為「修身、齊家、治國、平天下」。從中庸言之，從「盡己之性」，一串向前而為「盡人性」與「盡物性」，「贊天地之化育」，「與天地參」。從孟子言之，從內心「可欲之善」，一串向前而為變化不可知之「聖」與「神」。

從近代語言說之，只要把握你自己性分內在的一種眞誠之情感，用恰當的智慧表達出來。也因智慧恰當的表達，而完成了你自己的性分。這是中庸所謂「自明誠」、「自誠明」，明、誠交融，達到天、物、人、己一貫的地位，才是「盡性」，才是「止至善」。這裏是儒家思想最基本的淵泉，也是儒家思想最大的規模。

（此稿草於民國二十二年，載上海新中華月刊一卷七期。）

# 孟子學大義述

中國自漢迄唐，奉周公與孔子同尊。自宋以下，始奉孟子與孔子同尊。

自漢以下，論語為人人必讀書，由此上及五經。宋儒以論語、孟子並列，又入小戴禮記中大學、中庸兩篇，定為四書。

自元以下，四書為人人必讀書，由四書以上及五經。又合四書於唐代之九經，稱十三經。孟子配享孔子，亦始宋代。明太祖以孟子云：「民為貴，社稷次之，君為輕」，欲罷孟子配享，終不堅持此意。

當孟子之世，百家爭鳴，孟子獨曰：「乃我所願，則學孔子。」又曰：「能言距楊、墨者，皆聖人之徒也。」然孟子為學，雖一尊孔子，亦時創新義。

孔子教人以「仁」，論語常以「仁」「禮」對舉，又以「仁」「智」對舉；孟子始連稱「仁義」，又以「仁、義、禮、智」為人性同有之四德。孔子少言「性」，僅曰：「性相近，習相遠，惟上智與下愚不移。」孟子始主「性善」，又言：「人皆可以為堯舜。」孔子曰：「齊桓公正而不譎，晉文公譎而不正。」又曰：「微管仲，吾其披髮左衽矣。」孟子則曰：「仲尼之徒，無道桓、文之事者。」又曰：「子誠齊人也，知管仲、晏子而已矣。」後人言仁、義、禮、智，言性善，辨王道、霸道，皆自孟子啟之。

清儒自乾、嘉以下，自標其學曰「漢學」，以反宋學為幟志。然不知提倡孟子，乃宋儒之功。清代乾、嘉學者，僅能反宋儒，乃不能反孟子。

戴震孟子字義疏證一書，反對宋儒「天理」「人欲」之辨，謂人欲恰到好處卽是天理。然孟子云：「理義之悅我心，猶芻豢之悅我口。」又曰：「養心莫善於寡欲。」明是「理」「欲」分言。只謂理義更可欲，減少欲望，始可養得此理義可欲之心。

「理欲」之辨，卽是「義利」之辨，亦卽是「人禽」之辨。

孟子嘗問人：「人之性猶犬之性、牛之性歟？」又曰：「人之異於禽獸者幾希。」此「幾希」，卽是人性中有理義。人之同於禽獸者同為有欲；人之異於禽獸者，為人心中有理義。孟子分言之，而戴氏混言之。

戴氏之說，微近荀子，而妄非宋儒，實不足信。

為孟子書作註者，最先為趙岐，已在東漢之末。南宋朱子為四書集註，後人讀四書，則必兼讀朱註。

清儒焦循為孟子正義，書中詳引戴氏之說。此乃囿於時代風氣，未為知言。

就今日論之，竊謂孟子思想可供當前人類以至大之貢獻者有三要端。

一、首亘義利之辨。在當前經濟問題上，資本主義與共產主義，成為兩大對壘，然皆從「利」上着眼。國父孫中山先生提出民生主義，乃從「義」上着眼，有合於孟子義利之辨之大傳統。國人能從此發展出一套新經濟政策，必能為世界人類開出一條新經濟乃至新人生之光明大道。

二、自由平等，為全世界人類社會共同嚮往一目標。不幸落在財富權力一切功利現實之陷穽中，為人類導分裂，啟鬪爭。孟子提倡「性善論」，謂：「人皆可以為堯舜。聖人與我同類。有為者亦若是。」此乃人格上一大平等。所以不能如此，孟子曰：「是不為也，非不能也。」孟子又說：「人必有所不為，而後可以有為。」有所不為，此事人人能之。舍生取義，又誰能禁？此是人生一大自由。自由平等，即在我身，反求而得。此一義明，全世界人類社會將大為改觀。

三、孟子生值列國紛爭之世，而最惡戰爭。故曰：「爭城以戰，殺人盈城。爭地以戰，殺人盈野。」又曰：「以德服人者王，以力服人者霸。惟不嗜殺人者能一天下。」近世或尚武力，或尚財力，皆求以霸道服人，人心終不服，而世界亦無大同太平可期。孫中山先生重申孟子王道、霸道之辨，將來世界和平，惟此一途。

經濟問題、社會問題、國際問題，乃當前世界人類紛爭，最難解決之三大問題，而孟子早有一套極超越之原則指示，而歸其極則在「人心」問題上。

孟子最大貢獻，在指點出人心之同然處。其言極為剴切詳明。人人讀孟子書，各可反身自得。

宋儒陸象山有言：「吾學乃由讀孟子書而自得之。」又曰：「我雖不識一字，亦將堂堂地做一個人。」凡讀孟子書而心有自得，亦各自會堂堂地做個人。縱使不識字人，經人把孟子道理指點，亦各會堂堂地做個人。

一切經濟問題、社會問題、國際問題，亦就各人親身所值，在其各自堂堂地做一個人的第一步上切實地、平直地做去。此即是孟子「堯、舜其人，堯、舜其世」之終極理想目標。孟子又曰：「盡心可以知性，盡性可以知天。」人人各盡己心，便可達到盡性知天階段。盡性之學，乃是一套極富科學精神的最高理想的人生哲學。由此而知天，則可替代宗教。世界人類各大宗教間之相互歧義，亦可由此會通，不成爭論。

今天恭值孟子二千三百四十五年誕辰，大家祭拜一堂，穆幸預盛會，敬就愚陋所知，恭述孟子學之淵旨。孟學無窮，斯吾國家民族文化命脈亦無窮，大家堂堂地做人之光明前途亦無窮，世界人類福祉亦無窮。

（此篇為亞聖孟子第二千三百四十五年誕辰紀念講詞，原載一九七三年五月四日中央日報。）

# 易傳與小戴禮記中之宇宙論

國人學者，頗謂中國根本無哲學；儻有之，亦以屬於人生哲學者為主，而宇宙論則付闕如。竊謂斯二義，當分別而論。中西學術途徑異趣，不能盡同。嚴格言之，謂中國無如西方純思辨之哲學，斯固洵然。若謂中國有人生哲學而無宇宙論，則殊恐不然。人生亦宇宙中一事，豈可從宇宙中孤挖出人生，懸空立說？此在中國思想習慣上，尤不樂為。故謂在中國思想史上，人生與宇宙往往融合透洽，混淪為一，不作嚴格區分，以此見與西方哲學之不同，是猶可也；謂中國有人生論而缺宇宙論，則斷乎非事實。

亦可謂宇宙論之起源，乃遠在皇古以來。其時民智猶僿，而對於天地原始，種物終極，已有種種之擬議。言其大體，不外以宇宙為天帝百神所創造與主持。人生短促，死而為鬼，則返於天帝百神之所。此可謂之「素樸的宇宙論」。中西諸民族，荒古以來，傳說信仰，大率如是，並無多異。迨於羣制日昌，人事日繁，而民智亦日啟。斯時也，則始有人生哲學，往往欲擺脫荒古相傳習俗相沿的素樸宇宙論之束縛，而自闢藩囿。但亦終不能淨盡擺脫，則仍不免依違出入於古人傳說信仰之牢籠中，特不如古人之篤信而堅守。此亦中外各民族思想曙光初啟之世所同有的景象。其在中國，儒家思想，厥為卓然有人生哲學之新建。然孔子不云乎？曰：「天生德於予。」又曰：「天之將喪斯文也，後死者不得與於斯文也。天之未喪斯文也，匡人其如予何？」又曰：「丘之禱久矣。」又曰：「敬鬼神而遠之。」然則孔子於古代素樸的天神觀，為皇古相傳宇宙論之主要骨幹者，固未絕然擺棄也。墨家繼起，主「天志」、「明鬼」，無寧為重返於古代素樸的宇宙論，而依附益密。獨至莊周、老聃氏起，然後對於此種古代素樸的宇宙論，盡情破壞，掊擊無遺。蓋中國自有莊老道家思想，而皇古相傳天帝百神之觀念始徹底廓清，不能再為吾人宇宙觀念之主幹。故論中國古代思想之有新宇宙觀，斷當自莊老道家始。竊嘗觀之西土，如斯賓諾沙、費爾巴哈諸人，其破帝蔑神之論，極精妙透闢矣；然彼輩已起於中古以後，而其議論意趣，尚猶不能如我土莊周、老聃之罄竭而暢盡。則道家思想之為功於中國哲學界，洵甚卓矣。

宇宙論與人生論既必相倚為命，而中國古代道家之新宇宙觀又甚卓絕而高明，故自有道家思想，而各家所持之宇宙觀，乃亦不得不隨之以俱變。墨家天志、明鬼，與道家新義絕相遠，其求變較難；故墨家之後起為名家，乃從另一路求發展。儒家之於天帝百神，本不如墨家之篤守，故其變較易。但如荀子之天論篇，乃欲一依儒家之人文，盡破道家之自然，其論偏激，乃不為後人所遵守。陰陽家則欲和會儒、道兩家而別創立其一套宇宙論。其說今亦失傳，已不能詳。但似仍守古昔素樸的天帝觀，而以儒家稱道歷史上之人帝相附會，於是有「五天帝」、「五人帝」之強相配合；其說淺陋而陷於迷信，實猶遠不如皇古相傳素樸的宇宙論之較近情理。惟自戰國晚世，下迄秦皇、漢武之間，道家新宇宙觀既確立，而陰陽家言又不符深望，其時之儒家，則多采取道家新說，旁及陰陽家，而更務為變通修飾，以求融會於孔孟以來傳統之人生論，而儒家面目亦為之一新。予嘗謂當目此時期之儒家為「新儒」，以示別於孔孟一派之舊儒，而其主要分辨，即在其宇宙論方面。至於人生論之舊傳統，則殊無所大異於以前也。

故論戰國晚世以迄秦皇、漢武間之新儒，必着眼於其新宇宙觀之創立又必着眼於其所采莊老道家之宇宙論而重加彌縫補綴以曲折會合於儒家人生觀之舊傳統。其鎔鑄莊老激烈破壞之宇宙論以與孔孟中和建設之人生論凝合無間而成為一體，實此期間新儒家之功績也。

予論此時期之新儒，以易傳與小戴禮記中諸篇為代表。蓋易傳、小戴諸篇之產生，大率正在此期。請即專就此二書中之新宇宙觀，觀其所以與孔孟傳統人生理論如何融凝合拍之處，以為吾說之證成。

古代素樸的宇宙論，以天帝百神為之主；而道家思想則破帝蔑神，歸極於自然，偏傾於唯物。今易傳與小戴記中之宇宙論，亦正大率近似乎主自然與唯物者。古籍詩、書凡言「天」，即猶言「上帝」。天帝至尊，創制萬物，不與物為伍。即論、孟言天亦然，亦不與物為伍。及莊周、老聃書，乃始「天地」並言，則天亦下儕於地為一物，與上世天帝至尊創制萬物之意迥別矣。易傳、戴記亦每天地並言，如曰：

天尊地卑，乾坤定矣。

法象莫大乎天地。（易傳）

大樂與天地同和，大禮與天地同節。（樂記）

致中和，天地位焉，萬物育焉。（中庸）

此類不勝盡舉。此易傳、戴記中之宇宙觀，接近道家、異於上世之證一也。天既與地為伍，下儕於一物，則彼蒼者天，與塊然者地亦無以異。天帝之創制不存，宇宙何由而運轉，種物何由而作始乎？此在莊周、老聃，則曰是特一氣之聚散耳。陰陽家承之，始詳言「一氣」之分而為「陰陽」，陰陽之轉而為「四時」，散而為「五行」。陰陽家宇宙論之前一段，明承道家來。其後一段「五德終始」、「五人帝」，始配合之於儒家言。周易上、下經，本不言「陰陽」，十傳始言「陰陽」。故曰：

易以道陰陽。

其實乃據十傳言。其言「陰陽」，卽天地也。戴記亦每以陰陽、四時、五行與天地並言。此皆兼承道家與陰陽家，而頗以道家為主，其勝於陰陽家而得目為新儒者在此。故凡其言天地、陰陽，則皆以指其為一氣之積與化而已。故易傳曰：

乾，陽物也。坤，陰物也。

又曰：

廣大配天地，轉變配四時，陰陽之義配日月。

又曰：

法象莫大乎天地，變通莫大乎四時。

而戴記則謂：

禮之大體，體天地，法四時，則陰陽，順人情。（喪服四制）

又曰：

人者，其天地之德，陰陽之交，鬼神之會，五行之秀氣也。

又曰：

人者，天地之心，五行之端也。聖人作，必以天地為本，以陰陽為端，以四時為柄，鬼神以為徒，五行以為質。

又曰：

夫禮，必本於太一，分而為天地，轉而為陰陽，變而為四時，列而為鬼神。

又曰：

> 天秉陽，垂日星；地秉陰，竅於山川，播五行於四時。（禮運）

凡此皆並言天地、陰陽、四時、五行，以見天地亦不過為陰陽、四時、五行，為一種畸物的，即謂其偏傾於物質自然現象，而不認有所謂超萬物之上而創制萬物之天帝。此又易傳、戴記之宇宙觀，接近道家、異於上世之證二也。

易傳、戴記采取道家陰陽氣化、畸物的、自然的宇宙觀，既如上述。而易傳、戴記中之人生論，則確乎猶是儒家正統。儒家論人生，近於畸神、畸性的，偏傾於人文的人類心靈之同然，而異於專主自然者而言。其精神意味，與道家畸物的、自然的宇宙觀，扞格不相入。而儒家思想，又貴乎天人之融合一致，此則在道家亦然。凡中國思想之主要精神，蓋無不然。故曰：

> 易與天地準，故能彌綸天地之道。

又曰：

> 乾坤，其易之蘊耶？乾坤成列，而易立乎其中矣。乾坤毀，則無以見易。易不可見，則乾坤或幾乎息矣。（易傳）

此言易道與天地融合也。其言禮猶其言易，故曰：

> 天尊地卑，君臣定矣。卑高已陳，貴賤位矣。動靜有常，大小殊矣。方以類聚，物以羣分，則性命不同矣。在天成象，在地成形。如此，則禮者，天地之別也。天氣上齊，地氣下降，陰陽相摩，天地相蕩，鼓之以雷霆，奮之以風雨，動之以四時，煖之以日月，而百化興焉。如此，則樂者，天地之和也。（樂記）

此節言禮樂與天地合一，卽承易傳言易道與天地合一之義，而語句亦多襲之易傳，可證戴記文字多有出易傳後者，故特舉以為例。又曰：

> 賓主，象天地也。介僎，象陰陽也。三賓，象三光也。讓之三也，象月之三日而成魄也。四面之坐，象四時也。（鄉飲酒義）

此言制禮者效法天地之自然，亦禮與天地合一之義。易傳言「易者，象也」，此又蹈襲其說。可證當時言禮本天地，多自易本天地之說來。此言禮、樂與天地融合，猶易傳言易與天地融合。而凡言禮與言易，其意皆求統包人生之全體。故其言天道，雖大體承襲道家所創畸物的、自然的宇宙論，而必加以一番修正與變動，然後可以與儒家傳統人生論訢合無間。此正易傳與戴記在古代思想史上貢獻之所在也。

故易傳與戴記之宇宙論，實為晚周以迄秦皇、漢武間儒家所特創，又另自成為一種新的宇宙論。此種新宇宙論，大體乃采用道家特有之觀點，而又自加以一番之修飾與改變，求以附合儒家人生哲學之需要而完成。今請再約略述說之如次：

莊老道家所創之宇宙觀，可稱為「氣化的宇宙觀」，以其認宇宙萬物皆不過為一氣之轉化也。易傳、戴記承其說，而又別有進者，即就此一氣之轉化，而更指出其「不息」與「永久」之一特徵是也。易傳曰：

> 一陰一陽之謂道，繼之者善也，成之者性也。

此所謂「一陰一陽」，即指陰陽之永久迭運而不息也。故言「可大」，必兼「可久」。言「富有」，必言「日新」。「繼之」、「成之」，皆言一化之不息。而宇宙自然之意義與價值亦即在此不息不已、有繼有成中見。而戴記闡此尤詳盡。祭義云：

禮樂不可斯須去身。致樂以治心，則易直子諒之心油然生矣。易直子諒之心生則樂，樂則安，安則久，久則天，天則神。天則不言而信，神則不怒而威。

此謂天之所以為天，神之所以為神，皆由其久而後成也。哀公問篇尤明言之：

哀公曰：「敢問君子何貴乎天道也？」孔子曰：「貴其不已，如日月之東西相從而不已也，是天道也。無為而物成，是天道也。已成而明，是天道也。」

夫「無為而物成」，斯乃道家所喜言；然所以無為而能物成者，則胥此「不已」與「久」者為之。若苟忽焉而卽已，倏焉而不久，則將無為而物不成矣。道家喜言無為而物成，儒家又必言物之「已成而明」，而物之所以已成而得明者，又胥此「不已」與「久」者為之也。若苟忽焉而卽已，倏焉而不久，則物雖成而卽毀，終將昧昧晦晦，雖成猶無成也；又何以得粲然著明，以為法於天下，可傳於後世乎？是則芒乎芴乎，雖已成而不明也。

論此尤詳盡者為中庸。中庸之言曰：

不息則久，久則徵，徵則悠遠，悠遠則博厚，博厚則高明。博厚所以載物也，高明所以覆物也，悠久所以成物也。博厚配地，高明配天，悠久無疆。如此者，不見而章，不動而變，無為而成。天地之道，可一言而盡也：其為物不貳，則其生物不測。詩云：「維天之命，於穆不已」，蓋曰天之所以為天也。「於乎丕顯，文王之德之純」，蓋曰文王之所以為文也，純亦不已。

此極言天地之道之盡於不已而久也。博厚所以載，高明所以覆，而苟非悠久，則物且無以成。物之不成，而天覆地載又何施焉？故知天地之道，盡乎此不息不已之久也。而提出此「久」字者，可謂老子已先於中庸。

此不息不已之久，中庸又特指而名之曰「誠」。故曰：

至誠無息。

又曰：

誠者，物之終始。不誠無物。

又曰：

誠者，天地之道也。自誠明，謂之性。自明誠，謂之教。誠則明矣，明則誠矣。

又曰：

誠則形，形則著，著則明，明則動，動則變，變則化。唯天下至誠為能化。

道家論宇宙萬物最喜言「化」，然其言曰：

方生方死，方死方生。

方將化，烏知不化？方將不化，烏知已化？

則其言化也，倏焉忽焉，馳焉驟焉，其間若不容有久。易傳、戴記之觀化則異是。蓋觀化而得其久，得其化之不易不已之久，而特名之曰誠，而後此宇宙之意義與價值亦從而變。唯其觀化也而疑若不容有久，故常疑大化之若毗於為虛無。既虛且無，又烏見其有誠？惟其觀化而得其不息不已之久，故常主大化之為實有。實與有者皆誠也。此戴記之論宇宙，所由絕異於莊周、老聃者也。而孟子之言誠與明，則又先於中庸。

易傳頗不言「誠」，顧其指名此不息不已之久者，即所謂「易」也。故曰：

闔戶謂之坤，闢戶謂之乾，一闔一闢謂之變，往來不窮謂之通。

一闔一闢，往來不窮，此即易道之不息不已也。又曰：

乾坤其易之蘊邪？乾坤成列，而易立乎其中矣。乾坤毀，則無以見易。易不可見，則乾坤或幾乎息矣。

此謂易即乾坤也。又曰：

乾，天下之至健也。坤，天下之至順也。

至健之與至順，即所以成其為不息不已之久者也。又曰：

夫乾，確然示人易矣。夫坤，隤然示人簡矣。

其確然、隤然以示人者，此即所以成其為誠而明也。故易繫與中庸，其論宇宙大化，殆所謂「同歸而殊塗，一致而百慮」也。

天地之化既悠久而不息，至誠而實有，不如莊周、老聃氏之所主，若為倏忽而馳驟，虛無而假合。老子書出莊周後，其思路已為易、庸與莊子間之過渡，不如莊書之徹底破壞。此當別論，此處姑略言之。則試問此悠久不息至誠實有之化，又何為乎？易傳、戴記特為指名焉，曰：凡天地之化之所為者，亦曰「生」與「育」而已。故易傳曰：

天地之大德曰生。

又曰：

生生之謂易。

中庸則曰：

贊天地之化育。

又曰：

知天地之化育。

曰：

天地位，萬物育。

又曰：

天地之道可一言而盡：其為物不貳，則其生物不測。

曰：

萬物並育而不相害，道並行而不相悖。

誠者自成也，而道自道也。誠者，非自成而已也，所以成物也。

易傳又言之曰：

範圍天地之化而不過，曲成萬物而不遺。

又曰：

夫易，開物成務，冒天下之道，如斯而已者也。

戴記又言之曰：

天時有生也，地理有宜也，人官有能也，物曲有利也。（禮器）

天道無為而物成。（哀公問）

又曰：

風霆流行，庶物露生。（孔子閒居）

凡此所謂生、育、開、成，卽天地不息不已悠久至誠之化之所有事。自莊周言之，則曰：

浸假而化予之右臂以為彈，浸假而化予之尻以為輪。

自老聃言之，則曰：

天地不仁，以萬物為芻狗。

蓋莊老言化，皆倏忽而馳驟，虛無而假合，雖天地無所用心焉，此所以謂之「自然」也。易傳、戴記言化，則有其必具之徵，與其所必至之業。此徵與業為何？曰生、曰育、曰開、曰成是也。故雖亦無為而自然，而可以見天地之大德矣。故中庸曰：

小德川流，大德敦化，此天地之所以為大也。苟不固聰明聖知達天德者，其孰能知之？

顧易傳、戴記言化，雖曰有生、育、開、成之大德，亦非謂有仁慈創制之上帝。中庸曰：

成者自成也，而道自道也。

故易傳、戴記之言化，主於「生」而謂之「德」，其所以絕異於莊周、老聃氏之言者又一也。

又曰：

無為而成。

哀公問亦云：

天道無為而自成。

易傳亦言之曰：

乾主大始，坤作成物。

故天地何自始？即始於天地至健之性。天地何由成？即成於天地至順之德。曰：

天地之大德曰生。

大德猶言常性。凡天地之生成化育，此皆天地之自性而自命之。故曰：

一陰一陽之謂道，繼之者善也，成之者性也。（易傳）

又曰：

天命之謂性，率性之謂道，修道之謂教。（中庸）

凡易傳、戴記之所謂「性」，猶莊周、老聃之所謂「自然」。天地自有此性，故天地自成此道。易傳曰：

> 天地設位，而易行乎其中矣。成性存存，道義之門。

此之謂也。往者莊周、老聃「自然的宇宙觀」，至是遂一變而為秦漢以下儒家「德性的宇宙觀」，亦可謂之「性能的宇宙觀」。此又易傳、戴記之功也。

故天地一大自然也。天地既不賦有神性，亦不具有人格，然天地實有德性。萬物亦然。萬物皆自然也，而萬物亦各具德性，即各具其必有之功能。言自然，不顯其有德性。言德性，不害其為自然。自然之德性奈何？曰不息不已之久，曰至健至順之誠，曰生成化育之功。此皆自然之德性也。以德性觀自然，此為易傳、戴記新宇宙論之特色。所以改進道家畸物的自然宇宙論以配合於儒家傳統的人文德性論者，即在籀出此自然所本具之德性，以與人事相會通也。

天人之際，所以為之溝貫而流行其間者，則有鬼神焉，此上世素樸的宇宙論則然也。人死為鬼或為神，而物之奇瑰偉大非常特出者，如山、川、河、海之類，亦各有神。以上帝為萬物之造主，而萬物則變為鬼神，以回歸於上帝。自道家自然的、畸物的宇宙論既出，上帝失其存在，鬼神亦不復有。天地皆一物，人死曰「物化」。大化渾淪，既不見有生死，更何論於死後之鬼神？然世界既無鬼神，則人生短促，物各散殊，天人、死生、物我之際，更無溝貫流通之妙存乎其間。孰主張是？孰綱維是？此皆氣化之偶然，而其勢轉將無異於機械之必然。此與儒家人文的、德性的觀點大悖。故易傳、戴記言宇宙，雖不言天帝造物，而尚主有鬼神。惟其所謂鬼神者，亦如其言天地，僅為德性的，而非人格的。鬼神亦為自然氣化中所本具之兩種德性。易傳、戴記中之鬼神論，實為其宇宙論中至關重要之一部分，抑且為其宇宙論與人生論所由融通透洽至關重要之一部分，是又不可以不兼論也。

易傳曰：

> 易與天地準，故能彌綸天地之道。仰以觀於天文，俯以察於地理，是故知幽明之故。原始反終，故知死生之說。精氣為物，遊魂為變，是故知鬼神之情狀。

「氣」字由莊老始言之，「精」字亦然。老子所謂「其中有精，其精甚眞」是也。此皆分析宇宙萬物之最後成分，而名之曰精與氣。易傳「精氣為物」之說，顯襲諸莊老；而「遊魂為變」，則易傳作者自足成之。朱子曰：

> 陰精陽氣，聚而成物，神之伸也。魂遊魄降，散而為變，鬼之歸也。

是則鬼神卽陰陽之變化，一氣之聚散。故張橫渠曰：

鬼神者，二氣之良能也。

宋儒張、朱論鬼神，皆承易義，與往古素樸的鬼神觀不同。而論鬼神之義最明備者，則在戴記之祭義篇：

宰我曰：「吾聞鬼神之名，不知其所謂。」子曰：「氣也者，神之盛也。魄也者，鬼之盛也。合鬼與神，教之至也。眾生必死，死必歸土，此之謂鬼。骨肉斃於下陰，為野土。其氣發揚於上，為昭明、焄蒿、悽愴。此百物之精也，神之著也。

朱子曰：

昭明是光耀底，乃光景之屬。焄蒿是衮然底，其氣蒸上，感觸人者。悽愴是凜然底，乃人精神悚然，如漢書所謂「神君至，其風肅然」之意。

又曰：

以一氣言，則鬼者陰之靈也，神者陽之靈也。以一氣言，則至而伸者為神，反而歸者為鬼。其實一物而已。

又曰：

精氣就物而言，魂魄就人而言，鬼神離乎人而言。

此處朱子說「鬼神離乎人而言」，即言鬼神非有人格性也。又曰：

天地公共底謂之鬼神。

又曰：

鬼神蓋與天地通。

此卽謂鬼神之為鬼神，乃彌綸周浹於天人、物我、死生之間，而為之實體，為之共性。故就物而言則為「精氣」。易傳曰：

> 精氣為物。

精猶質也。精乃氣之至精微者，因其至精，遂若有質。是精氣猶言氣質也。惟此所謂「氣質」，與宋儒所言氣質微異。因宋儒朱、張言氣質，已落於粗迹言之。而易傳之言精氣，則並無鄙視氣質之意。物必賦有氣質，乃始成其為物。而就人而言則曰魂魄。魂指「氣」言，魄指「精」言。合魂與魄而成為人，猶之合精與氣而成為物也。禮運曰：

> 體魄則降，知氣在上。

蓋謂人之死，體魄則降而下，知氣則升而上。其降而下者，卽所謂「骨肉斃於下陰，為野土」者也。其升而上者，乃其人生前之知氣，卽所謂「發揚於上，為昭明、焄蒿、悽愴」者也。郊特牲亦曰：

魂氣歸於天，形魄歸於地，故祭，求諸陰陽之義也。

凡物莫不具精氣，凡人莫不具魂魄。精氣、魂魄，其實則為一物，卽鬼神是也。如是則豈不無我無物，無生無死，而通為一體，此一體卽所謂之鬼神。鬼神卽陰陽也。故求之鬼神，亦求之陰陽而已。鬼神何以能有感通之德？因其本在陰陽一體之內，豈有不相感通。故人之死，實非澌滅而無在也。其形魄歸於地，骨肉蔽於下陰為野土。人體生於天地萬物而仍歸於天地萬物，故曰「鬼」。鬼者，歸也。既謂之歸，其非澌滅無存可知。然人為萬物之靈，方其生時，有知氣焉，及其死亡，一若其知氣亦消散無存矣，不知其仍升浮發揚於上，而使生者感其昭明、焄蒿、悽愴。則死者之知氣，實亦仍存於天地間，而有其靈通感召之作用者。此意中庸言之最透徹，曰：

鬼神之為德也，其盛矣乎！視之而弗見，聽之而弗聞，體物而不可遺。

朱子說之曰：

鬼神無形無聲，然物之始終莫非陰陽合散之所為，是其為物之體而物所不能遺也。

曰「鬼神之為德」，猶言其性情功能。不僅死者之骨肉，仍有其性能存於天地之間；即死者之知氣，亦有其性能之存於天地之間，而永不澌滅。此可見秦漢間儒家言鬼神，亦就其陰陽而指其德性言之。今謂其宇宙論乃是一種「德性的宇宙論」，則其鬼神論亦是一種「德性的鬼神論」。不必實有鬼神之人格，而實有鬼神之德性。此種德性，彌綸周浹於天地萬物之中，而即為天地萬物之實體，此即謂萬物莫勿具此德性也。而就此德性觀之，則更無所謂物我、死生、天人之別。物我、死生、天人之別，皆屬表面。論其內裏，則莫非以具此德性而始成為物我、死生、天人。故物我、死生、天人至此便融成一體，一切皆無逃於此體之外，故曰鬼神「體物而不可遺」也。惟其體物而不可遺，故使人覺其「洋洋乎，如在其上，如在其左右」。蓋盈天地莫非此一種鬼神之體之德性所流動而充滿。而人亦宇宙中萬物之一物，亦自具此體，具此德性。而人之為人，尤為天地萬物中之最靈。故人之於鬼神，其相感應靈通為尤著。故人與鬼神自能在同一體、同一德性上相感格、相靈應。此種感格靈應之驗，則在人之祭祀之時尤為親切而昭著。此義在戴記祭義、祭統諸篇發揮至明備。禮運亦言之，曰：

人者，其天地之德，陰陽之交，鬼神之會，五行之秀氣也。

其實此處所謂「天地」、「鬼神」、「五行」，亦莫非陰陽，亦莫非一氣之化，此即道家氣化的宇宙論之所創；惟秦漢間儒家於此陰陽一氣之化之中，而指出其一種不息不已之性能，而目之曰「誠」。又於此陰陽一氣之化之中，而指出其一種流動充滿感格靈應之實體，而稱之曰「鬼神」。故人生卽一誠之終始，亦卽一鬼神之體之充周而浹洽。故曰：「人者，鬼神之會。」然則又何待於人之死而後始見其有所謂鬼神哉！易傳所謂「通乎晝夜之道而知」，所謂「幽明之故，死生之說，鬼神之情狀」，皆當由此參之。故禮運又言之，曰：

禮必本於天，殽於地，列於鬼神。

禮器亦言之，曰：

禮也者，合於天時，設於地財，順於鬼神，合於人心。

樂記又言之，曰：

樂者敦和，率神而從天。禮者別宜，居鬼而從地。故聖人作樂以應天，制禮以配地。禮樂明備，天地官矣。

又曰：

禮樂之極乎天而蟠乎地，行乎陰陽而通乎鬼神。

又曰：

禮樂偩大地之情，達神明之德。

凡此皆當時禮家所由謂惟禮可以盡人道、通鬼神而合天地之所以然也。故祭義又曰：

因物之精，制為之極，明命鬼神，以為黔首則。百眾以畏，萬民以服。

夫謂之「明命鬼神」，猶其謂「制禮作樂」。要之為一事，而特以名之曰「鬼神」而已。故必謂鬼神為實有者固非，必謂鬼神為實無者亦未然也。鬼神卽陰陽，卽陰陽之德性與實體，而就其特具感通靈應之迹者而明命之曰鬼神。盈天地，莫非鬼神之體之所充周而流動。若非明於鬼神之道，則何由知天地之所以為天地？而物我、死生、天人之際，亦將扞格難通，不明其一體之所在。而如禮運所謂「聖人耐以天下為一家，中國為一人者」，亦必無由以至。故欲明天地之全體與大德，不可不通鬼神之眞義。而禮者，卽所以事鬼神而求有以通之之道也。則又無惑乎當時儒家之所以尊言夫禮矣。凡此皆秦漢間儒家所以言鬼神之大道也。以此較之上世素樸的鬼神論，其違越固已甚遠。此易傳、戴記採用道家新說，轉進以飾儒義之又一端也。

易傳、戴記時亦不兼舉鬼神而特單稱之曰「神」。凡其言神，卽猶之言鬼神也。易傳云：

> 神無方而易無體。

夫鬼神尚無方所，更何論於人格性？神只是天地造化之充周流動而無所不在者。故又曰：

> 陰陽不測之謂神。

曰：

> 知變化之道者，其知神之所謂乎？

又曰：

窮神知化，德之盛也。

又曰：

惟神也，故不疾而速，不行而至。

神者，妙萬物而為言者也。（說卦傳）

凡此皆以陰陽氣化言神也。天地萬物即陰陽氣化之所由生，故曰：

老子曰：

玄之又玄，衆妙之門。

言「妙萬物」即猶言「眾妙」。老子所謂「玄之又玄」者，必歸極之於「無」。故曰：

常無，欲以觀其妙。

易傳則以此妙萬物者為「神」。易傳之言神，相當於老子之言無，而意義迥殊。故道家謂之「化」，而儒家則轉言之曰「生」。道家謂之「無」，儒家又轉言之曰「神」。而又曰：「神無方而易無體」，則神者，豈不妙無以為之神者耶？樂記亦言：

樂則安，安則久，久則天，天則神。天則不言而信，神則不怒而威。（祭義亦云。）

若以天為自然，則神亦自然也。故道家言無與自然，儒家則轉言之曰神。即據儒、道兩家所運用名字之變，可見其觀念之不同。而儒、道兩家精神所在，亦大可由此判矣。易傳又或不單言神而兼言「神明」，如曰：

以體天地之撰，以通神明之德。

又曰：

以通神明之德，以類萬物之情。

此皆證神明卽為天地與萬物，亦胥由其德性以言也。

故陰陽氣化，猶是此陰陽氣化也。道家則視之為倏忽馳驟，虛無假合焉；儒家則視之為不息不已，至誠實有焉。道家視之為至無，儒家視之為至神，此一異也。故「誠」與「神」，為晚周儒家觀化之兩大概念。誠與神，皆化也。誠言其不息不已，神言其變化不測。誠與神，皆天地大化之所以為化，亦卽此大化所具有之德性。故若名道家所主為「畸物的宇宙論」，則此新儒家之所持，當名之為「畸神的宇宙論」，卽「德性的宇宙論」，或「性能的宇宙論」。卽以德性一元而觀宇宙，故可謂是「德性的一元論」，或「性能的一元論」。人生亦氣化中一事，求所以通物我、死生、天人於一化者，亦惟此至誠之性與至神之體。故曰：

天行健，君子以自強不息。

又曰：

誠者天之道，誠之者人之道。「維天之命，於穆不已」。而文王之所以為文，純亦不已。

凡秦漢間新儒家所謂之天人合德，人生與宇宙之所由以融成一體者，亦本此至誠至神之德性。此為易道，亦即為禮意。人之所由以通天德而達物情，所由以交鬼神而合大道，亦胥由此至誠之心以期夫此至神之感而已。故易之由卜筮，禮之由祭祀，蓍龜之與醴牢，皆物也。物為大化中之一物，猶人為大化中之一人，均之在大化之中，俱為此至神之體、至誠之性之所包孕。人苟具至誠之心，則雖蓍龜、醴牢，可藉以通夫至神之域矣。故不明鬼神之說，將無以通於易道與禮意。而人苟非具一至誠之心，亦將無以明鬼神之情狀，即將無以通物我、死生、天人而為一。凡所以能通物我、死生、天人而為一者，由其本在同一大化中，本具同一之德性。此種德性，直上直下，即體即用，彌綸天地，融通物我，貫徹死生。故本於此種德性一元或性能一元之宇宙觀，即成為德性一元或性能一元之人生觀。孟子與中庸之所謂「盡性」，即持此種德性一元之人生觀者之所有事也。惟孟子當時，道家氣化的新宇宙觀方在創始，孟子未必受其影響，故孟子胸中之宇宙觀，大體猶是上世素樸的傳統。因此孟子之所謂「性」，亦遂與中庸之所謂「性」，涵義廣狹，不全相符。此在本文，殊不能多所發揮。要之秦漢間儒家人生觀之大傳統，則猶承孔孟之舊，不過略變其宇宙觀，以求與道家後起之新義相配合。本文所欲論者，則暫止於此而已。

者。秦漢間儒家之人生觀，其詳非茲篇所欲論。特亦有承襲道家觀點修飾改進，以自完其儒家之傳統者。其事頗有類於上述，一若其改進修飾道家之宇宙論以自適己用，則繼此猶可稍稍略述也。其著者如言「變」、「化」。道家喜言「化」，秦漢間儒家則繼而言「變」。蓋化純屬於自然，而變則多主乎人力也。易傳：

> 化而裁之存乎變。

朱子曰：

> 因自然之化而裁制之，變之義也。

故變、化之辨，卽天、人之別也。易傳又曰：

> 功業存乎變。

是知變、化之辨，卽「功業」與「自然」之辨也。道家尚自然，故主言化。儒家重功業，則轉而主言變。而功業又貴其不悖乎自然，故變者不能悖化以為變，貴乎因化之自然而裁制之以成其變；此易傳言變之宗旨也。易傳言變，遂言「動」。易傳之言動，乃又與道家之尚靜者異焉。故曰：

以動者尚其變。

又曰：

道有變動。

曰：

變動以利言。

易既言變動，又言變通。曰：

通其變，使民不倦。神而化之，使民宜之。

又曰：易窮則變，變則通，通則久。

又曰：化而裁之謂之變，推而行之謂之通。舉而措之天下之民謂之事業。

又曰：通變之謂事。通其變，遂成天地之文。

又曰：廣大配天地，變通配四時。

又曰：

變通者，趣時者也。

可見易傳言變通，猶其言變動，皆主功業事為而言之。惟變必因化之自然，否則亦無由動而通也。易傳主言變，以異乎道家之言化。又常言「器」，以異乎道家之言「物」。蓋物屬自然，器則人為。道尚自然，儒言人事。聖人因物以制器，猶之因化以裁變。所由言之雖異，其所以為言則一也。故曰：

形而上者謂之道，形而下者謂之器。

言器而不言物。物者純於自然，器則雖不離乎自然，亦不盡出於自然。儒家不純以自然者為道，故曰：

易有聖人之道四焉，制器者尚其象。

「象」即象其自然也。制器尚象，即化而裁之之道也。又曰：

備物致用，立成器以為天下利，莫大乎聖人。

又曰：

君子藏器於身，待時而動，何不利之有？動而不括，是以出而有獲，語成器而動者也。

故知易傳言器，猶其言動，亦皆主乎事為功業。又曰：

闔戶謂之坤，闢戶謂之乾。一闔一闢謂之變，往來不窮謂之通。見乃謂之象，形乃謂之器。制而用之謂之法，利用出入民咸用之謂之神。

是知變通之與形器，其本皆起於自然，而又皆主於人事。其極則皆達於神，其要則不離乎陰陽氣化。然而與道家之純言夫陰陽氣化以為畢宇宙之蘊奧、窮人物之能事者，有間矣。此易傳之所以修飾改進道家之說之又一端也。

故易傳中之宇宙，乃一至繁賾至變動之宇宙也。故曰：

言天下之至賾而不可惡，言天下之至動而不可亂。

人之處此宇宙，則貴乎能順應此繁賾變動者而裁制之、利用之，以達於宜而化。故曰：

聖人有以見天下之賾，而擬諸其形容，象其物宜。有以見天下之動而觀其會通，以行其典禮。擬之而後言，議之而後動，擬議以成其變化。

而人事之變化，則貴能與此至繁賾、至變動之宇宙相互訢合而無間。換言之，則即其繁賾變動者而繁賾變動之焉是也。故曰：

以體天地之撰，以通神明之德。

又曰：

以通神明之德，以類萬物之情。

其所謂「通德」、「類情」者，卽求以合天人而融物我；必如是而後可以盡變化之妙，亦必如是而後可以窮運用之宜，亦必如是而後始完吾德性之全。故曰：

精義入神，以致用也。利用安身，以崇德也。

在宇宙萬物謂之「神」，在我謂之「德」。「崇德」卽所以「入神」，亦必能入神乃始為崇德。必如是，乃可以「範圍天地之化而不過，曲成萬物而不遺」。必如是，乃始可謂之「崇德而廣業」。此易傳論人生之大旨也。

記禮者則卽以禮意當易道。故戴記言禮樂，同所以修飾改進道家之論自然，與易家之論往往貌異而神肖。而其論人生之最精邃最博大者，則莫如中庸。中庸曰：

其次致曲。曲能有誠。誠則形，形則著，著則明，明則動，動則變，變則化。唯天下至誠為能化。

此卽易家至繁賾而至變動之人生論也。夫萬物旣繁賾矣，今又曰各推致其一偏一曲焉；一偏一曲，正莊周之所卑，故曰：

曲士常見笑於大方之家。

又曰：

曲士不足以語道。

而中庸則謂推極一曲可以盡大方，此卽所謂「絜矩之道」。此又儒、道之一異也。易曰：

化而裁之存乎變。

今中庸則謂「變則化」。蓋易主裁大化以成人事之變動，而中庸則主由人事之變遷以宣暢完成立大化。其實則天人合德，「先天而天弗違，後天而奉天時」，二者之間固無大辨，所謂「合外內之道，故時措之宜也」。夫果以性之德言，則天人、物我、死生，固皆周浹融洽而無間矣。故苟能有誠，不僅內之有以成己，外之又有以成物。成己者，卽所以盡己之性。成物者，亦所以盡物之性。中庸又言之曰：

惟天下至誠為能盡其性。能盡其性，則能盡人之性。能盡人之性，則能盡物之性。能盡物之性，則可以贊天地之化育。可以贊天地之化育，則可以與天地參矣。

中庸之言「盡性」，卽易傳之所謂「崇德」。「贊天地化育以與天地參」，是卽易傳之所謂「入神」也。其機括惟在自致己誠，自盡己性。何者？盈天地萬物皆此一性之彌綸周浹，卽皆此一誠之所始終貫注，亦卽此一神之所充滿流動。故天也、人也、物也、性也、誠也、神也，其實皆一也，其機括則只在於一己之自盡而自成。故宇宙雖繁賾而至簡易，雖變動而至安定。易傳、戴記「德性一元」之宇宙論，歸其極為人性之一元。此易傳、禮記所以修飾改進道家自然主義之宇宙觀以完成儒家傳統的人文主義之人生論之要旨也。

從來治經學者，易與禮常多分別以求，極少會通而觀。如我上所論述，例證詳明，亦可無疑乎其為說之創矣。抑猶可於易繫、戴記之書得其更直接之內證焉。繫辭有曰：

聖人有以見天下之賾，而擬諸其形容，象其物宜，是故謂之象。聖人有以見天下之動，而觀其會通以行其典禮，繫辭焉以斷其吉凶，是故謂之爻。

是作易繫者明謂聖人制禮之本乎易道也。戴記祭義之篇有之，曰：

昔者聖人，建陰陽天地之情，立以為易。易抱龜南面，天子卷冕北面。雖有明知之心，必進斷其志焉。示不敢專，以尊天也。

立以為易，指易之書。抱龜之「易」，指占易之人。則記禮之人之亦明尊乎易也。周易之書，本不道陰陽，而十翼則道陰陽，猶之可也；記禮者亦道陰陽，此自孔子以至孟、荀皆不然。故知戴記諸篇皆當出荀子後，其時陰陽家言已盛行，儒者或以說易，或以記禮，其事皆已在秦、漢之際。如戴記有月令之篇，其為陰陽家言尤益顯。陰陽家言之異於儒家言，司馬遷孟荀列傳已明揭之。然如此篇所舉，易、禮兩家同為儒術發明新宇宙論，陳義精微，實為於中國思想史上有大貢獻。雖其蹈襲陰陽，遠本道家，亦不足深怪。惜乎漢儒通經致用，僅於政事上有建設，於儒術精義，不能觸及其深處。其言宇宙，則一本陰陽家言，自五天帝而及於五人帝，較之古昔素樸的宇宙論，更為不如。其流而為讖緯，更何以啟人之信，而維繫於垂後？漢儒本此以告誡警勸漢室之帝皇，其意不為非。若莊老道家無為之意，則於漢代政事，實不能有大貢獻也。統一六國，天下一君，秦始皇帝遂有子孫萬世為帝皇之想。惟陰陽家獨主五德終始，力言無萬世一統之帝皇。然漢儒之獨尊陰陽家言，則亦有故。余嘗為陰陽家言宇宙，別立一名，稱之曰「畸於史」，即「畸於人事之宇宙論」。惟自魏晉以下，篡弒相乘，陰陽家五德終始之說，乃為世人所吐棄。於是莊老復興，佛釋乘之，迄於唐、五代，中國思想界之宇宙論，遂為道、釋所獨占。惟易繫與中庸，亦尚為道、釋兩家所參考。北宋理學興起，始復有儒家自己一套的宇宙論。逮於南宋朱子之理氣論出，而此一番新起的宇宙論，乃臻完成。若以孔孟時代為天帝人格化的古昔素樸的宇宙論，易繫與戴禮為「畸於神」的「德性一元的宇宙論」，則兩宋理學可謂是「畸於理」的「理性一元的宇宙論」。欲探究中國儒家思想所抱有之宇宙論，必分別此三者而加以探究。其畸於神與畸於理之兩部分，雖在其貫通於人生論方面，莫不上承孔孟，而無大扞格；但畸神、畸理，終不能謂其無所歧異。繼今而後，於此畸神、畸理之兩面，是否重有所輕重取捨，以為調和融通，再產生一更新的宇宙論，以使儒術更臻於發揚光大，則尚有待於此下新儒崛起之努力。

美國杜威哲學之改造（許崇清譯本）有云：

> 西方人走上實驗的科學和其自然制馭上應用底路徑，比東方人早些。後者在其生活習慣裏多存了些靜觀的、審美的、思辨的、宗教的氣質，而前者則多著些產業的、實踐的。這個差別，和關聯而生底其他差別，乃彼此相互理解的一個障礙，亦為彼此相互誤解的一個根源。所以切實在其關係和適當的均衡上求融會此兩個各不相同的態度的哲學，確可以令他們彼此的經驗互相增益其能力，而更為有效的協同致力於其豐盛的文化勞作。

又云：

在眼前確無有什麼問題比實用科學和靜美的鑑賞所持態度能否調和與怎樣調和這個問題更為重要的。沒有前者，人會成為他所不能利用；而又不能制馭底自然力底玩物和犧牲。沒有後者，人類會變作孜孜向着自然追求利得和彼此推行買賣。此外就是終日無所事事，為著空閒而懊惱，或將他僅用於誇耀的鋪張和越度的奢縱底一種經濟的妖怪。

又云：

靜觀的知識根本變作活動的知識，是現在所用研究發見底方法所必致的結果。但這個變化的大部分，只影響於人生底技術方面。科學造成了新工業的技術，人對於自然勢力底物理的統制無限擴大了。還有物質的財富和繁榮的資源的制馭，從前曾是不可思議的事物，現在卻已成為平常日用，卻可用蒸汽、煤炭、電力、空氣和人體去做成了。但還很少是十分樂觀，而敢宣布對於社會的道德的幸福，亦可以同樣統制的。

又云：

這個經濟的發達，是物理的科學中所起革命底直接結果。但那裏又有比並著這個底人的科學和藝術。不但是知底方法底改善，至今只是限於技術的、經濟的事項，而且這個進步且惹起了重大的新道德之糾紛。（以上引杜威語）

今按：西方哲學路徑，往往有與中國哲學可相比擬而不能全相近似者。杜威以為彼方希臘及中世紀基督教徒時代，偏於美術與宗教氣質的哲學，都對於知識抱靜觀的態度。而近代科學態度則為實踐的、活動的。此一分別，以之比看中國哲學，則中國道家雖為反宗教的，主張自然主義，偏近於惟物論，而實際則為抱靜觀態度者。儒家雖對傳統宗教信仰帶有妥協調和的色彩，而其態度轉為實踐的與活動的。如本篇上引易繫與中庸裏所說制器與盡物性的理論，以及鬼神的觀念等，實大可藉此打通西方宗教、藝術與科學的相互間之壁壘。易繫與中庸之宇宙觀，確是極複雜、極變動的，無寧可謂其與近代西方的科學觀念較近，與古代西方的宗教信仰較遠。此處便有道家的功績。而且易繫之與中庸，終是屬於杜威所說「人的科學和藝術」方面者。又絕無如杜威所排斥如西方哲學界傳統的形而上學與認識論等既無用而又麻煩的諸問題。則杜威所想像，欲為以後彼方哲學另闢一新途徑、使其可以運用新科學的實踐的活動的知識方法，來解決社會的道德的幸福，以達到彼所想的一個複多而變動的人生局面之不斷進步與長成之新哲學，其實此種意境與態度，早在中國易繫與中庸思想裏活潑呈現。惟在中國方面，對於經濟的技術的物理科學方面的知識上之創闢與使用，則比較不受重視。故以較之近代西方，誠為遠遜。此則並非簡單一個理由可以說明。但秦漢以後印度佛學來入中國，道家本是先秦一個最激烈反宗教的學派，而魏晉以下，不免追隨佛教，而結果乃反自陷於宗教迷信之氛圍中。道、佛兩教在當時，亦時時相互滲透，相互斟酌。要之則皆偏於杜威所謂「靜觀」的態度。而後世言易、庸哲學者，又常擺脫不掉易、庸中間所含道家的原始情味。甚至又和會於佛說。於是亦不免於以「靜」的意態看易、庸，卻不能將儒家一番積極活動與複雜實踐的精神盡量發揮。至於宋代理學家畸於理的宇宙論，主張「格物窮理」，以達於「豁然貫通」之一境，其持論要點，似為與近代西方的科學精神，有其更接近之一面。竊意此後中國思想界，既受西方科學精神之洗禮，其在哲學方面，尤其在宇宙論一方面，應該更有一番新創闢。易、庸思想與宋代理學中之理氣論，早已為此開其先路。惜乎杜威所知的東方哲學甚有限，彼僅認東方哲學多屬宗教的靜觀態度。彼不知莊老道家思想，已為一種極徹底的反宗教者。而繼此以起之新儒家，如易繫、中庸諸書，乃有一種極複雜、極動進之宇宙觀與人生論，決然是為實踐的，而非靜觀的。即宋代理學亦然。其言主靜、主敬，本意皆在實踐，而非靜觀。若今後國內學術界，能將中國固有思想，就其有關哲學一面者，盡量忠實介紹於西方，則將來新中國哲學思想之偉大前程，縱不在中國本土發展，亦當能在異邦思想界先著祖生之一鞭。

又按：易傳、禮記中所有之鬼神論，復與西方人所言之「泛神論」不同。泛神論主張一切是神，如此則宇宙每種形態均將為神之實在之一種啟示，如是則世上是非、善惡之分別，更從何建立？至如易傳、戴記中所言之神，並不指宇宙萬事萬物之現成的靜態言，乃指宇宙萬事萬物不息不已、變動不測、至誠實有之一種前進的性能言。乃指一種自身內在的、能動的傾向言。故當時儒家，即我所謂易傳、戴記之著作諸儒，實並不謂宇宙萬物之最先創始者為神，亦不以宇宙萬物當前現成的靜態謂是神。當時儒家，乃指宇宙萬物一種至剛健、至篤實之內在的、自性的、向前動進的傾向而謂之「神」。此種向前動進的性能與傾向，乃自性自能，別無有為之作創始者。又不息不已，永無到達歸宿之一境。若論歸宿，當前即是歸宿。若論創始，亦可謂當前即是創始。而所謂當前，又非一種靜態與定局。此實中國儒家性能一元的宇宙論之精義所在。易傳又即指此繼續不斷之前進傾向而名之曰「善」。至問此種善何由來？則仍為萬物自身內在之一種性能。故曰：「一陰一陽之謂道，繼之者善也，成之者性也。」所謂「性」與「善」，仍即是此一陰一陽之不息不已處。因此其所謂善，並不與惡為對立。亦並非認許當前之一切靜態定局而即謂之善。亦不須說宇宙萬物必待其最終結束處始是善。所謂善，即指此當前現下一種前進不已之性能與動勢。而此種性能與動勢，又是自性自能、剛健主動，非另有一創造此性能者為之主宰。而此一種自性自能、剛健主動之前進，又必得有所成。然所謂之「成」，又並不即是歸宿，而依然仍有其不息不已之向前。此為中國儒家宇宙觀之主旨。若細論之，則不僅以前孔孟如此，以後宋儒亦如此，並不得謂只是易傳與戴記之作者抱有此意想而已。正為中國儒家之宇宙論，實乃建本於人生論。把握其大本大原，乃知其前後之實相一貫也。或疑如此立說，只謂不息不已，至誠實有，變動不測，而稱之曰至誠與至神，或曰至善與至德，豈不流於一種形式主義，只求其不息前進，而更無實際內容可言乎？是又不然。因宇宙既為性能一元，則當着眼其彌綸天地、終始萬物之可久、可大處。若從其可久、可大處着眼，則此至誠至善之性，斷非僅屬形勢而無內容。我所謂中國儒家之宇宙論實建本於人生論，其要旨卽在此。

若明白扣緊此等處着眼，則知孔子論語所提「仁」字，驟看若僅限於人生界，而實已包舉了宇宙之統體。而且此所謂仁之一德，亦並不限於靜之一邊。故孔子雖言「仁者靜」，而實際此仁德乃滲入於複雜之人生界，而為一種實踐之動進。至於此後宋儒如謝上蔡，以「覺」釋「仁」，此乃限於靜的一邊，必待外面事物之來，始有所謂覺，始見所謂仁；故其說為此後朱子所反對。若使此宇宙全體而陷於靜的一邊說之，則必落於易傳所謂「乾坤或幾乎息矣」之境。此因孔子最先立論，本是專一注重在人生界，而宇宙論方面，則仍守古昔之素樸信念，而未有所闡述。卽孟子亦然。故孔子論仁、孟子論性善，皆有待此下新儒之更為申闡。卽墨子亦只注重人生實踐，雖推本於天志，而其意想中之「天」，則仍是一古昔素樸的天。惟至於莊老始大不然。莊老言宇宙，乃始以「道體」為說。道體則是大化不居，決非靜態。惟莊老教人識此道體，則實用靜觀。而人生則終不能止於靜觀而已。是以在道家思想中，天人終不相合。必待至於易傳、中庸，始合天人而一貫說之，曰至誠、曰至神、曰至健，則通體是一動進向前，而又竟體融會和合，而孔子所提仁字，本屬人生實踐一面者，亦可包舉不見違礙。此後宋代理學家，以「理」字說宇宙，而朱子有「天卽理」之說。但理字若仍落在靜的一邊，若果宇宙只是一理，而此理又在靜定之境，則又何從而變化無方、至誠不息，以達於可久而可大乎？所以朱子言「理」定兼言「氣」。氣則在動的一邊，而有理以為之主宰。由理氣轉落到人的心性。性屬理，在靜的一邊。而心屬氣，則在動的一邊。故須由心來主宰一切動。雖說性為心主，但須人盡心以知性。由宋儒的宇宙論轉落到人生論，在其動進向前以至於天人合一之一切實踐與活動，則仍為孔孟原來主張無別。而且既說「性即理」，而物必有性，一物一性，此一宇宙，仍是繁複的、多方的。故須人「即凡天下之物，莫不因其已知之理而益窮之，以求至乎其極」，而達於「豁然貫通」的一境。故易、庸畸於神的宇宙觀，尚未脫盡道家靜觀的玄思的意味。而宋儒畸於理的宇宙觀，乃始更落實到人生複雜動進的實踐中。陸、王後起，轉從人心良知為說，在人生論上似乎明白易簡，但在宇宙論方面則又嫌落空了。此下轉出顏習齋，彼欲力矯宋儒之流弊，但實未明宋儒之眞義。彼之立論，頗欲以禮樂為主，但並不能透到易繫與戴記持論之深處。只重實踐，狹隘已甚。此下有戴東原，更屬淺薄無深趣。大抵中國儒家思想主要貢獻在人生論方面主實踐，主動進，以道德精神為主。道家思想在宇宙論方面有創闢，能靜觀，富藝術精神。易、庸在此兩方面綰合在先，宋代理學家繼起在後，皆求於儒家人生論上面安裝一宇宙論，而亦都兼採了道家長處。余一向主以易、庸思想與宋代理學來會通西方科學精神，獲得一更大之推擴。上引杜威之言，似乎亦有此意向。惜其對中國思想所涉太淺，全未說準了東西雙方眞異同之所在。惟此路遙遠，非能深沉博涉於東西雙方科、哲精微，文化大全，而又別出心裁，獨探理眞，則殊未易於勝任而愉快；固不足以責杜威一人也。

（此稿草於民國三十三年，載是年五月思想與時代第三十四期。）

# 與繆彥威書論戰國秦漢間新儒家

彥威吾兄道席：前奉手教，於拙稿易傳與禮記中之宇宙論一篇蒙惠商榷，豈勝感荷。分析道家、陰陽家得失，尤佩卓見。惟鄙陋之懷，仍多與尊論有未合者。竊謂六家九流，皆漢人隨宜立說，不為典要。若就先秦言，則儒、墨為兩大壁壘；若就漢後言，則儒、道為兩大流別；而尚有未可刻劃以求者。若陰陽家，本已雜糅儒、道而成，嚴格言之，本未能自成一系統。故若確較立說，謂漢儒說經，多雜陰陽家言，此無不可。若精密分析而言，其間便多窒礙。然此層非弟所欲說。今姑就尊論所及者，略陳鄙意。

尊論謂：「特重陰陽，視為宇宙萬物之基本而持以說明一切天象人事者，蓋始於齊之鄒衍。」竊意此義大可商。夫一陰一陽之謂道，凡曰「道之運行」，「一氣之變化」，「陰陽之更迭」，此三語實一義，非有辨也。故道家卽言「陰陽」。老子曰：「萬物負陰而抱陽，沖氣以為和。」此卽以陰陽為宇宙萬物之基本矣。老子書中雖言陰陽者僅此一見，然其言「有無」，言「虛實」，言「剛柔」，言「動靜」，言「美惡」，言「強弱」，言「先後」，言「輕重」，言「清濁」，言「天地」，言「道德」，蓋無往而不兩兩對舉，其他尚不可以盡數；此豈非尊論所謂「持以說明一切天象人事者」乎？

莊周內篇頗少言「陰陽」，此亦鄙意莊周書先老子之一證；惟曰：「我未至乎事之情，而既有陰陽之患矣。」（人間世）此卽所謂：「離內刑者，陰陽食之。」（列禦寇）又曰：「寇莫大於陰陽，無所逃於天地之間，非陰陽賊之，心則使之。」（庚桑楚）者也，此皆以陰陽為自然也。而內篇言「天人」、「死生」、「物我」、「是非」，已開老子持論兩兩對立之先聲。故知莊生雖不極言陰陽，而此後言陰陽之大構則已於莊子內篇樹其基矣。

至於外、雜諸篇，則極道陰陽，隨處可見。故曰：「至陰肅肅，至陽赫赫，肅肅出乎天，赫赫發乎地，兩者交通成和而物生焉。」（田子方）又曰：「天地者，形之大者也。陰陽者，氣之大者也。四方之內，六合之裏，萬物之所生惡起？」曰：「陰陽相照、相蓋、相治，四時相代、相生、相殺，欲惡去就於是橋起，雌雄片合於是庸有。」（則陽）故曰：「吾欲官陰陽，以遂羣生。」又曰：「吾為女遂於大明之上，至彼至陽之原，為女入於窈冥之門，至彼至陰之原。天地有官，陰陽有藏，愼守女身，物將自壯。」（在宥）又曰：「師是而無非，師治而無亂，是猶師天而無地，師陰而無陽。」（秋水）又曰：「陰陽錯行，天地大絯。」（外物）「陰陽和靜，鬼神不擾，四時以節，萬物不傷，羣生不夭。」（繕性）又曰：「其生也天行，其死也物化，靜而與陰同德，動而與陽同波。」（天道，又刻意。）又曰：「人大喜毗陽，大怒毗陰，陰陽並毗，四時不至，寒暑之和不成。」（在宥）又曰：「陰陽四時運行各得其序，惛然若亡而存。」（知北遊）又曰：「奏之以陰陽之和，燭之以日月之明，四時迭起，萬物循生，一盛一衰，文武綸經，一清一濁，陰陽調和，流光其聲。」（天運）其他尚有，不備舉。即就上引凡後世所以言陰陽之緒，大端固亦無以越此矣。凡若此者，又非尊論所謂「視陰陽為宇宙萬物變化之基本，而持以說明一切天象人事者」耶？

莊子外、雜諸篇，其出容有稍晚，如天下篇云：「易以道陰陽」，此決不甚早。刻意云：「化育萬物」，此亦恐出中庸後。惟大較論之，易繫、中庸諸書，正承道家統緒而來，故易繫則曰：「一陰一陽之謂道。」中庸云：「致中和，天地位，萬物育。」其云「中和」，本指陰陽氣之中和而言。劉康公云：「民受天地之中以生。」此語殆亦晚起。老子曰：「冲氣以為和。」莊老書言中和者極多，此不備舉。中和卽指陰陽氣，又何疑者？故云易傳、禮記言宇宙多本之道家也。

此雖荀卿有不得外矣。故荀子曰：「列星隨旋，日月遞炤，四時代御，陰陽大化，風雨博施，萬物各得其和以生。」又曰：「所志於四時者，已其見數之可以事。所志於陰陽者，已其見和之可以治。」是知雖荀卿言「天」，亦無以逃乎陰陽氣化。然荀卿則曰：「莊子蔽於天而不知人。」是荀卿之所譏，其意在莊周，不在鄒衍也。鄒衍之生，尚在荀卿後，烏得言天而不及夫陰陽哉！故鄙意謂尊論以宇宙萬物以陰陽為基本持以說明一切天象與人事者，謂始於鄒衍，其義大可商也。

鄒衍之書，今俱不傳，其詳不可得而論矣。然而猶有可得而微窺者。往年拙撰先秦諸子繫年，有鄒衍著述考一篇，自謂於此頗有所發明。大抵鄒子之書，一曰五德終始，一曰陰陽主運，二書雖不同，要之為言「五行」。若必為道家、陰陽家分疆割席，則道家偏言陰陽，而陰陽家則偏言五行，此其大較也。然此亦大較而已。若必為之精細分析，則仍必有所窒礙。

今姑舉漢人之說證之。司馬談論六家要指，謂：「陰陽之術大詳而衆忌諱，使人拘而多所畏，然其序四時之大順，不可失也。」又曰：「夫陰陽四時、八位、十二度、二十四節，各有教令，順之者昌，逆之者不死則亡，未必然也。故曰：『使人拘而多畏。』夫春生、夏長、秋收、冬藏，此天道之大經也，弗順則無以為天下綱紀，故曰：『四時之大順，不可失也。』」凡此所言，卽指今傳呂覽十二紀、淮南時則、（淮南道家，而亦采陰陽家言矣。故謂過細分析，必多窒礙也。）小戴月令一類而言，此卽所謂「五行相次轉用事」，此卽陰陽主運一書之大綱也。若五德終始，則公羊家「通三統」之說采之。至司馬談之論道家，則曰「因陰陽之大順」，此知漢儒自以「陰陽」歸道家，「五行」歸陰陽家也。卽在荀卿之譏孟子、子思，亦曰：「案往舊造說謂之五行矣。」

其下如劉歆七略（此據漢志）亦云：「陰陽家者流，出於羲和之官，敬順昊天，曆象日月星辰，敬授民時，此其所長也。及拘者為之，則牽於禁忌，泥於小數，舍人事而任鬼神。」

今若以司馬談、劉歆之說為據，下參拙撰鄒衍著述考所論列，竊謂可以得古人所謂陰陽家之大體。陰陽家之大體既得，則其與道家之分野自明，而鄙論謂易傳、禮記中之宇宙論多本道家，而更不旁及陰陽家者，其意亦自顯。弟非謂易傳、戴禮中無羼以陰陽家言也，惟弟標題立論之大宗要旨則不在是耳。

尊論又謂：「此派儒家（卽指易、庸諸篇之作者言。）多上託於子游、子思、孟子，而深為荀卿所不滿，荀卿排觝此派儒家，遂歸其罪於子思、孟子。」鄙陋之見於此又竊有疑。荀卿謂子思、孟子造為五行，此其義拙撰鄒衍著述考亦已論及，此不贅述；今尊論謂卽為易、庸一派新儒家而發，此何據乎？鄙陋之見，則為易傳、戴記皆出荀卿之後，多為秦漢間儒家之著作。其時學術界調和融會之風方盛，故此諸書不僅雜糅儒、道，抑且有墨家言，有法家言，有名家言，有陰陽家言，而自以采道家言者為主；其於儒術亦孟、荀兼采，而實以偏於荀者為多；此在戴禮尤為顯見。「隆禮樂而殺詩書」，此卽孟荀之分野也。若易、庸論性，則與其謂近孟子，不如云近道家，此在拙稿辨性一篇闡述之。拙論易傳禮記中之宇宙論，正為辨性一文作張本。必兩文合觀，乃得鄙意之合。甚望吾兄再有以教之也。

抑老子言：「道可道，非常道。名可名，非常名。」而荀卿則曰：「天行有常，不為堯存，不為桀亡。」又曰：「天有常道，地有常數。君子道其常，小人計其功。」中庸「庸」字卽「常」也，中庸卽調和荀、老，非荀子斥中庸也。戴禮與荀子之關係，自來承學之士，皆所認許，而尊論乃謂荀卿觝排易、庸新儒，此實鄙見所未喻也。

至論「天人相應」，此乃中國思想傳統一大節目；竊謂雖孔、孟、莊、老，尋其底蘊，蓋莫不有一種天人相應之觀念默存於其胸臆間，特所從言之有異耳，非自陰陽家乃始有此意見也。荀卿天論獨為違異，遂有「性惡」一義，以自外於中土思想之大統。尊論於此盛推荀卿，私見以為猶當細辨也。然此非短札所能詳。

至中庸云：「國家將興，必有禎祥。國家將亡，必有妖孽。至誠之道，可以前知。」此亦人事天理之大端可信者，惟不當專以歷代五行志中觀念說之耳。今必斥此為迷信、不科學，似非持平之見。漢儒如董江都之於春秋、京房之於易、翼奉之於詩，此洵有可議者；然若以此歸罪於易繫、中庸，則易繫、中庸不受也。

尊論剖析道家、陰陽家得失極是，而於秦漢間諸儒，全以陰陽家迷信斥之，竊謂尚當細剖耳。

尊札到，本擬卽復，適因賤體又失和，竟日偃息，筆墨全廢。此數日稍舒，於每晨力疾書數十語，斷續數日，乃得成首尾。下午卽倦臥不能起。竊意尊論與鄙陋此函所復，皆辨析道家、陰陽家異同，同為拙稿易傳禮記中之宇宙論一文所未備。私意擬將此兩書一併布之思想與時代，以求國內學人對此問題之意見，不知尊意許之否耶？專復順頌

侍祺百福

弟錢穆拜啟

（原載民國三十三年六月思想與時代第三十五期）

## 〔附〕繆鉞與錢賓四先生書

賓四吾兄史席：日前幼偉兄出示尊著易傳與禮記中之宇宙論，浣誦佩慰。憶去年兄在遵義時，春郊偕遊，縱論學術，兄曾談及，戰國晚世下至秦漢間之新儒家，其思想在中國學術史中至為重要，學者所

宜究心。惟當時粗引其端，未加闡發。今讀尊文，精宏邃闢，辨析入微，千里之遙，如親謦欬，忻忭何極。吾兄據易傳戴記闡論戰國秦漢間新儒家之宇宙論，乃受道家影響，而又彌縫補綴以曲合於儒家傳統之人生觀；考明學術之流變，抉發古人之深心，所論固精卓不易矣。竊以為猶有一義可以附論者，卽此派新儒家所受陰陽家之影響是也。弟嘗沈潛反覆於易傳及禮運、樂記、中庸諸書，深覺此派儒家除受道家之影響外，尚帶陰陽色彩；大抵思致精微，富於想像，取孔孟以來儒家傳統之說，更與以形而上學之根據，此其所長也。而古代天人徵應、術數迷信之觀念，為孔孟所漠視，荀子所排擊者，此派儒家又稍吸取焉；於是儒家澄潔之思想中，復略雜入迷信之成分，至西漢而其風大暢，此其弊也。此派儒家多上託於子游、子思、孟子，而深為荀卿所不滿。荀卿排觝此派儒家，遂歸其罪於子思、孟子。弟之鄙見如是。姑妄論之，以就正於有道。

據左傳、國語所記，西周末至春秋時，雖偶有以「陰陽」解釋宇宙現象者，如周之伯陽父、內史叔興及越范蠡等；至於特重陰陽，視為宇宙萬物變化之兩種基本力量，而著書立說持以說明一切天象人事者，蓋始於齊之鄒衍。故司馬遷論述鄒衍之學，「乃深觀陰陽消息而作怪迂之變，終始、大聖之篇十餘萬言。」漢人論述先秦學派，稱鄒衍一派為陰陽家。鄒衍齊人，生於海濱，富幽眇之思，喜荒誕之談，既深觀陰陽消息以為立說之宗，又取古代術數中「五行」之說、天人徵應之觀念而理論化、系統化，創為「五德終始」之論；其言歷史地理，怪誕新奇，聳動一世，遨遊齊燕，號為顯學。莊老書中雖亦偶言「陰陽」，然未嘗言「五行」。莊老剖擊皇古以來之宗教觀念，而鄒衍顯吸取之。莊老之說為自然主義之哲學，視宇宙為自然之氣化，與人事無涉；而鄒衍則大倡天人相與，機祥徵應之論。是道家與陰陽家差別之點，其言陰陽雖同，而其所以言陰陽則異。但鄒衍雖倡陰陽五行之說，然亦旁通儒言，言仁義節儉，君臣上下六親之施；而鄒衍稍後，一部分之儒家（尤其齊地之儒家）受此陰陽五行新說之震盪，喜其怪奇玄眇，取以解釋儒家舊說，兼融入道家思想，於是易繫辭、禮運、樂記、中庸諸書出焉。

周易本占筮之書，其卦辭、爻辭中雖偶有古人由生活經驗所得之格言，而並無精深之哲理。正統之儒家，如孔子、孟子，乃至於荀子，皆未嘗以周易與詩書禮樂並重。吾兄囊日撰著，於此義闡發已詳。受陰陽家影響之儒者，欲附會陰陽之義於古代典籍中，則莫宜於周易，因乾坤二卦即代表陽與陰之義也。但周易中雖含有陰陽之義，然易繫辭以前之解釋周易者，未嘗特重陰陽。易卦爻辭中未言陰陽。左傳、國語所載，春秋士大夫引周易或以周易占筮而解釋其義者，亦未嘗用「陰陽」之字面。彖傳、象傳中言及陰陽者僅四次，乾卦象曰：「潛龍勿用，陽在下也。」坤卦象曰：「履霜堅冰，陰始凝也。」泰卦彖曰：「內陽而外陰。」否卦彖曰：「內陰而外陽。」此外如「⚊」「⚋」，後人稱為陽爻、陰爻者，彖、象傳皆稱之為剛柔，未言陰陽也。（彖傳、象傳多言修身處世齊家治國之道，極少言玄眇之哲理，與繫辭或非出於同一派儒家之手。）文言偶言及陰陽。至繫辭始曰：「一陰一陽之謂道。」又曰：「陰陽不測之謂神。」以「陰陽」為宇宙萬物變化生滅之總原理，附於周易而闡發之，則顯然受鄒衍之影響矣。今本樂記乃由樂本樂論等十一篇合成，自非出於一人或一派之手。其中「樂化」一節全取荀子樂論篇，而「樂禮」、「樂言」、「樂情」諸節，則受陰陽影響之新儒家所作；故此三節書及「陰陽」、「五常」，五常卽五行也。（鄭注：「五常，五行也。」）一「樂禮」節中「天尊地卑，君臣定矣」一段語句多襲易繫辭「天尊地卑，乾坤定矣」一段，尊文中曾引之以證明小戴中思想多與易傳相通，而其文字多有出易傳後者。弟按小戴記經解篇：「易曰：君子愼始，差若毫氂，繆以千里。」明著「易曰」，可見經解篇著作時代較晚。其時各種說易之書已通行，故明引之。樂記此節與易繫辭撰作時代蓋相近，或卽出於同派儒家之手，故襲取其文，改竄其義，而不必點明其出於易繫辭也。禮運中言及陰陽五行者尤多，例不勝舉。中庸首句：「天命之謂性。」鄭注曰：「木神則仁，金神則義，火神則禮，水神則信，土神則知。」康成博學，其注必有所本，可見中庸書中本含有五行之說。至於中庸所謂「國家將興，必有禎祥，國家將亡，必有妖孽」，禮運所謂「天降膏露，地出醴泉，山出器車，河出馬圖，鳳皇麒麟，皆在郊棷」，皆近於陰陽家天人相與、災祥徵應之義。凡此均足見易繫辭、樂記、禮運、中庸諸書之思想亦受陰陽家沾溉，非盡由於道家之啟發也。

此諸書作者雖不可考，然因其中時用齊語，故知有出於齊人之手者。中庸：「壹戎衣而有天下」，鄭注：「衣，讀如殷，聲之誤也。齊人言『殷』聲如『衣』。」樂記「樂情」節：「而卵生者不殈」，鄭注：「殈，裂也。今齊人語有殈者。」此皆諸書用齊語之證。齊為鄒衍故鄉，陰陽家思想發源流行之所，齊地儒者固極易沾受陰陽家影響也。

此派新儒家多上託於子游、子思、孟子。禮運託為孔子與子游論禮之言，中庸託為子思之說，而其中論命、性、誠、明諸義，皆與孟子相近。易繫辭曰：「一陰一陽之謂道，繼之者善也，成之者性也。」是亦主性善，與孟子同。荀卿為戰國末年儒家大師，雖遠承孔子之正統，然亦沾受諸家學說，因應當世時勢，而卓然自有其新精神與面目。荀卿承受孔子以來儒家重理智之開明態度，故深惡巫祝機祥，陰陽家言殆非其所喜，於是對當時接受陰陽五行學說之新儒家，亦在所排觝之列。此派新儒家既上託於子思、孟子，故荀卿遂歸罪於子思、孟子。其非十二子篇深斥子思、孟軻，謂其「案往舊造說，謂之五行」，又謂其「甚僻違而無類，幽隱而無說，閉約而無解」，又謂其「託於仲尼、子游之言」，殆卽為此派新儒家而發歟！或謂孟子書中並無五行之說，荀子何以有此錯誤？按：戰國諸子未必皆著書，卽有自己著書或弟子記其學說者，然因書寫工具之不便，亦未必盛傳於當世。故其時學術流播，多賴口說。荀卿之備悉諸家學說，大抵因其周遊各地，由面談耳聞所得，（齊之稷下，尤為學術討論之中心。）未必盡讀諸家之書也。此派新儒家既假託為子思、孟子之說以傳播於世，而其思想又實有與孟子相近者，荀卿固難以辨別何者為孟子之思想，何者為假託之部分。吾人今日如研究某人之學說，可以取其所著書而盡讀之，凡非其書中所有者，卽非某人之說，而不至於誤認；戰國時情形不如是也。

尊文論作易繫辭、禮運、樂記、中庸一派之新儒家，受道家思想之影響，而樹立儒家之新宇宙論，接受道家氣化的宇宙觀，而更指出其不息與永久之特徵，特重其生育開成之大德，鎔鑄莊老激烈破壞之宇宙論與孔孟中和建設之人生論使之凝合無間，成為一體；陳義精卓，弟極所贊同。惟道家破帝蔑神，視宇宙變化皆出於自然，對初民以來之迷信，剖擊無遺，本為一種極進步之思想；而陰陽家則保存古代術數之觀念，以騁其誇誕之想像；其精神意態與道家迥殊。此派新儒家如僅取道家之說而修正融合於孔孟之言，則絜靜精微，貢獻極大；不幸其中復稍雜入陰陽五行之說，又附於周易卜筮之書，已稍與正統派儒家之精神相違。（孔子不語怪力亂神，對於遠古相傳之迷信觀念已多所屏棄。至荀子作天論，其崇理智破迷信之態度，尤為鮮明。此正統派儒家之精神也。）惟易繫辭、禮運、樂記、中庸諸書，雖偶采陰陽五行之說，而迷信之意味尚甚少。然凡事造始也簡，將畢也鉅，涓涓之水，可為江河。陰陽家思想浸入儒家，濫觴於戰國末世，而洋溢於西漢。西漢二百年中，陰陽災變之說，五行休咎之論，附會於周易、春秋、洪範諸經而彌漫一世。諸緯書之說孔子，怪誕離奇，儼然教主。蓋哲思精深，非高識不能解，而迷信觀念，易為愚昧者所接受。故戰國晚世新儒家受道家啟發而創立之新宇宙論，微妙深宏，既非常人所易窺；（其後宋儒深能欣賞此種哲學思想，故特推重易繫、中庸諸書。）而其得自陰陽家之迷信成分，則託庇於儒家典籍之下，變本加厲，深入社會，中於人心，其惡影響至今未沫。正宗儒家荀卿極重理智之開明議論，反掩蔽而不彰。荀卿長於思辨，精於邏輯，其學純重人本，不言天道鬼神；其言禮樂之原，能從社會學及心理學觀點立論，頗有科學精神。西漢儒學，如無陰陽思想之侵入，而荀學能大行，則吾人思想必能更為開明而澄潔。吾人論述古代學術之流變，於此事不能不認為遺憾者矣。

因讀尊文，略有所感，拉雜陳之，遂盈數簡。尚乞高明進而教之，亦如去年郊遊論學之樂也。肅此敬頌

著祺

弟繆鉞拜上

# 中庸新義

## 誠明篇

「天人合一」之說，中國古人雖未明白暢言之，然可謂在古人心中，早已有此義蘊涵蓄。下逮孔孟，始深闡此義。道家莊老，則改從另一面對此義闡發。大較言之，孔孟乃從人文界發揮天人合一，而莊老則改從自然界發揮。更下逮易傳、中庸，又匯通莊、老、孔、孟，進一步深闡此天人合一之義蘊。本文專拈中庸為說。

中庸闡述天人合一，主要有兩義：一曰誠與明，二曰中與和。

中庸云：

誠者，天之道也。

朱熹注：

誠者，眞實無妄之謂。

當知天體乃眞實有此天體，羣星眞實有此羣星，太陽眞實有此太陽，地球眞實有此地球。凡此皆眞實不妄。循此以往，風、雲、雨、露，乃眞實有此風、雲、雨、露。山、海、水、陸，亦眞實有此山、海、水、陸。魚、蟲、鳥、獸，眞實有此魚、蟲、鳥、獸。人類男、女、死、生，亦眞實有此男、女、死、生。更循以往，喜、怒、哀、樂，亦眞實有此喜、怒、哀、樂。饑、寒、溫、飽，亦眞實有此饑、寒、溫、飽。凡此皆各各眞實，不虛不妄。中國古人則認此為「天道」。故曰：「誠者，天之道也。」

若就宇宙一切事象而論其意義，則眞實無妄即為一切事象最大之意義。若論價值，則眞實無妄亦即一切事象最高之價值。換言之，凡屬存在皆是「天」，即是「誠」，即是「眞實無妄」。既屬眞實無妄，則莫不有其各自之意義與價值。此一義，乃中國思想史中一最扼要、最中心義。必先首肯此義，始可進而言中國思想之所謂「天人合一」。

若不認存在即價值，而於存在中別求其價值，則無異於外存在而求價值。因在一切存在中，可以有價値，亦可以無價値，乃至於有反價値，卽價値之反面之負數之存在也。

如就一般宗教信仰言，上帝至善而萬能，此當為價値之最高代表。然上帝之外，仍有魔鬼。魔鬼不僅是無價値，抑且是價値之反面與負數，卽反價値者。然何以此萬能之上帝，竟不能使魔鬼不存在？此至善之上帝，乃竟容許此魔鬼之仍存在，則此魔鬼之存在，決非絕無意義、絕無價値可知。魔鬼且然，更何論於萬物？

就中國思想之主要演進言，則只問其是否存在與眞實。苟是眞實存在，卽有其意義與價値。此世界，乃卽以一切存在之共同構成而表現此世界之意義與價値者。中國人則謂此曰天。「誠者，天之道」，天道卽盡於此眞實無妄。天既許其存在，而復是一眞實無妄，則誰又得而不許其存在，而抹殺其所以得存在之意義與價値乎？

中庸又曰：

誠者，自成也。誠者，物之終始，不誠無物。

當知宇宙間一切物、一切事象，皆屬眞實無妄，不虛不幻，故得在此宇宙間存在而表現。充塞此宇宙之一切存在與表現，則全屬眞實不虛妄者。故知充塞此宇宙者，祇是一誠。

其次當知，凡屬誠，則必然是自成者。非偽為，非幻化。偽與幻皆屬不眞實。不眞實卽根本不存在。故凡屬存在，皆是其物本身之眞實存在，卽是其物本身之自然存在，絕非由另一物者可以僞為之、幻化之，而使其妄厠於此眞實無妄之宇宙中而亦獲其存在。故曰「不誠無物」也。

由此言之，可悟中國古人所謂「萬物一體」，此「一體」卽是「誠」，卽是眞實無妄、眞實不虛。此一體，中國古人亦謂之「天」。天則必然是眞實無妄者。故天只是一誠。天不可見、不可知，而凡此宇宙間一切眞實無妄與其眞實不虛者，卽凡在此宇宙間有其存在與表現者，則終必有為人可見、可知之機緣；此卽由「誠」而達於「明」。故存在者必有所表現，此卽由誠而明也。凡存在者，知其為眞實存在。凡表現者，見其為眞實表現。由其存在與表現，而知其眞實而無妄，此卽由明而誠。故中庸曰：「誠之者，人之道也。」

中庸又曰：

自誠明，謂之性。自明誠，謂之教。誠則明矣，明則誠矣。

宇宙間一切物，一切事象，苟有其眞實無妄之存在，將必然有所表現，而與世以共見，此卽物之性。人苟實見其有所表現，眞知其有所存在，而誠有以識其為眞實而無妄，則此天道之誠之眞實而無妄者，乃在人道之明知中再度眞實表現而存在，此卽人之「教」。凡一切物、一切事象，既各有其存在與表現，卽各有其天然本具之性。一切物、一切事象，既各具此眞實無妄之性，卽有此眞實無妄之存奉以為教者，其主要乃在一切物、一切事象所本具之眞實無妄之天性。明見了此物、此事象之存在與表現所內涵之意義與價值。此屬人之事。人則當奉此為教的。故人之所在與表現。此屬天之事。人心之知，則在明知明見此物、此事象之存在與表現之眞實而無妄，而明知

故中庸又曰：

天命之謂性，率性之謂道，修道之謂教。

凡宇宙間一切存在皆有天性。一切表現皆是天道。人之為教，則只有就此一切存在與表現之眞實無妄之誠而有以明之耳。然此事實不易。故中庸又曰：

其次致曲。曲能有誠，誠則形，形則著，著則明，明則動，動則變，變則化。唯天下至誠為能化。

「曲」者，大方之一曲。分別言之，宇宙間一切物、一切事象，皆一曲也。一切存在，莫非此宇宙大存在之一曲。惟苟有其存在，即有其眞實無妄，故曰「曲能有誠」。故雖為一曲，而其同為分得此宇宙大存在之眞實無妄而始有其存在，則無異也。苟有存在，必有表現。苟有表現，必可知見。

故曰：「誠則形，形則著，著則明。」既有表現，則當知宇宙間一切表現，皆屬變動不居，絕無可以固著於某一形態而不動不變者。故縱謂凡存在卽表現、凡表現卽變動可也。倒而言之，亦可謂凡變動者卽表現，凡表現者卽存在。此三者，其實則一。故曰：「明則動，動則變，變則化。」然則亦可謂變化者，乃宇宙間惟一可有之現象，亦卽宇宙間惟一可有之存在。而其所以能有變化，則端為其物與事象之內具有一分眞實無妄之天性。故曰：「唯天下至誠為能化。」然則宇宙間所以有一切變化，正為其有內在之眞實無妄，決非可以偽為，決非可以幻化。凡宇宙間一切之化，則皆本於宇宙間之一切之誠。人類之知，縱不能卽凡宇宙一切化而大明其全體之誠之所以然，然固可就於一曲以求知。一曲者，雖小小之事，然其同為宇宙大誠之一體；則由此固可以明彼，卽小固可以見大。故中庸又曰：

唯天下至誠為能盡其性。能盡其性，則能盡人之性。能盡人之性，則能盡物之性。能盡物之性，則可以贊天地之化育。可以贊天地之化育，則可以與天地參矣。

凡宇宙間一切無生有生，變化長育，皆各有性，卽皆各有誠。人類之知，既不能驟企於直接明曉此天地萬物之大誠之一體，然固可內就己性，自盡己誠，先有以明乎我，推此以明夫人，又推此以明夫物，明夫一切事象；其極則可以明宇宙。苟使由我之誠而推以明夫宇宙之大誠，則一切宇宙變化長育之權，我可以贊助之、參預之，人道乃於此乎立極。故中庸又曰：

誠者，非自成己而已也，所以成物也。

「成物」本屬天之事。人而可以成物，是卽人而天矣。成己、成物，其要在於「盡性」。盡性者，亦在盡此天所與我之一分眞實無妄之誠而已。故曰：

君子誠之為貴。

而欲盡此一分天所與我之眞實無妄之誠，其事必先知夫此眞實無妄之誠之為何事、為何物，此則先有待於知。

此天所與我之一分眞實無妄之誠，又有可以一言說之者曰「善」。惟眞實無妄始是善。而苟眞實無妄，則必然是善。此之謂「尊天」。人亦由天而生，人固不能逃於天，而奈何可以指此天之眞實無妄之誠而謚之曰惡，而憑人之小智小慧，私見私識，以別立一善於此眞實無妄之誠之存在與表現之外；或欲排拒此眞實無妄之誠之一切存在、一切表現，而妄設一不眞實、未存在者而私奉之為善，私定以某種之意義與價值乎？此乃非天、不誠。不誠卽無物，卽不可存在。宇宙間固不可能有不眞實之物，即不可能有不眞實之存在與不眞實之表現。故凡宇宙間之一切存在與表現，則皆是眞實，皆是誠，皆屬天。惟此天所賦與之一分眞實之誠始是性，始是善。盡此性，奉行此善，始是「道」。「人道」與「天道」之合一通貫者正在此。

故中庸又曰：

誠者，天之道也。誠之者，人之道也。……誠之者，擇善而固執之者也。

善則固已存在，亦已表現，在人之能擇而固執之。故善由於人之能擇，非由人之能創。善是誠，故屬天，乃先於人而存在。而人之擇善，又必先「明善」。故中庸曰：

誠身有道。不明乎善，不誠乎身矣。

人又何由而明善、擇善，而固執之，以誠吾身而盡吾性乎？中庸又曰：

博學之，審問之，愼思之，明辨之，篤行之。……果能此道矣，雖愚必明，雖柔必強。

然則人之明善、擇善而固執善，在於博學、審問、愼思、明辨、篤行之五者。其所學、問、思、辨，卽學、問、思、辨於此宇宙間之一切存在與表現，卽學、問、思、辨於此宇宙間之眞實無妄；卽學、問、思、辨於此宇宙間之一切存在與表現之性與誠。因只此是善，外此乃更別無善。而此種學、問、思、辨之入門下手處，則在卽就小小之一曲，以至親切、至卑近者為入門而下手。

故中庸又曰：

君子之道，辟如行遠，必自邇。辟如登高，必自卑。

又曰：

道不遠人，人之為道而遠人，不可以為道。

人亦宇宙間一存在，亦宇宙間一表現也。宇宙間一切存在、表現之中有人，此乃眞實無妄，是卽宇宙大誠所表現之一相。我亦人也，則我又何可以視人為不善，而遠人以求道？此之謂「尊人」。尊人卽尊天也。故中庸又曰：

君子尊德性而道問學，致廣大而盡精微，極高明而道中庸。溫故而知新，敦厚以崇禮。

何以曰「尊德性而道問學」？德性卽指天之所以與人，故尊德性卽是尊天，同時亦卽是尊人。而人之德性，則有待於學問而始明，故曰「尊德性而道問學」。

何以曰「致廣大而盡精微」？在宇宙一切存在與表現之中有人，在人之存在與表現之中有我，在我之存在與表現之內涵深處有此天所賦與之眞實無妄之性。此在宇宙間，可謂極小之一曲，至精至微，宜若無足道。然此極小之一曲之至精至微者，亦宇宙全體大誠之一分，亦宇宙全體大誠之所存在而表現之一態。故我德性之精微，卽宇宙全體大誠之廣大之所寓。故盡性可以贊天地之化育，故曰「致廣大而盡精微」也。

何以曰「極高明而道中庸」？宇宙全體大誠，此可謂之高明矣。而愚夫愚婦之德性中，亦寓有此全體大誠之一分焉。愚夫愚婦之德性之所與知與能，此所謂「中庸」也。而由乎此中庸，可以達於至高極明之境，故曰「極高明而道中庸」也。

何以曰「溫故而知新」？凡宇宙間一切存在與表現，則必變動而化，不居故常。然凡其所化，苟既存在而表現，則皆宇宙之至誠與至善也，無問故者、新者。我既得其至誠與至善，則故與新一以貫之矣。人之知，則僅就於宇宙間之已有之善而知之明之，固非外於宇宙之已有，而人之心知可以別創一絕不存在之不眞實者而奉之以為善。故曰「溫故而知新」，新卽由故化而來。故中庸曰「至誠無息」。

若天地間本未有此善，而有待於人之創立，則在人未創立此善之前，豈不天地之善機已息乎？善機已息，何以有天地？若天地本是一不善，於天地中生人，人又何能從不善中生而自創一善？中庸目此為不誠。不誠則無物，無物始是息。故中庸既曰「誠者，物之終始」，又曰「至誠無息」也。中庸又曰：

至誠之道，可以前知。

因至誠既不息，故明於至誠，則可以知前、可以知後矣。中庸又曰：

君子之道，本諸身，徵諸庶民，考諸三王而不繆，建諸天地而不悖，質諸鬼神而無疑，百世以俟聖人而不惑。

故曰「溫故而知新」也。

何以曰「敦厚以崇禮」？君子即就人之存在與表現之至誠處，即就愚夫、愚婦之德性所有之存在而表現之中庸處，擇善而固執之，而不遠於人以別創其私智私見之所謂善，而強人以必從。此為敦厚之至，崇禮之至，故曰「敦厚以崇禮」也。溫故以知新是尊天，敦厚以崇禮是尊人。是亦天人一貫精義之所在。

夫此宇宙整全體之眞實無妄，至博厚，至高明，至悠久。人類之生育成長於其間，則卑微之至，狹陋之至，短暫之至。而人類亦有其尊嚴。人類之尊嚴何在？夫亦曰正在其亦得於此宇宙整全體之眞實無妄之大誠之一曲，夫亦曰正在其亦存在、表現於此整全體之大誠之內而為其一體之一端而已。而人類之尤見其為尊嚴者，乃在其為萬物之靈，乃在其具有心之明見，乃在其能明見夫此宇宙整全體之眞實無妄之誠。然人心之明，亦只能明見此宇宙整全體之眞實無妄之誠而止。若此眞實無妄之誠之整全體，則終非人心之明之所能盡其量而無餘憾。故人心之明，亦僅明知有此眞實無妄，明知有此誠而止耳。人心之明，終不能超於此眞實無妄之誠而別有所明也。故一切存在、一切表現之一切意義與價值，亦將限於此眞實無妄之誠而止。萬物雖不能有其明，然其同為此宇宙整全體中之眞實無妄之誠之一曲，則與人無殊致。人心之明，亦僅明於此宇宙間一切存在與其表現之各有其意義與價值而止。若越出於此存在、表現之外，而人心自恃其聰明，自信其思索，認為別有一種所謂意義與價值者；或即就於此存在、表現之內，而人心自恃其聰明，自信其思索，認為惟某者為獨有其所謂意義與價值者；此皆中庸之所謂「索隱行怪」，其流將歸於「小人之無忌憚」。察察之明，竊竊之知，違於天而遠於人，乃使愚夫愚婦無可與其知，而聖人之所不知者，彼亦自負曰「予知」；此決非中庸之道，決無當於中庸之所謂明與誠。

故中庸又曰：

道並行而不相悖，萬物並育而不相害。小德川流，大德敦化。

當知天地固無不持載，無不覆幬。四時錯行，日月代明，此天地之所以為大。既是同此存在，同此表現，同此眞實無妄，何得以人類之私智小慧，妄加分別，而謂孰者是道，孰者非道？孰者當育，孰者不當育？此決非「聰明睿知足以有臨，寬裕溫柔足以有容」。使不足以有容者而臨於人上，則人道將息，而足以有臨者亦不久。故中庸又曰：

唯天下至誠，為能經綸天下之大經，立天下之大本，知天地之化育，夫焉有所倚？

蓋凡有所倚者，倚於此則必離於彼；而中庸之道，則中立而不倚。何所「立」？則亦立於此誠而已。故曰：「鳶飛戾天，魚躍於淵，言其上下察。」試問鳶飛於上，魚躍在下，孰非眞實無妄？孰為不誠？孰為非道？孰為不當育？故中庸又曰：

肫肫其仁，淵淵其淵，浩浩其天。苟不固聰明聖知達天德者，其孰能知之？

何謂「天德」？卽誠是也。魚躍鳶飛，皆率性，皆天德，皆至誠，皆「天之所覆，地之所載，日月所照，霜露所隊」，同在此化育之中，卽同為大道之行，同屬至誠之一體。惟人心之明，或有所未知耳。故中庸又曰：

君子戒愼乎其所不覩，恐懼乎其所不聞。

凡人心之明之所不覩不聞者，君子尤當致其戒愼恐懼之情。此始為至明，亦卽至誠也。

## 中和篇

上篇述中庸「誠明」之義竟。或疑如此釋誠，僅如西方哲學家所謂凡存在者莫不合理，則又何有所謂「擇善而固執」？請續述「中和」義，以補上篇之未備。

中庸曰：

中也者，天下之大本也。和也者，天下之達道也。致中和，天地位焉，萬物育焉。

何以謂天地位於中和？試就太陽與地球之位置言。若幻想有大力者，將地球現行軌道移近太陽至某限度，則地球將為太陽吸力所攝，重再回歸太陽，而失卻其存在。又若此大力者將地球移遠太陽至某限度，則太陽吸力將攝不住地球，地球將脫離日局，成為流星，游蕩太空，而不知其終極之何去。然則就天體言，今日地球位置，正因其距離太陽在一不遠不近之中度故。

此所謂不遠不近之中度，又以何為準則？依今天文學常識言，豈不以太陽與地球兩體之面積、重量，及其相互吸力之相和關係而決定。故知「中」見於「和」，「和」定於雙方各自之內性。換言之，中由和見，和由性成。故中和者，即萬物各盡其性之所到達之一種恰好的境界或狀態也。

惟有此狀態，宇宙一切物，始得常住久安。大言之，如日月運行。小言之，如房屋建築。屋宇之奠基，過重則陷。屋宇之構架，過輕則搖。凡屬木石泥土，種種配合，樓臺廊廡，種種結構，必符建築之原理，必有力學公式數字可以計算，而後此房屋乃得安然位置於地上。凡所謂建築原理，則亦一種重力之中和也。故曰「致中和，天地位」。

何以謂萬物育於中和？當此地球始有生物，必在某一區，溫度適中，不過熱，不過冷。又必濕度適中，不過燥，不過潤。以及其他種種條件，而後生物始得在此一區開始滋長。就淺近易見者言，如種稻麥，稻麥各有其生性；必稻麥之生性，與夫土壤之性，雨水之性，乃及陽光熱度，種種配合，調和得中，到達一恰好之情形與境界，而後稻麥始獲長茂，天地化育之功始見。復以動物言，男女構精，雌雄配合，亦是雙方調和得中，乃有子嗣。故天地一切生育，其本由於和合，不由於鬭爭。其功成於得中，不成於偏勝。此皆所謂宇宙整全體之眞實無妄之誠之所存在而表現，而與人以可明見者。故曰「致中和，萬物育」。

然則天地雖大，萬物雖繁，其得安住與滋生，必其相互關係處在一中和狀態中。換言之，即是處在一恰好的情況下。如是而始可有存在、有表現。故宇宙一切存在，皆以得中和而存在。宇宙一切表現，皆以向中和而表現。宇宙一切變動，則永遠為從某一中和狀態趨向於另一中和狀態而變動。換言之，此乃宇宙自身永遠要求處在一恰好的情況下之一種不斷的努力也。如大氣之流，陰陽晦明，風雨雷電，冷空氣轉向熱空氣，氣體冷而凝結為液體，又凝結為固體；固體熱而融化為液體，又融化為氣體；大氣循環，雖若瞬息繁變，要是求向於中和也。

故宇宙一切存在，莫不有表現。宇宙一切表現，莫不有變動。而宇宙一切變動，則永遠在求向於中，永遠在求兩異之相和，永遠在兩異之各盡其性以成和而得中。故曰：「中者，天下之大本。和者，天下之達道。」性則賦於天，此乃宇宙之至誠。而至誠之一切存在與表現，則莫不存在表現於中和狀態中。換言之，即是存在與表現於相互間一恰好的情形下。故宇宙至誠之所在，即是宇宙至善之所在也。

天道如此，人道亦然。老子曰：「六親不和，有孝慈。」人類之有孝慈，即在求父母、子女雙方兩情之得和。父母不偏勝，子女不偏勝，必執父母、子女之兩端而用其中，而後雙方之和乃見。故孝慈各有一中道。若父道偏勝，子位不安。子道不行，則父子失和。此在父不為慈，在子不為孝。若子道偏勝，父位不安。父道不行，則父子失和。在子不為孝，在父不為慈。故人類之孝與慈，在求盡性，在求合天，而其要則在「致中和」也。

宇宙中和狀態，自始卽存在。若非中和，則天地不得位，萬物不得育。孝慈卽父子兩情間一中和狀態也。苟非孝慈，則人類將不見有父子之一倫，故曰「不誠無物」。故孝慈卽一至誠，卽一至善。無孝慈卽無父子，而父子之間之一切變動，其勢必變向於孝慈。否則孝慈不存在，父子一倫終亦將失其存在。若果人類有新人倫創設，則必仍創設在一新的中和狀態下，此卽所謂「至誠之道可以前知」也。父子然，夫婦、兄弟、君臣、朋友一切其他人倫亦莫不然。推至家庭、社會、邦國、天下，其相異、相與之間，亦莫不各有一中和之道焉，而後得有此人倫，有此家、國、天下，以安位於此宇宙之內。

人道然，人心亦莫不然。淺言之，如血行脈搏，亦須一中和。深言之，如情感發動，亦須一中和。人心之得常久存在而不斷有所表現，亦存在表現於此中和狀態下可知。故中庸曰：

> 喜怒哀樂之未發，謂之中。發而皆中節，謂之和。

喜怒哀樂，是謂人情，人情亦出天賦。人而無情，何以謂之人？然人每若為喜怒哀樂之所苦。喜怒哀樂亦人心所實有，亦一眞實無妄，是亦天地間至誠之一種存在與表現。縱其苦人，固不得排而拒之，掃而空之。是猶大氣之有陰晴晦明，風雨雷電也。當其未發，太空一碧，片雲不著，然風雨雷霆，固已蘊藏。當天氣驟變，冷空氣與熱空氣交流，風雨雷霆忽然間作。此乃天地間大氣之交和而求達於中道之所宜有。故雖若變化無端，而實有其常態不變，固無足驚者。樂記言：

人生而靜，天之性也。感於物而動，性之欲也。物至知知，然後好惡形焉。好惡無節於內，知誘於外，不能反躬，天理滅矣。夫物之感人無窮，而人之好惡無節，則是物至而人化物也。人化物也者，滅天理而窮人欲者也。

此所謂之「人生而靜」為「天性」，此猶言太空一碧也。其謂「感於物而動」是「性之欲」，此猶四圍冷空氣來與此太空一碧之熱空氣相交流，此一碧中之熱空氣，必不能靜定不變，必求與外來冷空氣交和合流而求達一新中道；此若有一種內在之欲蘊藏於本然，此卽所謂「性之欲」，是亦一種眞實無妄，亦卽天賦之性。凡物異性相交，其間自有一中道可以成和，此卽樂記之所謂「天理」。當人心未與外物相接，此猶太空之一碧也。外物感之，喜怒哀樂之情雜然而起。此亦心物交和，求達一中道耳。中道既得，則心情自平，此則風雨雷霆，忽爾止息；喜怒哀樂，復泯歸於無迹；而人心重由已發復歸於未發。則風雨雷霆之餘，天空復歸於一碧也。

然則中和者，乃天地之常。因於求中和，而有天地之變。然若再深言之，則當其在求中和之途程中，凡其一切變化，亦是一存在、一表現，則亦無一而非中和。因天地間，苟非中和，則無可存在，無可表現也。故物之得存在，以其得中和。物之求存在，則必求中和。失卻中和則必變，其變之所向，則仍在求中和。苟其所處情狀不中和，則不安頓，甚至不出生，不成長。而在其求變中之猶得目之為中和者，則僅乃一暫態之中和。此一暫態，變動不居，不可寧定；必俟其到達於一種新的常態之中和，而後乃重得寧息，重得靜定。故中庸曰「至誠無息」，即此道也。

昔人曾喻心之靜態如天平。天平之靜定，即「未發之中」也。天平非必兩頭無物，乃求兩頭輕重之相等。苟是輕重相等，則有物如無物焉。心中無物，故得靜定，此乃心之常態，猶如太空一碧也。當知人心之明初現，本是空無一物者，此在佛家禪宗，謂之「父母未生以前本來面目」。此種本來面目，即是一「中」。因宇宙一切本來面目，同是一中也。迨其心上忽然掛了一物，此如天平一頭懸重，另一頭空無所懸，必軒而上舉；而懸重之一頭，必掉而下沉。如此則失卻平衡，即不安定。此為逆天背性，勢不可久。然當知此種不安定，正為求中求平。故知宇宙間至誠之性，雖若變動不居，在不安定中存在而表現，其實則天平兩頭之一軒一輕，正是此天平至理之仍然存在而表現也。

故人心如天平，喜怒哀樂，猶如天平一邊之砝碼。外物來感，如在天平一頭懸上重量，則此另一頭即須增上砝碼，以求雙方之平衡而得安定。若使人心喜怒哀樂之發，常能如外物之來感者而輕重適等以獲平，則此心常在一恰好狀態下，卽此心常得天理。換言之，此心常保其天性之本然。則此心之有喜怒哀樂，將若不見有喜怒哀樂。外物之有種種相乘，亦常若不見有種種相乘。此心常如天平，此心常如空無一物，此心常如靜定不動。此在佛家謂之「無分別心，有分別用」。中庸則謂之「中立而不倚」。而喜怒哀樂之迭起，常如大氣流動之一片太和，猶如好天氣之常是太空一碧也。當知太空一碧非眞空，則知心中無物非眞無物，而喜怒哀樂之無害於人心中和之性矣。宋儒則謂是其人能見性見理。見性見理，卽見此中和而已。

若使天平一邊，懸上千斤之重，則另一頭之砝碼，亦當加足千斤，使此所懸千斤之重，等如無重。佛家謂「我不入地獄，誰入地獄」，然縱使入地獄，以吾佛慈悲，其心仍是太空一碧，不失中和。故中和乃至眞實，乃至誠，非虛非幻。佛家天台宗有中、假、空「一心三觀」之說，正可本此意而為之闡說矣。

然則人心之恰好境界，實乃虛無一物者。所謂虛無一物，非眞虛無一物，乃是兼容萬物，而若虛無一物。宇宙整全體之大誠如是，人心之至精微處亦如是。人心雖常若虛無一物，而不失為其有一定向。此定向中涵，卽所謂「性」也。人心本此中涵之定向，而肆應外物以成和，故明儒謂「卽流行，卽本體」。以此一虛之體，發為萬實之用。「未發」似虛而非無，「已發」似實而非有。天如此，心亦然。老子亦曰：「天地之間，其猶橐籥乎？虛而不屈，動而愈出。」然老子似不知此天地之虛，乃有一定向，有一眞性，有一至誠，似橐籥而非橐籥也。此定向與眞性與至誠者繫何？曰卽中和是已。老子似不知此，不知天地之有此一中和，故老子之「守中」，遂與中庸之「致中」異其趣。老子曰：「有之以為利，無之以為用。」何不曰：「中之以為體，和之以為用」乎？

中庸又曰：

人莫不飲食也，鮮能知味也。

知味是人心之明，飲食則天道之誠。人雖飲食，而鮮能知味，猶如萬物在中和中生育，而不知有此中和也。然人雖不知味，固已飲而食之矣。猶如雖不知所謂中和之道，而固已在此中和中生育成長。人心之有喜怒哀樂，人心之必於喜怒哀樂中求中求和，此心不得中和則不安定、不寧息，此雖愚夫愚婦，莫不皆然。即在禽獸犬馬，其心亦有中和之一境，亦莫不在中和狀態下得寧定。然而禽獸犬馬，固不知有所謂中和也。則固如飲而食之矣，獨恨其飲食而不知味。人生皆在至誠至善中，惜乎其不明此至誠與至善。雖在聖人，明此至誠之道，亦終不能與天地至誠相似，則亦惟得此至誠之一曲耳；此所謂「聖人猶有憾」也。然雖天地，亦有風雨雷霆，不能常是太空之一碧，則天地亦復有憾焉。然而「飄風驟雨不終朝」，終必達於太空一碧，始是天地之常。常則悠久，悠久而有時措之宜，則不害其有風雨雷霆之暫矣。

中國儒家思想，在直下承認此悠久不息、眞實無妄之至誠，而尊名之曰「性」、曰「天」、曰

「道」。故雖風雨雷霆，亦性也、亦天也、亦道也。然則豈必強執太空一碧之一端而始名之曰性、曰天、曰道？惟風雨雷霆，究與太空一碧不同。性與天道，從中和來，故必悠久求全此中和。而此中和則仍在各盡雙方之性，仍在各致雙方之誠。性與誠，由中和生，在中和中化，又必在中和中發育完成，而悠久。此為中國古人所明之所謂「天人合一」之道，此眞所謂「大明終始」，其實則只是明於此一誠。故曰：此道甚邇，雖夫婦之不肖，可以能知能行；而其極則察乎天地，盡包宇宙，雖聖人亦有所不能知、不能行也。

惟其雖聖人而終有所不能知、不能行，故聖人「不願乎其外」。中庸曰：

忠恕違道不遠。

盡己之謂「忠」，是卽盡己之性也。推己及人之謂「恕」，是卽由盡己之性以盡人之性也。「忠」卽「誠」也。「恕」卽「明」也。喜怒哀樂之未發謂之「中」，亦卽「忠」也。「恕」亦卽「和」也。當知人心之喜怒哀樂，卽是至誠至性，亦卽是人心之至忠。人心之遇物而有喜、有怒、有哀、有樂，此正人心至忠之存在而表現。由是乃可有恕。捨卻喜怒哀樂，豈別有所謂忠之存在與表現之餘地乎？人心無忠，又何能有恕？故人惟有喜怒哀樂之情，始能有「誠」有「忠」，見「性」見「道」，得「明」得「恕」。天地之中和，卽所謂「天地之大本達道」者，就人言之，則亦僅此心之喜怒哀樂之

「發」與「未發」而已。

「知者過之」，乃求捨棄此心之喜怒哀樂以求明性而達道，此雖瞿曇、老聃有不免。「賢者過之」，故瞿曇、老聃，乃教人捨棄其心之喜怒哀樂以求見性而明道。此猶禁人飲食而與之論味，求其知味也。若夫愚夫愚婦，則亦曰：我既飲而食之矣，又何貴乎知味？然愚夫愚婦，雖不知味，固已近於知味焉。何者？彼固常飲而食之也。猶如人之有喜怒哀樂者，其心雖不忠，固已存有忠道。其心雖不恕，固已存有恕道。有賢知者教之，不許其心有喜怒哀樂。彼賢知者之用心，在恐人心之喜怒哀樂之有傷於忠恕耳。故賢知者其心在求知味，此其所以為賢知。而惜乎其過之，因其欲拒飲食而求知味也。「過之」則猶之「不及」也。此中庸之道之所以為難明而難能也。愚夫愚婦，既飲而食之矣；既已飲而食之，若其味已得，又何貴乎知味？因此其心乃常在喜怒哀樂之起伏中，而不得其所安定。彼若謂我心之喜怒哀樂，卽吾心之至忠，卽吾心之至誠也。夫此豈不然？而惜乎其常在晦盲否塞、風雨雷霆、變化莫測中，而不知有天宇澄清、太空一碧之一境。卽不能有中和寧定之一態。於是其心常變幻，若不見有眞誠。故謂之為「不及」。然君子終不違夫此愚夫愚婦之心情而別求所以明性而見道，終不離乎此「至誠」者以求「明」。故大舜之大，在乎「好問而好察邇言」而已。此中庸之道之所以又為易明易能也。中庸又曰：

君子之道，本諸身，徵諸庶民。

「本諸身」即「致曲」，即「忠」，即「誠」；「徵諸庶民」則「恕」而「明」。故中庸又曰：

道不遠人，人之為道而遠人，不可以為道。

抑天地之道，豈僅不遠人而已？夫人有飲食，禽獸亦知有飲食。孟子曰：「人之異於禽獸者幾希。」此人獸幾希之相異，固不可不明。然當知於此幾希相異之外，復有其大體之相同焉。賢知者過於重視此幾希之相異，而忽忘夫其大體之相同。不悟無其相異，固不得謂之人；然無其相同，又焉得獨存其相異者而成其為人乎？故飲食者，人與禽獸之所同也；其相異者，獨在知味之幾希耳。知味亦在求飲食之得其中和而已。飲之食之而過與不及焉，皆不足以知味。飲食之有味，即飲食之得其中和也。然則人不能離乎飲食，豈僅不遠人以為道，亦且不遠禽獸以為道矣。人心之有喜怒哀樂，即在禽獸之心亦時有之。若謂心有喜怒哀樂，即將陷入於禽獸；不悟人本不遠於禽獸以為人。禽獸亦得天地之中和而生，與人之生無大殊異，所異則僅在幾希之間。故惟盡己之性者，乃可以盡人之性；而盡人之性，亦即可以盡物之性；然而可以贊天地之化育也。

中庸又曰：

詩云：「鳶飛戾天，魚躍於淵」，言其上下察也。君子之道，造端乎夫婦；及其至也，察乎天地。

夫夫婦之道，惟人有之；然禽獸亦有雌雄，草木亦有陰陽，其所異者亦幾希耳。則道不遠人，亦不遠夫禽獸草木矣。故鳶飛、魚躍，同是大道之上下察著。今試問：固可以有夫婦而無喜怒哀樂之情者乎？夫婦，人情之最切著，忠恕之最懇篤，卽喜怒哀樂之情之最自然而流露者。然則君子之道，本於人文，推而及於宇宙大自然，故必曰「察乎天地」也。自然界之與人文界，亦一以貫之。曾子謂一貫於「忠恕」，而中庸則一貫之以「中和」。人之生也，已有夫婦好合之逑矣，特其存於中而未發耳。聖人定之以夫婦嫁娶之禮，斯發而中節矣。人文界之與自然界，其相異則亦僅幾希焉。故知君子不遠人以為道，亦不遠於天地萬物、不遠於自然以為道也。故曰「可離非道也」。天人合一之道，至中庸之書而始得大明焉，此必明乎中和之說而始可窺其深微矣。

中庸又曰：

惟天下至聖，為能聰明睿知，足以有臨也。寬裕敦厚，足以有容也。發強剛毅，足以有執也。齊莊中正，足以有敬也。文理密察，足以有別也。

別者，別此幾希之相異。容者，容此幾希相異之外之大同。執者，執其兩端以用其中於民。惟其相異，故貴各盡其性。惟其大同，故必明夫此全體之大誠之終於和合而為一。中庸之書即說明此意。宋儒程子說之曰：

> 其書始言一理，中散為萬事，末復合為一理。放之則彌六合，卷之則退藏於密。其味無窮，皆實學也。

此可謂知言矣。而所謂「一理」者，即中和是也。

然則深而言之，人文界之在宇宙自然界，即宇宙自然界中一「未發之中」也。在宇宙自然界中而有人文界，亦即宇宙自然界中一「發而中節」之「和」也。人文造端乎夫婦，人類之有夫婦，即猶禽獸之有雌雄，此乃人文界中之最自然者，亦即天人合一之道之最察著者也。自有夫婦，乃有父子。故中庸繼夫婦而言大孝。父子之孝慈，以視夫婦之相愛，其離於禽獸者，若漸益遠矣；然父子之有孝慈，亦生物化育中一未發之中也。當知宇宙至誠，正因有此未發之中，故能悠久而不息耳。故中庸又曰：

> 君子不可以不修身。思修身，不可以不事親。思事親，不可以不知人。思知人，不可以不知天。

夫身由親生，自中國傳統思想言，思修身不可以不事親，似為不諍自明之理。然親亦人也，故思事親不可以不知人。而人由天生，故求知人又不可以不知天。如是則修身、事親，其道在乎知天，豈不轉若遠人以為道乎？然中庸又言之，曰：

施諸己而不願，亦勿施於人。……所求乎子，以事父。……所求乎臣，以事君。……所求乎弟，以事兄。……所求乎朋友，先施之。

又曰：

在下位，不獲乎上，民不可得而治矣。獲乎上有道，不信乎朋友，不獲乎上矣。信乎朋友有道，不順乎親，不信乎朋友矣。順乎親有道，反諸身不誠，不順乎親矣。誠身有道，不明乎善，不誠乎身矣。

蓋中庸之道，必知有兩端焉。其一端在天，若為至遠。其一端在己、在身，則為至邇。惟能執其兩端而用其中。而中者，即此兩端之和。中和為天下之大本達道，而吾心之喜怒哀樂，亦以中和為大本、為達道焉。故惟中和者，乃為天人兩端合一之所在。而惟中和為至誠而自明。雖愚夫愚婦，亦求向於此至善而求達焉。則所謂「知天」者，亦惟知有此中和而已。所謂「明善」者，亦惟明有此中和而已。上帝鬼神，在中和之此一端；鳶魚萬物，在中和之彼一端；人則處於此兩端之中而參焉。故中庸曰：

知遠之近，知風之自，知微之顯，可與入德矣。

人心者，是亦至近至微，而亦可謂是宇宙風向轉化之一中心出發點；人必明夫此，始可以入德。中庸又曰：

苟不至德，至道不凝焉。

天地至道之所凝聚而常住而得安於其所悠久而不息者，是非存在、表現於此至德而又何所存在而表現乎？嗚呼！中庸之教，遂由此而遠矣。學者其可不於此而潛心以求明乎？

照中國人傳統意見，從來言中庸者，率以人事為主。然人事必本於天道。非天道，人事亦無由定。故本篇言中庸，轉以天道為主而名曰「新義」焉。實非新義，乃發揮人事之另一端也。

（此稿草於一九五五年，載是年八月民主評論六卷十六期。）

# 中庸新義申釋

## 一

鄙人歷年來所作有關中國學術思想之論文及書籍，多半乃為研究中國思想史而作。就思想史立場言，儒家大義，亦歷代有異同。不僅荀子與孟子持論相異，即孟子與孔子，持論亦未必全同。中庸與語、孟，意見更多歧出。至於鄭、朱注釋，乃多以己意說古籍。康成所注，正多東漢人見解。晦翁所注，則代表兩宋程、朱一派之意見。故康成與晦翁，解釋亦各復不同；而其與語、孟、中庸之本義，亦各有出入。此皆當分析辨別，使各還其本眞。必待發掘出了各時代各家各派之相異處，乃可綜合出各時代各家各派之相同處。治思想史之主要目的正在此。惟在客觀的敍述中國各時代各家各派思想異同之際，終不免時時有自己主觀意見之羼入。若讀者亦謂其仍是以己見說古籍，則知我罪我，事在讀者，非鄙人所欲深論。

就鄙意，中庸與易傳，同為晚出書，兩書作者乃染有道家莊老思想之影響，而求匯通儒、道以別闢一新境。鄙意之所以重視中庸與易傳者正在此。又既心愛晦翁，向師其讀書法，故特為中庸作新釋；此亦「今日格一物，明日格一物」，以期一旦之豁然貫通。鄙意認為中庸原義實如此，此乃用研究思想史眼光求其眞實義解；並非說中國儒家思想之大傳統當如此，或鄙意所認為之宇宙眞理與人生眞理當如此。此乃就書說書，與自創己見不同，而亦非拈提一書以概括羣書，謂羣書大義全是如此也。抑又謂治每一民族思想史之傳統衍進，應如觀滾雪球之愈滾愈大。而中國思想尤然。每一書，必有各時代人之注解申釋。此各時代人之注解申釋，固同是以此書為中心，而不害於其各自夾雜進各時代人之各別見解。既於同中見其異，復亦於異中見其同。讀拙文者，當先明斯義，庶可減少許多不必要之爭執也。

## 二

首先當討論者，即關於「性」字之義解。鄭注以仁、義、禮、智、信五常釋性，此正是東漢人意見。此一意見，便已與先秦時代人說性字本義大異其趣。中庸果如鄭注，以性為仁、義、禮、智、信五常，何以下文忽然突地舉出喜、怒、哀、樂，而獨不著仁、義、禮、智、信一字？當知若專以仁、義、禮、智、信說性，便不免要分割性、情為對立之兩橛。如白虎通情性篇卽云：

人稟陰陽氣而生，故內懷五性六情。情者，靜也。性者，生也。……故鉤命訣曰：情生於陰，欲以時念也。性生於陽，以理也。……故情有利欲，性有仁也。

此條便以性、情，理、欲分說。性則專指善的一邊，情有利欲，便在惡的一邊，不言可知。故白虎通禮樂篇又云：

人無不含天地之氣，有五常之性者。

此處「五常之性」，卽是鄭注所本，故鄭箋毛詩「天生蒸民，有物有則」云：

天之生衆民，其性有物象，謂五行仁、義、禮、智、信也。

當知如此解性，決非先秦古人原義。孟子明明分別說：「犬之性猶牛之性，牛之性猶人之性與？」此顯然主張「人性」與「犬牛之性」有不同。但鄭注誤解了「有物有則」之「物」字，則謂「天之生眾民，其性有物象」，便把「民」與「物」混一說之。故以仁、義、禮、智、信分屬五行，而五行明明總括萬物。如謂「木神則仁，金神則義」是也。犬牛亦同屬五行，豈非犬牛之性亦有了仁、義、禮、智、信之某一部分或某幾部分？如此說性，便已混進了道家義，但不能謂其即是中庸義，更不能謂其有當於孟子義。此後朱子論性，往往牽合康成，分五行說五常。象山譏朱子謂「支離」，如此等處，即其顯見者也。

趙岐注孟子，較與康成不同，而較得孟子書之原旨。其言曰：

> 天之生人，皆有善性；引而趨之，善惡異衢，高下相懸，賢愚舛殊。

此所謂「皆有善性」，固可謂其說「性即至善」，亦可謂是說「性中有善」，趙注實近後義。董仲舒春秋繁露云：

> 性比於禾，善比於米。米出禾中，而禾未可全為米也。善出性中，而性未可全為善也。

趙注與董略近。就此後中國儒家思想之大系統言，尊江都勝過高密，則康成以五常釋性，至少已非漢儒之通義，自不得即奉為儒義之正統。趙岐又曰：

守正性者爲君子，隨曲拂者爲小人。

此處上句言「正性」，知下句言「曲拂」者亦指性，惟不得謂是性之正。此猶孟子言「正命」。有正命，卽有非正之命。有正性，亦有非正之性。是卽趙氏所謂「曲拂」也。故孟子曰：「君子不謂之性，不謂之命」，此亦是性、命，特非性、命之正耳。故趙岐又曰：

人生皆有善性，但當充而用之。

又曰：

性有仁、義、禮、智之端，心以制之。惟心爲正。人能盡極其心以思行善，則可謂知其性矣。知其性，則知天道之貴善者也。

趙氏謂「性有仁、義、禮、智之端」，説性有此四端，不説性只是五常，顯是較近於孟子之原旨。故趙岐又曰：

此皆人性之所欲也。得居此樂者，有命祿，人不能皆如其願也。凡人則觸情從欲，而求可樂；君子之道，則以仁義為先，禮節為制，不以性欲而苟求之也。故君子不謂之性也。

此處趙氏顯以情欲亦歸之人性所有，只是君子不謂之性。孟子曰：「食色性也。」食色固可無違於五常，然食色決非卽五常。故知說孟子「性」字義，趙氏之注，實勝康成。清代漢學家尊康成，無微不至。然說孟子，大率仍遵趙氏。最後如陳澧東塾讀書記，其書絕大祈嚮，端在貫通漢、宋，匯通鄭、朱，然其闡釋孟子性善，亦仍守趙旨。此因孟子原書辭指顯然，若一一遵依鄭注說之，必感扞格難通也。

## 三

至朱子所釋「性卽理也」，此更顯然是宋儒語，先秦時代人決無此觀念。韓詩外傳有曰：

聖人何以不可欺也？曰：聖人以己度人者也。以心度心，以情度情，以類度類，古今一也。類不悖，雖久同理，故性緣理而不迷也。

此祇說性當「緣理而不迷」，卻並未說性即是理。理之呈現，在乎能以心度心，以情度情，以類度類。人之與人，既是同類，故心同理同，即己可推。故曰：「忠恕違道不遠。」「夫子之道，忠恕而已矣。」忠恕指心言，指情言。又曰：「己欲立而立人，己欲達而達人。」「己所不欲，勿施於人。」可見忠恕又兼可包欲言。孔子曰：「吾欲仁，斯仁至矣。」孟子曰：「乃若其情，則可以為善矣。」在先秦儒家觀念中，既未把「性」與「情」嚴格劃分看成對立，亦未將「理」與「欲」嚴格劃分看成對立。即沿至西漢，亦復如是，即上引韓詩外傳便可證。惟小戴禮樂記篇有云：

人生而靜，天之性也。感於物而動，性之欲也。物至知知，然後好惡形焉。好惡無節於內，知誘於外，不能反躬，天理滅矣。夫物之感人無窮，而人之好惡無節，則是物至而人化物也。人化物也者，滅天理而窮人欲者也。

此始把「天理」、「人欲」劃分對立看，然樂記語仍與宋儒義微有不同。鄭玄注：

理，猶性也。

孔穎達疏曰：

> 天之所生本性。

又曰：

> 天生清靜之性。

依鄭、孔注疏，則樂記語「天理滅」卽猶云「天性滅」。天性卽指「人生而靜」的那一番清靜無欲之性。當知樂記此一節話，顯然是羼進了道家觀點，但仍未有如宋儒所提出之天理觀。故程明道亦說：

> 只「天理」二字，是某自家體貼出來。

可見明道說「天理」，是他自己的一種新觀點，非本漢、唐注疏也。故鄭玄之「理猶性」，與程朱之「性卽理」，其間仍有漢、宋疆界，不該混一而視。

許氏說文云：

理，治玉也。

趙岐孟子章句云：

理者，得道之理。

此為東漢時人對「理」字的正釋，亦即東漢時人對「理」字之眞觀念。此與程朱言理，實際有絕大之不同。卽在宋儒，如胡宏知言亦謂：

天理、人欲，同體而異用，同行而異情。

彼所謂「同體」者，卽指其同體於性，陳義與樂記本意為近。今若謂程朱嚴辨天理、人欲，乃程朱深入聖域後所特創之新見解，則並無不可；若謂儒家傳統古義早有此一辨，則殊未必然也。

# 四

陸象山對此天理、人欲之對立觀，更提駁難，義極深摯。象山云：

天理、人欲之言，亦自不是至論。若天是理，人是欲，是天、人不同矣。此其原，蓋出於老氏。樂記曰：「人生而靜，天之性也。感於物而動，性之欲也。物至知知，而後好惡形焉。不能反躬，天理滅矣。」天理、人欲之言，蓋出於此。樂記之言，亦根於老氏。且如專言靜是天性，則動獨不是天性耶？書云：「人心惟危，道心惟微。」解者多指人心為人欲，道心為天理；此說非是。心一也，人安有二心？……因言莊子云：「眇乎小哉，以屬諸人。謷乎大哉，獨遊於天。」又曰：「天道之與人道也，相遠矣。」是分明裂天、人而為二也。

此處象山指出理欲之辨裂天人而為二，此層極有關係，最當深玩。程朱既言「性卽理」，又言「天卽理」，遂又分出「氣質之性」與「義理之性」而二之。此分明是裂天人而為二也。孟子道性善，所辨在把人與禽獸劃分；而莊周則重提天的觀念，把人禽之辨冲淡了。荀子所謂「莊周知有天而不知人」

是也。中庸接受莊周觀念，而重新奠定了人的尊嚴，此為中庸思想之大貢獻。要之卽在孔孟，固未嘗裂天人而二之也。裂天人而二之，主要者在程朱。此後清儒如顏習齋、戴東原，皆曾為此力加攻擊。就此點言，程朱「性卽理」之說，略近於康成，而實違於孟子。程朱與孔孟之間，在思想上斷不能說全屬一致，絕無歧異。關於此層，既非本篇範圍，無可詳說。惟若謂中國儒家思想必尊程朱為正統，必俟展演到程朱，始是登峯造極；從來羣儒異見，必折衷於程朱而始得定論；此亦自成一說。信奉程朱者，儘可如此說之。但不當謂程朱解釋語、孟、易、庸，全是語、孟、易、庸之本意。若果如此，則程朱在中國思想史上僅成一解經釋字人，其為功亦淺矣。而橫渠之分別「義理之性」與「氣質之性」，程朱亦決不推之謂「開前聖所未發，功不在孟子下」矣。

## 五

象山所謂「裂天人而為二」者，此一說又可牽涉到形上、形下之辨。「形上」「形下」一語，始見於易繫辭。鄙人私見，易繫辭亦屬晚出書，當與中庸略同時，均屬匯通儒、道而立說者。故易、庸與論、孟，斷當分別而觀。易繫辭謂：

形而上者謂之道，形而下者謂之器。

此處「器」字，當就易繫本文為之規定。蓋其所指，卽是「結繩為網罟、斲木為耜、揉木為耒、日中為市、垂衣裳、刳木為舟、剡木為楫、服牛乘馬、重門擊柝、斷木為杵、掘地為臼、弦木為弧、剡木為矢、上棟下宇、棺槨、書契」諸端也。若易繫器字指此等而言，則離、益、噬嗑、乾、坤、渙、隨、豫、小過、睽、大壯、大過、夬諸卦象，顯見已屬形而上。易經六十四卦便已全屬形而上，則一陰一陽更是形而上。至少易繫原文當作如此解。並在易繫原文，制器尚象，庖犧氏以下歷古聖人，正在其能創造出許多形下之器，以濟世用。形下、形上，不分貴賤。卽在程明道，亦尚頗得易繫原意。故明道說：

繫辭曰：「形而上者謂之道，形而下者謂之器。」又曰：「立天之道，曰陰與陽。」又曰：「一陰一陽之謂道。」陰陽亦形而下者也，而曰道者，惟此語截得上下分明，原來只此是道。

明道謂「陰陽亦形而下」，此已失卻易繫原旨；然謂「原來只此是道」，則在明道意中，形上、形下，本不須大分別。則又何嘗如象山之所疑，乃謂程朱一派乃「裂天人而二之」乎？故明道又曰：「形而上為道，形而下為器，須着如此說，器亦道，道亦器。」道器合一，此卽天人合一也。此後惟王船山闡述最精。明道又曰：

> 灑掃應對，便是形而上者。

此因明道既說陰陽是形而下，遂不得不說灑掃應對亦是形而上，以見形上、形下之本不該有分別也。然明道如此說之，其實已違離了易繫辭之本意。易繫辭原文，只說綱罟、耒耜等屬器者為形而下，在成器以前便是形而上。「上」、「下」義即是「前」、「後」義。所謂「形」者指「器」言。今明道謂氣亦屬形而下，於是逼得說灑掃應對便是形而上，此可謂是明道一家之說，卻不能說易繫辭作者本意便如明道意；更不能謂先秦儒家已作此分別，已有此意見，亦全如明道意也。明道似沒有把天、人太過分裂成兩截，而伊川說話便更不同。伊川說：

> 離了陰陽更無道，所以陰陽者是道也。

此處「所以」二字極喫重，但卻是伊川增字詁經。易繫辭只說「一陰一陽之謂道」，伊川卻說成「所以一陰一陽者」始是「道」。言下之意，一陰一陽只是形而下，形而下者便不是道。朱子的「理氣二分」說，顯從伊川來。因伊川說「所以一陰一陽者」，其實即是說「理」也。象山與朱子辨「太極」、

「無極」，所爭亦在這一層。故象山曰：

直以陰陽為形器，而不得為道，此尤不敢聞命。易之為道，一陰一陽而已。

今若認一陰一陽便是道，則「太極」之上不須再安上「無極」。若必求「所以一陰一陽者」始是道，則此一形而上者必是無極也。照伊川說法，所以陰陽者始是道，其實卽是說理，而他又說「性卽理」，於是便逼得他說：

性中那有孝弟來？

因孝弟亦屬人生行事，屬形而下，必問「所以孝弟者」始是形而上。換言之，孝弟祇可謂是人之心情，非性理。論語說：「孝弟也者，其為仁之本歟？」自鄭玄以五常言性，程朱以理言性，則豈不轉成了「仁為孝弟之本」，因有仁之性，故始有孝弟乎？惟既謂仁始是天理，屬形而上，則孟子曰：「仁，人心也。」又當作何解？昔人云：「寧道孔、顏誤，諱言服、鄭非。」後人尊奉程朱，勢將諱言程朱之非。實則孔、孟、程、朱，不妨各有各的說法，各有各的長處；必先分別而觀，始能匯通而求，乃始可以語於中國儒家傳統之大義。又豈貴乎黃茅白葦，一望皆是，必謂程朱所說，一一卽是孔孟先秦人之原義乎？

至於中庸，則明明說：

詩云：「鳶飛戾天，魚躍於淵」，言其上下察也。君子之道，造端乎夫婦。及其至也，察乎天地。子曰：「道不遠人，人之為道而遠人，不可以為道。」

試問鳶飛、魚躍，豈不屬形而下？若必謂所以飛、所以躍者始是道，則鳶飛、魚躍皆非道。夫婦豈不屬形而下？若必求所以夫婦者始是道，則家室夫婦也將變成不是道。這豈不成為「人之為道而遠人」？今且不論躍、飛與夫婦，即論人與鳶、魚，亦是全屬氣，全屬形而下，只因理附氣而見；如此則天地造物，不論人與鳶、魚，卻全成了工具。而且不僅人與鳶、魚皆屬形而下，即天亦是形而下。故朱子注論語「獲罪於天」，即曰「天即理也」。天即理，性即理，則「天命之謂性」，豈不成為「理命之謂理」？此無怪象山對明道無非辭，而對伊川便要深致其不滿，對朱子則直斥其支離。然此處終是象山自己意見，眞得明道之意者，當仍屬伊川與晦翁。今若分別孔、孟、易、庸、程、朱，各自分別觀之，則易、庸並不以立說異於孔孟而失卻其本身自有之價值；程朱豈亦以立說異於易、庸，而遽失其本身自有之價值乎？蓋易、庸、程、朱，亦各成一套理論，各有其自己之精卓不磨處。朱子尤是蓋世大儒，豈有如我上之所譏，「理命之謂理」，此等不通之意念乎？其病正在混同牽引，不分別而觀，則成兩害，不能兩全矣。

## 六

至於「作用是性」之說，此亦未可厚非。不論性善、性惡，所謂性，何嘗不是一種作用？因其有作用，故能分善惡。禪宗正從「作用是性」等意見，始能透過佛學，重新回到中國思想之傳統。明白言之，「作用是性」，卽已擺脫了佛家形上、形下兩破分看之舊觀點。此所謂「無明卽眞如，煩惱卽菩提」，換言之，也如後來陸王之所謂「心卽理」。當知儒家傳統，最主要者，在其是一種人文精神，而人文精神則斷不能向形而上栽根。然則「作用是性」正可謂是先秦古誼。禪宗「作用是性」之說，最多亦只能說其幷包了萬物而言性，因此漫失了孟子人禽之辨之主要義；但禪宗卻尚未別生出天人間之障壁來。至於程朱主張「性卽理」，則依然幷包萬物，依然涵融於人禽之辨，而理、氣兩分；則驟視之，若轉添了一重天人障壁。其實則是更進一層融通了天人障壁。此待吾人平心分別觀之。只能說其各有立場，且莫專據程朱鄙斥禪宗，然後乃能更深一層眞見到程朱之更勝於禪宗也。

惟中庸一書，特為佛徒所喜愛，佛家之所由由釋返儒，中庸思想亦有其大貢獻。若由此一觀點論，易傳、中庸與莊子三書，在中國思想史上之地位，確有當特別重視者。中庸正是承認天地有此實體，天覆地載，是即天地之性。天地是實體，覆載是妙用。此如手持足行，手足是實體，持行是妙用。天之覆、地之載，手之持、足之行，此即天地、手足之本性也。若無天地、手足，何從有天地、手足之性？故承認了其作用，便連帶牽涉到其本體。華嚴宗專言「事理」，「理」即其體，「事」則其用也。體用合一，故事理合一，形上、形下亦成合一，更無障壁。台、禪、華嚴三家，縱未曾明白承認此實體，然亦不得不謂其已有此傾向。程朱正由此傾向轉來。拙著宋明理學概述一書，曾在此點上，特有指陳。

孟子曰：「形色，天性也。惟聖人然後可以踐形。」在孟子意中，又何嘗有如後代宋儒形上、形下之別？呂氏春秋亦云：「石可破也，而不可奪堅。丹可磨也，而不可奪赤。堅與赤，性之有也。性也者，所受於天也。」此即以「堅」與「赤」為性，亦猶孟子「形色天性」之旨，又何嘗謂堅、赤屬形而下，必求所以堅、所以赤之理乃始為形而上，乃得謂之性乎？從呂覽之說，可知先秦各家辨論「堅白」，本亦由當時一種普遍的對於物性之觀察與討論之風氣而來。石、丹即是體，堅、赤即其性。孟子曰：「白羽之白猶白雪之白，白雪之白猶白玉之白歟？」此一質問，亦是其辨「人之性」與「犬牛之性」之不同之一貫意見。孟子專只在物與物之間辨性，因此歸重到人禽之辨上來；何嘗如康成與朱子，混人與物而一之，轉分天與人而二之乎？

惟中庸雖混同人性、物性，接受了當時莊子、惠施意見，而仍然歸重到人性上，則仍不失儒家傳統。中庸本義，正喫重在發揮天人合一，此一義亦道家所重視。今若謂天、地、手、足、石、丹全屬形而下，形而下者不啻一物，必待別尋其所以覆、載、持、行、堅、赤者，而名之曰「理」，認為宇宙當先有一形而上之理存在，乃始有覆、載、持、行、堅、赤之種種用；而此等用，又必歸屬之於「氣」，卽形而下者，而屏之使不得歸屬於理與性之形而上。然則此形而上之體，豈不轉成一虛空無作用之體？而天、地、手、足、石、丹，宇宙間一切實體，雖各有其妙用，卻都是形而下；而理與性則衹是附於此形下之氣中，不該與氣混一而視；一切意義價值則在理不在氣。如此分別說之，頗有其困難說不通處。然卽就此粗淺處說，程朱言「性卽理」，終較禪宗「作用是性」之說為更深入、更圓通。經後人再四深求，終感程朱之更勝於陸王與禪宗也。明儒羅整菴論學極尊朱子，惟對朱子理氣之辨，喻之為「死人騎活馬」。整菴謂朱子所謂之理，成一死理，不足以為萬物之原。正因朱子把作用與理性劃分開，作用在氣不在理，而理只附氣以見，如此則氣如野馬，理成死人。死人騎活馬，變成了機械的，而終不可得見其神化妙用之所在。至清儒顏習齋，力斥程朱，謂程朱之說，將使人「憎其所本有」。此「本有」卽指氣言。又謂如程朱之說，「必無此目然後可以全目之性」。換言之，卽是須脫去了形而下，乃始完成其形而上；必全撇棄了人欲，乃始完成得天理。故此後戴東原乃有孟子字義疏證之作，極意反駁程朱理欲之辨。若溯厥淵源，則此等仍還是象山意見耳。今若問程朱何以必須把性與作用嚴格分開，把形上、形下，天理、人欲截然劃分？此則在程朱思想體系中自有其立場與苦心。此因禪宗作用是性，更不安放進一「理」字，究非先秦儒家傳統；程朱在此點上，不得不加以一分別。故論程朱思想之全體系，精密圓宏，實不如上引之指摘，而別自有其深到之貢獻。故求明瞭中國儒家思想之演進史，研究程朱，終為重要一課題也。

## 七

程朱言「性卽理」，象山則言「心卽理」。象山說：「千虛不博一實，吾平生學問無他，祇是一實。」此謂「心」「性」之辨卽是虛實之辨。說心便實，人人自知有此心；說性便虛，不免要掉入渺茫中。若如程朱說性卽理，理又在氣之先，屬於形而上，則教人何從去認識此先天無極之妙理？無怪程朱「格物窮理」之說教人無從下手，故象山譏朱子為支離。又曰：

女耳自聰，目自明，事父自能孝，事兄自能弟，本無欠闕，不必他求，在自立而已。

此謂聰是耳之性，明是目之性，有了耳目，自能聰明，天地間有體自有用，卻不要撇開耳目實體去另求一個所以能聰明之理。人禀賦得此心，事父自能孝，事兄自能弟，孝弟亦是此心自有之本性，却不要教人撇開此心去另求一所以孝弟之理。如此說來，仍是「作用是性」之舊說。朱子譏象山為禪，殆卽在此等處。此兩人各有立場，同是儒家，我們若撇開門戶傳統之成見，則此等處正值得分辨與討論。

陽明把象山意見說得更透徹。陽明說：「你心自然能知。」此知卽是心之用，則亦可說是心之性。故陽明說「良知卽是性」。而所知正是知了那天理，如「見父自然知孝，見兄自然知弟」是也。故陽明又說「良知卽天理」。象山說「心卽理」，而陽明必改說「良知卽天理」，此處亦有曲折，亦有巧妙，並亦正見陽明思想在其進展途程中之艱苦處。因若單說「心」，別人必會說心是血肉，是氣，是形而下。形而下者易為人所輕視，於是必會再來索一個形而上。若單說「知」，知仍屬氣，仍是作用。氣與作用，也易失却受人重視之地位，於是又必會再來求知一個理。所以朱子要教人「格物窮理」。而心則只是一虛靈明覺之作用，須此理落入人心，纔始是程朱之所謂性。故程朱祇肯說「性卽理」，不肯說「心卽理」，正因心屬氣，屬形而下，有作用，故不能認其是理。陽明說「良知卽心體，良知是一個自然能知，其所知之內容便卽是天理」，如此則形上、形下，本體、作用，都像是融化合一了。此是陽明之苦心。陽明從朱子之格物致知窮理，過關斬將，仍回到象山之所謂心卽理，此中亦有許多曲折。故陽明雖亦時時說「存天理，去人欲」，而只從人心上出發。論其學術大趨向，必然是象山一派，與程朱有別。其實卽就中庸言，必分「誠而明，明而誠」，豈不仍分天人而為二？必曰博學、審問、慎思、明辨、篤行，豈不仍分知行而為二乎？

## 八

因於陽明良知學之提倡，而明儒乃有「即流行，即本體」之說。如是則鳶飛、魚躍即見道體，豈不若轉於中庸為近？但從此不免再入歧途，便成為晚明王學之「狂禪」。可知學術思想，歧中有歧，朱子所謂「扶得醉人東來西又倒」也。禪宗、陸王，都喜單提直指，又何嘗無流弊？故今特鄭重申述，陸王自陸王，程朱自程朱；不僅陸王、程朱之間有異同，即陸之與王，朱之與程，亦復各有異同。即二程兄弟兩人間，亦仍有異同。漢儒與宋儒異，東漢與西漢異，易、庸與語、孟異。必先分別而觀，各還其本眞，然後再求會通。此亦朱子格物致知窮理之遺訓。今求發揮儒學，端當從此入門下手。若必謂中國儒家思想當一尊程朱為正統，此自見仁見知，各尊所聞，無所不可。惟程朱思想亦由積久展演得來。程朱有程朱之特創。若必謂易、庸、語、孟，早已與程朱思想無異致，一字一句，皆當守程朱舊解，一若先秦儒與宋儒間更無異見存在，此則斷非情實。古籍具在，覆按可證。此一層，實為鄙見所不憚反覆申述之要點也。

本文之所欲申辨者，將暫以此為限。若論中庸原書本義，自謂新義本文，已復語繁不殺，不待畫蛇添足。若謂其借用莊子義說中庸，則中庸本書，據鄙見窺測，本是匯通莊書而立說。若謂其違背了鄭、朱舊注，則縱謂鄭、朱舊注不須違，豈不可別從另一端緒更加以新的闡申乎？其他異同，循此推衍，可不一一細辨。而本文牽涉已廣，特亦粗申鄙意，以待明智大賢之再有以教進之。

（此稿草於一九五六年，載是年一月民主評論七卷一期。）

# 關於中庸新義之再申辯

一

徐君對我中庸新義曾三次來書討論，又公開發表了此文，我理應再公開有所申辯。而在我則實感有無可說之苦。因我所欲辯者，早已大體在前三信中說過了，又在答黃君的新義申釋中（刊民評七卷一期。）說了一大篇，更早則在答覆徐君批駁我釋論語「仁」字的一篇文中（題名心與性情與好惡，刊民評六卷第十二期。）又曾早已說了一大篇。我之所能申辯者，既已罄竭無餘，而徐君終不以為是，我又急切無法改變我意見。故我實感有無可說之苦。無已，則讓我改換方向，且擱置在我的一邊，而姑對徐君所提出的，略略作一些反駁吧！但此亦只是行文措辭方面之不同，其實我所以反駁者，則仍是我那些老意見。

至於我的反駁，則亦有一限度。我的限度，則只限於中庸的本書上，我只就徐君對於中庸本書所加的闡釋，略貢其異議。至於其個人的意見與立場，則我此文，不想牽進來討論。

## 二

中庸開始第一句便說：「天命之謂性。」而我對徐君對此一語的解說，便不表同意。他說：

「天命之謂性」的天，不是泛泛地在人頭頂上的天，而係由向內沉潛淘汰所顯現出的，一種不為外界所轉移影響的，內在的道德主宰。因此，這裏所謂天命，只是解脫一切生理束縛，直沉潛到底時，所顯出的，不知其然而然的一顆不容已之心。此時之心，因其解脫了一切生理底，後天底束縛，而只感覺其為一先天底存在，亦卽係突破了後天各種樊籬的一種普遍的存在。中庸便以傳統的「天」的名稱稱之。並且這不僅是一種存在，而且必然是片刻不停的發生作用的存在，中庸便以傳統的「天命」名稱稱之。此是由一個人愼獨的獨所轉出來，其境界極於無聲無臭，中庸卽以此語為其全文的收束。

這一段話，把來認為徐君個人的一番哲學意見看，這在我此文是不擬加以討論的。但若把此一段話，來講中庸「天命之謂性」，謂是中庸本書之原義，我是認為大有問題的。

這不免又要提到我自己的那些老話了。我認為，中庸此語「性」字，是兼指人性、物性而言的。

朱子注說：

命猶令也，性卽理也。天以陰陽五行化生萬物，氣以成形，而理亦藏焉，猶命令也。於是人物之生，因各得其所賦之理，以為健順五常之德，所謂性也。

朱子又說：

率，循也。道，猶路也。人物各循其性之自然，則其日用事物之間，莫不各有當行之路，是則所謂道也。

我們把徐釋和朱注並讀，究竟誰是誰非呢？我則認為朱子解釋得比較更近情理些。我所謂更近情理者，則是說朱子解釋得更近於中庸本書之原義些。至於就哲學思想上論，誰得誰失，則不在我本文討論之範圍。

朱子把人性、物性兼釋中庸「性」字，較近中庸本書之原義，此請以中庸本書證之。中庸說：

致中和，天地位焉，萬物育焉。

又說：

鬼神之為德，其盛矣乎！視之而弗見，聽之而弗聞，體物而不可遺。

又說：

故天之生物，必因其材而篤焉。

又說：

唯天下至誠為能盡其性。能盡其性，則能盡人之性。能盡人之性，則能盡物之性。能盡物之性，則可以贊天地之化育。

又說：

誠者物之終始，不誠無物。故君子誠之為貴。誠者，非自成己而已也，所以成物也。成己，仁也。成物，知也。性之德也。合外內之道也。

又說：

博厚，所以載物也，高明，所以覆物也。悠久，所以成物也。天地之道，可一言而盡也。其為物不貳，則其生物不測。

又說：

大哉聖人之道，洋洋乎發育萬物，峻極於天。

又說：

萬物並育而不相害，道並行而不相背。

以上所舉，最重要的，是中庸書中把「物」字的地位提高了。我們試看論語、孟子，那裏有把「物」的地位與「人」並舉、與「道」並舉的呢？有之，自中庸始。此因中庸本是匯通了莊子而立說，故遂成其為儒家之新義。

## 三

其次再言「天」字。論語云：

天何言哉？四時行焉，百物生焉。

孟子說：

莫之為而為者謂之天。

此等「天」字本易講。但論語說：

五十而知天命。

孟子說：

盡其心者，知其性也。知其性，則知天也。存其心，養其性，所以事天也。夭壽不貳，修身以俟之，所以立命也。

此等「天」字、「命」字則較難解。然像徐君的講法，則決無當於孔孟之原義。他說：「天命只是一顆不容自己之心，由一個人愼獨的獨所轉出來。」這似乎因為他生後了朱子已七百年，生後了孟子已兩千年，或許他讀過了許多西方哲學家的「唯心論」，因而遂如此說。至於孔孟、朱子，世所認為中國儒家正統者，則其實絕未有此意。既是孔孟無此意，故知中庸本書亦決無此義。但讀者千萬莫又誤會我，認為我把中國孔孟思想乃及中庸思想，歸并到西方哲學「唯物論」的一邊了。

徐君認為「天命只是一顆不容自己之心，由一個人愼獨的獨所轉出來」。如是般提高看重了一個天之生物。

人的「心」，但一部中庸，自始至終，卻絕不曾透露出一「心」字來。中庸說：

試問此一「天」，是否能如徐君所釋，是「由向內沉潛淘汰所顯現出的一種不為外界所轉移影響的內在的道德主宰」呢？

中庸有時單言「天」，有時又兼言「天地」，中庸說：

天地位焉，萬物育焉。

天地之大。

察乎天地。

能盡物之性，則可以贊天地之化育。可以贊天地之化育，則可以與天地參。

博厚配地，高明配天。

天地之道，可一言而盡也。其為物不貳，則其生物不測。

今夫天，斯昭昭之多。及其無窮也，日月星辰繫焉，萬物覆焉。今夫地，一撮土之多。及其廣厚，載華嶽而不重，振河海而不洩，萬物載焉。

君子之道，本諸身，徵諸庶民，考諸三王而不繆，建諸天地而不悖，質諸鬼神而無疑，百世以俟聖人而不惑。質諸鬼神而無疑，知天也。百世以俟聖人而不惑，知人也。

辟如天地之無不持載，無不覆幬。辟如四時之錯行，如日月之代明。萬物並育而不相害，道並行而不相悖，小德川流，大德敦化，此天地之所以為大也。

天之所覆，地之所載。

知天地之化育。

請問上列這許多「天地」兼舉的「天」字，是否也是由向內沉潛淘汰所顯現出的一種不為外界所轉移影響的內在的道德主宰呢？若說中庸兼言「天地」之「天」與單言「天」字之「天」有不同，則請問：「質諸鬼神而無疑，知天也。百世以俟聖人而不惑，知人也。」這一「天」字，是否仍是我們人心內在的道德主宰呢？若仍是人心內在的道德主宰，則何以又要質諸鬼神呢？這鬼神又是何物呢？

## 四

其次我且牽連先說到中庸之「誠」字。徐君說：

復性於現實生活之中，使現實生活符合於天命之性，此卽中庸之所謂誠，亦謂之純。誠與純，是說人能眞有其內在而超越之性，而不雜以後起的人欲之私的狀態。因此，深一層說，誠卽是性。凡大學、中庸、易傳、孟子之言誠，皆就人之內心而言。此與錢先生以誠皆屬天，而天又為外在之天，似乎恰恰相反。

中庸書中之「天」字，是否是外在，抑係內在，讀者平心玩究上引諸條中庸本書之原文，自可瞭解，不煩再辯。此刻且對徐君所說「凡大學、中庸、易傳、孟子之言誠，皆就人之內心而言」一語，再加以研究。大學、易傳、孟子，非本篇範圍所欲討論，則請專就中庸本書言。中庸說：

誠者，物之終始。不誠無物。

我請問，此「物」字作何解？若就中庸本書一切物字匯合看之，物只是物，似乎更無疑義。若如他說法，「中庸言誠，皆指人之內心言」，則是否可以說：「人心是物之終始，沒有了人心，便沒有了萬物」呢？似乎因於徐君是現代人，讀過了西方哲學上的許多種唯心論的說法，因而說成如此；而中庸本書原義，則決不如其所說，則似乎是甚為明白了。

徐君又說：「誠與純，是說人能真有其內在而超越之性，而不雜以後起的人欲之私的狀態。因此，深一層說，誠即是性。」我不免又要追問，中庸本書中之「性」字，究竟是單指「人性」而言呢？抑兼指「物性」而言呢？我上文已列出證據，中庸本書言性，是兼指物性而言的。中庸又說：

誠者，非自成己而已也，所以成物也。成己，仁也。成物，知也。性之德也。合外內之道也。

可見誠不僅以成己，抑且以成物。性之德，不僅屬於內，抑亦屬於外。今試再問，天之生物，是在人之外而生此萬物的呢？抑是只在人之內心生此萬物的呢？更深一層追問，中庸本書之所謂天，究在人之內心呢？抑外於人之心而存在呢？若天之生物，不盡在人之內心，則「誠者天之道」，自然並不如徐君所說，此處的天之道，實等於天之命；而所謂天之命，則說成了「天命只是一顆不容自已之心，由一個人慎獨的獨所轉出來」。如此說法之決然無當於中庸本書之原義，實也不須多辯了。

## 五

其次，讓我再討論到中庸本書開首之第二句，「率性之謂道」。徐君說：

「率性之謂道」，此道卽係後面所說的五倫的達道。這與老莊之所謂道，絕不相同。

此說仍無當於中庸本書之原義。茲再引中庸本書原文一節，而兼引朱子之注來與徐說作一比。中庸說：

君子之道費而隱，夫婦之愚，可以與知焉。及其至也，雖聖人亦有所不知焉。夫婦之不肖，可以能行焉。及其至也，雖聖人亦有所不能焉。天地之大也，人猶有所憾。故君子語大，天下莫能載焉。語小，天下莫能破焉。詩云：「鳶飛戾天，魚躍於淵」，言其上下察也。君子之道，造端乎夫婦。及其至也，察乎天地。

朱子注云：

費，用之廣也。隱，體之微也。君子之道，近自夫婦居室之間，遠而至於聖人天地之所不能盡。其大無外，其小無內，可謂費矣。然其理之所以然，則隱而莫之見也。蓋可知可能者，道中之一事。及其至而聖人不知不能，則舉全體而言。聖人固有所不能盡也。人所憾於天地，如覆載生成之偏，及寒暑災祥之不得其正者。詩，大雅旱麓之篇。戾，至也。察，著也。子思引此詩，以明化育流行，上下昭著，莫非此理之用，所謂費也。然其所以然者，則非見聞所及，所謂隱也。故程子曰：「此一節，子思喫緊為人處，活潑潑地，讀者其致思焉。」

我們若將朱子此一章注語來比對徐釋中庸「道」字義，顯然是朱子說對了，而徐君又說差了。我並不是說朱子的思想或理論對，而徐君的思想或理論差了，因此非本文範圍之所涉。我只說就中庸本書原文言，該照朱子說，而不該像徐君說。

徐說差在那裏呢？因於他誤認中庸「天命之謂性」的「性」字，只指人性言，不兼物性言，因此遂謂中庸「率性之謂道」的「道」字也只指「五倫之達道」言。但朱子看中庸性字，是兼指人性、物性的；因此朱子看中庸道字，連「覆載生成」和「寒暑災祥」都包括在內了。連「鳶飛魚躍」，也是化育流行，也莫非包括在內了。

我們只要扣緊了這一箇朱子的注語，便知天地間萬物各有性，只要率性而行便是道。而中庸書中「道」字，是察乎天地的，是兼包着鳶飛魚躍，乃至覆載生成，寒暑災祥的。覆載生成有其偏，寒暑災祥有不得其正之所在，然而此既盡是天地之化育，因此不得不承認其是道。而其為道之所以然，則雖聖人有不知。因此，中庸本書言「道」，必分別天道、人道言。若中庸言道，如徐君所說，只限於五倫的達道，則難道聖人也還對此五倫達道有所不知不能嗎？

## 六

中庸作者，則就此聖人也有所不知不能之道而舉出一「誠」字來。故中庸說：

天地之道，可一言而盡也。其為物不貳，則其生物不測。

朱子注：

天地之道，可一言而盡，不過是誠而已。不貳，所以誠也。誠故不息，而生物之多，有莫知其所以然者。

可見中庸所謂「天地之道」，主要是指其能「生物」。物則誠是此物，如鳶之必飛於天，而不再躍於水；如魚之必躍於水，而不再飛於天；此乃其所以成為物，所以見其物之性，亦即是此物之誠。此即是其為物之不貳。如鳶忽貳於躍，魚忽貳於飛，則將不見所謂鳶、魚之「性」，亦不成為鳶、魚之

「物」，而亦無以見其鳶、魚之「誠」了。

中庸又說：

天地之道，博也，厚也，高也，明也，悠也，久也。

朱子注：

言天地之道，誠一不貳，故能各極其盛，而有下文生物之功。

地總是那樣博厚，天總是那樣高明，因其總是那樣，所以說其誠。天地間一切萬物，便在此永遠那樣的博厚高明之誠之中生下了。至於你若問，地博厚，天高明，永遠那樣，何以便生出萬物來？此在中庸作者，則說那些是連聖人也有所不知了。

今之所能說者，則只此不息、不已、不貳之誠之可見者而已。故中庸說：

誠者，自成也。而道，自道也。誠者，物之終始，不誠無物。是故君子誠之為貴。

朱子注：

言誠者，物之所以自成。而道者，人之所當自行也。天下之物，皆實理之所為。故必得是理，然後有是物。故人之心一有不實，則雖有所為，亦如無有。而君子必以誠為貴也。

朱子此條注語，說「天道」又兼涉進「人道」，尚當分別細闡。何以說誠是物之所以自成呢？因鳶總是飛，魚總是躍，鳶、魚誠於其飛、其躍而不貳，所以成其為鳶、魚。此之謂物之性，此之謂天之道。而朱子在此後面又提出一「理」字，當知此理字則為中庸本書所無。循此說下，則又越出本篇之範圍，我亦只有勒住筆頭，不再往下說。而在此有對徐說順帶加以申辯者。

## 七

徐君說：

總之，錢先生此文，因將「人」附屬於「自然」上去說，自然本身無所謂理性、道德、善惡、人格高下等，故反投在人的身上，也不承認有理性、道德、善惡、人格高下等，而只承認一感情衝動的自然調節。於是主張不遠禽獸以為道。

徐君責我不認有理性、道德、善惡、人格高下，而主張不遠禽獸以為道；這樣的責備，直使我無地自容，如何再食息於天地間，而自儕於人類。這實在使我惶汗萬狀。然而我之所說，所幸者，自問實尚不至於如是。

至於是否該將「人」附屬於「自然」這一問題，此屬各人哲學立場思想見解之不同，因非本文範圍，可勿論。然中庸本書，則實是將人附屬於自然而言者。於何證之？卽證之於中庸之本書。其開首第一句，「天命之謂性」，卽兼人性、物性言。第二句，「率性之謂道」，卽兼天道、人道言。此非將人附屬於自然而何？此在上文，已就中庸本書及朱子注語詳為說明，似可無疑。

但將人附屬於自然是一事，自然本身是否有理性、道德、善惡、人格高下等則又屬一事。今且再看中庸本書作者之意見。中庸本書作者旣認「率性之謂道」，便無異於承認自然界亦有道。惟其道則決非如徐君所謂「五倫之達道」。

孔孟儒家重言仁、義、禮、智四德，尤其是重言「仁」字，但老子說：「天地不仁，以萬物為芻狗。」莊子外篇裏又說：「虎狼仁。」若把孔孟當時所提出的幾許重要的道德觀念放進自然界，既多遭道家之駁難；然人類又究竟不能超然劃出於自然界之外；於是中庸本書作者乃另提新說，似謂天地自然界，固不當以人生世界仁義諸德來衡量，然天地亦自有天地之德。其德維何？曰博厚，曰高明，曰悠久。曰誠。曰不息、不已、不貳。曰中和。此諸德者，皆屬自然之大德。而尤其是「誠」之一德，則貫徹萬物，無大無小，普遍而存在。故曰：「誠者，天之道也。」你若說自然界無道德可言，中庸本書作者告訴你，自然界一切萬物，普遍保持有一德，其德繫何？曰「誠」。鳶則誠是此一鳶，飛則誠有此一飛，魚則誠是此一魚，躍則誠有此一躍。而且鳶則誠然必飛，魚則誠然必躍。故自然界一切萬物，縱使無其他道德可言，而共同的至少有一德，此卽眞實無妄之誠。「小德川流，大德敦化」，則盡無逃於此一誠。

人生界自有聖人，固然規定出許多德目來；然人旣附屬於自然，則人生一切諸德，也必歸附於此普遍共同之自然大德，卽誠，其理又可知。所以中庸說：

在下位，不獲乎上，民不可得而治矣。獲乎上有道，不信乎朋友，不獲乎上矣。信乎朋友有道，不順乎親，不信乎朋友矣。順乎親有道，反諸身不誠，不順乎親矣。誠身有道，不明乎善，不誠乎身矣。

一切人生道德，也總逃不了一誠字。忠吧！信吧！孝吧！若不誠，試問那裏來有忠與信與孝？又在那裏去安放此忠與信與孝？但何以中庸忽然又說：「誠身有道，不明乎善，不誠乎身」呢？說到此，請再繼續討論中庸本書開首之第三句，「修道之謂教」。

## 八

中庸開首第一、第二句「天命之謂性，率性之謂道」，本是兼包人與自然而言之的。直到第三句，「修道之謂教」，纔始是專落到人生界。但徐君把中庸誤解了，把第一、第二兩句早認為是專講人，於是到第三句，他便覺無話可說了。現在讓我再引朱子注語略加以闡釋。朱注云：

人物各循其性之自然，則其日用事物之間，莫不各有當行之路，是則所謂道也。修，品節之也。性道雖同，而氣稟或異，故不能無過不及之差。聖人因人物之所當行者而品節之，以為法於天下，則謂之教。

今按：朱子此條注語，把中庸「率性」注為「人物各循其性之自然」，此極是。既是各循其性之自然便是道，則鳶飛魚躍，亦各率鳶魚之性之自然，又何嘗不是道？若把此「道」字界說認準了，下面修道「修」字，朱注訓為「品節」，始可領略其意義。故率性之「率」，仍屬自然界；修道之「修」，乃始落實到人文界。我們要講明古書義理，便一字也不該忽略了。

惜乎朱子注中庸，其用意也本偏重在人生界，於是把中庸本書上一節對於自然界的種種想法與說法，雖然朱子已注得一大體，而終嫌其未盡。因此竊不自量，而有中庸新義之作，私意則在補發朱注之所蘊蓄而未盡者。此處「修道」兩字，讓我再妄羼一些新義。此自必為徐君所反對，好在中庸本書具在，讀者仍可參互求之，以定於一是也。

上文說過，舉其道之全體而言，則如覆載生成之偏，及寒暑災祥之不得其正者，亦全是道。聖人站在人的立場，則不得不就此自然之道之全體而稍加以品節。「品」是「等次」義。如麟鳳實有此麟鳳，虎狼實有此虎狼，此即是朱子所謂「覆載生成之偏」。然無論麟鳳虎狼，則盡是天地間一物、一誠、一化育。而聖人就此來加以品第，說虎狼是暴獸，麟鳳是仁獸。其間便生出善與惡的分別來。又如寒暑亦是天地自然，亦是天地間萬物各率其性而至於有如此的變化，則此亦是一誠、一道、一化育。但祁寒酷暑，究與人生不適。於是聖人又替人想出種種方法來，好使寒不至於過寒，如有房屋衣服等等禦寒之具是。暑又使不至於過暑，如有搖扇飲冰等等解暑之事是。此之謂節。「節」是「制度」義，要使天地間一切變化莫對人太過了分，太踰了節。當知此等亦便是「修道之謂教」之一項目中之所有。

如此說來，徐君所說的理性、道德、善惡、人格高下等諸項目，只要自然界有此人類，人類中自然會生出聖人，聖人自然會對於全人類著想，而修道立教。在於聖教中，自然會替人類指點出理性、明此天道之誠，又於天道之誠之中，明出對於人道之「善」來。所以中庸說：

本書言，則亦是仍未違離於此「誠」。聖人只是由「誠」而「明」。明了些什麼？聖人所明，則不僅

仍未違離於此「天命之性」，也仍未違離於此「率性之道」。換言之，則仍未違離於「自然」。就中庸

教，品節此道以立教；也卽是就於人類之天性，卽自然之道，而加以一些品節而為教。聖人之教，則

目，本是人性中所有。聖人修道立教，也並不能違於道，離於道，而對人立教。聖人也只是修道而立

道德、善惡、人格高下等諸項目，教人自盡其性。這因理性、道德、善惡、人格高下等諸觀念，諸項

自誠明，謂之性。自明誠，謂之教。

聖人之所明，則只是明乎人性中之許多善端來。當知人性中有善，人道之善，卽是出乎人之性。換言之，也卽是出乎天道之誠之眞實無妄之所有。只在此天道之誠之眞實無妄中明出善，於是聖人遂用種種工夫來隱惡而揚善，來以善教人，也可說來以善同人；因人性中同有此善，聖人修道立教，則只是教人以此人所同有之善耳。

我們服膺聖人之教，明白了聖人教我們的所謂「善」，以之反求諸身，又知此諸善卻本是我性中所固有，此所謂「反身而誠」。故中庸曰：

誠身有道，不明乎善，不誠乎身矣。

當知此處「誠」字，已是由明而誠之「誠」。已是因於聖人之教而博學、審問、愼思、明辨、篤行之後之一番誠。

## 九

在此我得另外提出一點。中庸本書只說「誠身有道」，不說「誠心有道」；只說「誠乎身」，不說「誠乎心」。似乎中庸作者之意見，也認為心由身而有，身由自然而有，身則仍是一物，中庸本書作者則甚看重此物。

今再說：聖人何由明善？中庸說：

舜其大知也與！舜好問而好察邇言。隱惡而揚善，執其兩端，用其中於民，其斯以為舜乎！

朱注：

舜之所以為大知者，以其不自用而取諸人也。邇言者，淺近之言，猶必察焉，其無遺善可知。

可見舜之所以為大知，以其明乎善。而舜所明得之善，卻從眾人身上明來。孟子書裏也說過：

舜之居深山之中，與木石居，與鹿豕遊。及其聞一善言，見一善行，沛然若決江河，莫之能禦。

當知舜心中所明之善，本早存在於天地間，本是一自然中之眞實無妄之誠，本早流露在別人身上。那些人，則自然只是些野人、普通人。但舜之所以為大知，則大在其能於眾人身上明出那善來。其實那些善，則本在眾人身上有。聖人則修明此善，立為人道以施教。故中庸說：

道不遠人，人之為道而遠人，不可以為道。

此種「不遠人」之道，始是中庸之道。現在徐君卻要人向內沉潛淘汰，而顯現出一種不為外界所轉移影響的內在的道德主宰。又教人要解脫一切生理束縛，直沉潛到底。要教人之心，解脫了一切生理底、後天底束縛，而只感覺其為一先天底存在。要教人之心，成為一個突破了後天各種樊籬的一種普遍存在。他認為如此始是內在的，超越的。我對此等說法，不便妄下批評，但若用中庸作者的意見來批評，恐怕徐君是「知者過之，賢者過之」了。若徐君認我在中庸新義之所闡說，是「愚者不及，不肖者不及」，則我與他恐怕同樣都不是中庸之道。所以中庸作者說：

> 中庸之道，民鮮能久矣。

但我們這一輩小民，雖鮮能中庸之道，而聖人的中庸之道，卻偏要用其中於民。何以故？以「道不遠人」故。現在徐君要教我們「內在」，便遠人了。要教我們「超越」，則又遠人了。在大舜則只是「好問而好察邇言」，只是「善與人同」，只是「樂取於人以為善」，何嘗教人如此般的用心？故中庸又說：

> 故君子不可以不修身。思修身，不可以不事親。思事親，不可以不知人。思知人，不可以不知天。

若講到「事親」，便知不就是內在而超越。講到「知人」，便知不就是內在沉潛淘汰，到一種不為外界所轉移影響的境地。更不是解脫一切生理底、後天底束縛。因人終只是人，人有此身，此身則是生理底、後天底，不能沒有束縛底。朱子講一個「理」字，也總是掛劄在「氣」上底，也總是因於氣而始見底。

中庸說：

忠恕違道不遠。

又說：

君子居易以俟命。

若如徐君般，要教人直沉潛到底，要教人突破了後天各種樊籬，而到達一種普遍存在，那是太不易了。容我過分說一句，也是對人的不忠恕。中庸說：

君子之道，辟如行遠，必自邇。辟如登高，必自卑。詩曰：「妻子好合，如鼓瑟琴。兄弟既翕，和樂且耽。宜爾室家，樂爾妻孥。」子曰：「父母其順矣乎。」

當知妻子兄弟室家父母，都是外在的，我們都不該對此而超越的。要好合，要翕，要和樂且耽，要宜，要順，那些全是中庸之道，全是不遠人之道，也全是忠恕之道。但也許那些比較卻是易的，卑的，邇的，不會教人莫測高深。

中庸又說：

> 武王、周公，其達孝矣乎！夫孝者，善繼人之志，善述人之事者也。

當知此節中「人」字，並不指的是聖人。那有孝子的父母則必然是聖人呢？但孝子之孝，則在「善繼人之志，善述人之事」。那些又不全是內在而超越的，不全是先天底存在而一無束縛，可以全不受外界影響的。

中庸又說：

> 尊其位，重其祿，同其好惡，所以勸親親也。

可見親親之道，依然只是些人情之常，還是着重在「同其好惡」上。只有人情之常，只有與人同其好惡，纔始能不遠人，纔始是忠恕。

或疑我所說，只是人之事，不屬人之心。人心是人事之大本大原，無此心，又如何有此事？這不差。但就中庸本書言，則全書未見一「心」字。中庸似乎只在教人「卽事明心」，比較易知易行。此中庸之道之所以為博厚而高明而悠久之所在。

## 一〇

徐君又說：

> 不可卽以眾人視聖人。

這也不差。但孟子不云乎：「聖人與我同類者」，聖人究竟也是人，聖人之道，究竟還是不遠人以為道。中庸說：

> 大哉！聖人之道。洋洋乎！發育萬物，峻極于天。

這因天是發育萬物的，聖人之道至於至極，也還是發育萬物。聖人如何能發育萬物呢？中庸說：

唯天下至誠為能盡其性。能盡其性，則能盡人之性。能盡人之性，則能盡物之性。能盡物之性，則可以贊天地之化育。可以贊天地之化育，則可以與天地參矣。

聖人能贊天地之化育而與天地參，則自能發育萬物了。中庸之所謂發育萬物，仍是「盡物之性」之義。要盡物之性，則又轉到鳶飛戾天，魚躍於淵，活潑潑地那一面來。仍不是如徐君所說，要教人內在而超越，解脫一切生理底後天底束縛。若「盡人之性」要眞如其所說，便恐未必能「盡物之性」。

徐君說：

中庸以聖人為最高道德的標準，認為由聖人峻極于天之道，與天地同功，因而盡其對天地萬物的責任，以得到人與天地萬物的和諧。而其確切可靠的天路歷程，乃在於聖人之能盡其性，卽是能圓滿實現其內在而超越的道德主體。此主體因其有超越的先天的一面，所以在能將其圓滿實現的這一境界上，自己的性與人之性及與物之性，係合而為一。因此盡己之性，同時卽係盡了人之性與物之性。己之性與人之性及物之性的總和，卽是天地化育之實。因而盡性卽是贊天地之化育，與天地參。

這一段話，由我看來，卻和中庸之道正顛倒了，正相背了。

首先第一點，中庸說：「盡己之性，則能盡人之性；能盡人之性，則能盡物之性。」其間儘有層次工夫，有周折困難的。從這裏邊用工夫，便是忠恕之道。若照徐說，盡己之性，同時卽係盡了人之性和物之性，那便有些近乎不忠不恕了。

其次，聖人到達此境界，在聖人之外面，依然有天地存在，聖人只是在「贊天地」，「與天地參」，最多只是由偏合全，不能說卽偏是全。若如徐說，聖人能圓滿實現其內在而超越的道德主體，在此一境界上，自己的性與人之性及物之性合而為一了，那豈不是卽聖人而天了嗎？所以他說：「由一個人愼獨的獨便能轉出天命來。」那樣想法，是萬分危險的。「愼」是如何般愼法，那是沒有客觀標準的。若有一個人，像史太林之類，由其愼獨的獨而也轉出天命來了，那是萬萬盡不得人之性與物之性的。

第三，中庸是主張「小德川流，大德敦化，萬物並育而不相害，道並行而不相背」的。中庸是主張「因材而篤」的。中庸工夫是自邇自卑的，是夫婦之愚不肖可以與知能行的。並不如徐說，「中庸以聖人為最高道德標準」，而是「聖人以中庸之道為其最高的道德標準」的。所以中庸說：

愚而好自用，賤而好自專，生乎今之世，反古之道。如此者，災及其身者也。

中庸又說：

雖有其位，苟無其德，不能作禮樂焉。雖有其德，苟無其位，亦不敢作禮樂焉。

那裏是說由於聖人峻極于天之道與天地同功，因而盡其對天地萬物的責任，這不是以聖人而自專自用了嗎？中庸裏的聖人，只是「庸德之行，庸言之謹，有所不足，不敢不勉」。循此不息、不已、不貳，至誠盡性，而遂至「聰明聖知達天德」的。

或許徐君要說，你如此講中庸，也是不差的。但真要做一個聖人，真要做一個論語、大學、中庸、孟子，孔曾思孟儒家大傳統裏所理想的聖人，則必然須得由向內沉潛淘汰，顯現出一種不為外界所轉移影響的內在道德主宰。必然得解脫一切生理束縛，直沉潛到底，顯出一顆不知其然而然的不容自已之心。此時的心，因其解脫了一切生理底後天底束縛，而只覺其為一先天底存在，亦即是突破了後天各種樊籬的一種普遍存在。而此種存在，必然會片刻不停的發生作用，此即是天命，此是由一個人慎獨之獨所轉出。此在徐君，認為是會通了中國儒家傳統精義而如此說法的。但至少在中庸本書裏則並未如此說，此乃是他在中庸本書之上補出了這一番更高更深的修養工夫；那其是非得失，則仍非本篇範圍，容我不再對於超出我新義方面之外者別有所申辯了。

## 一一

其次，是徐君在此文中提出了中庸成書年代的問題。他認為中庸與易傳，都成在孟子之前；在我意見，則認為中庸與易傳都成在孟子之後。此是研究講明中國先秦儒家思想史裏一重大的題目。在我自認為中庸、易傳同係晚出書是絕無疑問的，我自信對此有十分之見，惜乎這一篇文已是篇幅太長了。而且中庸、易傳之為晚出書，前人都曾提出許多證論，不煩我再說。若欲更進一層，於前人陳說之外另提新證論，此層在我雖有很久蘊蓄在胸的極多的新證論可舉，但頭緒太繁，層折太多，只能留待將來，專篇另作討論，則亦且不在此牽涉再說了。

（此稿草於一九五六年，刊載於是年三月香港民主評論七卷六期。）

# 中庸之明與誠

儒家思想往往用兩個字來表達一個觀念，或一種境界。此兩字則往往左右相輔，循環相成，正反相涵。中庸裏的「明」與「誠」便是一例。

「誠」者，朱子注：「眞實無妄之謂。」簡單言之，卽是「實在」。天實實在在有此天，地實實在在有此地，寒實實在在有此寒，暑實實在在有此暑，此皆實在，此卽「誠」也。

與「實在」相近之誼，則有道家之所謂「自然」。「實在」似偏近「質」的方面言之，「自然」似偏近「能」的方面言之；然此乃今之俗誼，道家言自然卽是實在，卽猶如中庸之「誠」。

中庸是一篇較晚出的文章，中庸之所謂誠，實已採納道家自然的觀念；惟中庸何以不直稱「自然」而要特別指點出一「誠」字，則是儒道兩家精神不同所在也。

「天何言哉！四時行焉，百物生焉。」此是實在，亦是自然。惟道家注重於四時之行，而儒家則注重於百物之生。故道家好言「一氣之運行」，又好言「物化」。道家頗不重生命，把生命只看成物之化，只看成一氣之運行。儒家則採納道家「化」的觀念，只在化之中抽出一個更重要的觀念，曰

「生」，或曰「育」。中庸說：「贊天地之化育。」於「化」字下連綴上一「育」字，即是晚起儒家融會道家思想而再創造之一端。

於大氣運行之中特別指出一個「生命之持續」，此是儒家與道家不同之第一步。再從生命之持續中，特別指出一個「心」，此是儒家與道家不同之第二步。

低級的生物，只有生命而沒有心。直要到高級的生物，始有所謂心。由氣化運行進到生命，進到心，此是一種進步。儒家觀念中有此進步，道家則不認有此階級，有此進步，只是一切平等，一切相似。

心的功能是能開悟、有知覺，能開悟、有知覺，便是中庸之所謂「明」。在大氣運行中，應該有生命的創生之一級。在生命創生中，應該有心的完成之一級。故生物之能開悟，有知覺，亦即是大氣運行中應有之一階段，或一現象。故「明」即是「誠」，誠可包明。

道家觀念則殊不同。道家並不能否認一氣運行中有生命持續的一現象，但道家看不起這一現象，他們認為「方生方死，方死方生」，死生一貫，生便是死，亦即是「化」；「生」的觀念消融在「化」的觀念之內，有生無生，根本無大相異。至於心，更為道家所不言。生物而有心，在道家看來，似乎已近於不自然。若照中庸術語說，便是「不誠」，「不誠」便是「偽」。在道家觀念裏，心的功能便是偽，所貴在「無心」、在「虛」，因此道家只說「自然」，不說「誠」。儒家在自然中看重生命，在生命中看重心，又要心不背自然，此便是中庸之所謂「誠」，因此中庸的「誠」字裏面，早已包涵

「明」的意義。茲表之如下式：

分言之，「誠」「明」對立。合言之，則誠卽包明，明亦是誠也。

若在實在運行中，卽大化中，抽去心的功能，這一種境界，在莊子書中名之為「渾沌」。莊子以渾沌為自然，中庸則以「明覺」為自然。自然中本應有明覺，故說：「自誠明謂之性。」具此明覺者則為聖人。廣義言之，心的功能不一定高級生命始有，卽在低級生命中亦有之。心本為生命持續之一工具，或一官能。生命不免有衝突、有鬪爭，若單從低級生命看心的功用，似乎心專為私生命機變巧詐之張本，所以道家不樂有心。但心的更高發展及其更高功能，則為對於大生命本體之認識，卽對於大化本體之開悟與覺知。此種對大生命本體之認識與夫對大化本體之開悟與覺知，在儒家謂之「仁」。仁中便包有智，而智卻不定包仁；正如誠中已包有明，而明則不一定包有誠也。

心的發展由智達仁。若只有智而無仁，則心將專為私生命持續之工具，鬪爭衝突，由有心而更趨劇烈，更覺苦痛；但心既由智達仁，則心乃成為大生命持續之工具，不僅可以消弭鬪爭與衝突，更可使生命益趨和平，益臻快樂。道家只認心有智的功用，不認心有仁的功用；儒家則認仁為心的發展之最高境界，故「盡心始可知性」，又曰「性善」；故曰「自明誠謂之教」，此卽先知覺後知，先覺覺後物性。

「誠則明矣，明則誠矣」，明誠循環相生，則天人一貫，人卽本此以贊天地之化育，從此卽可盡物性。

覺也。

西方人認心的功能偏近智，智的最高境界，在能認識宇宙萬物之眞理。中國人認心的功能偏重仁，仁的最高境界，在能認識宇宙萬物之「眞情」。

專從純眞理上去看萬物，走到極端，常要陷於把生物當死物看，此卽成西方之科學。若從純眞情方面去看萬物，走到極端，則「天人合一」，覺得宇宙大全只有一個誠。當知中庸「誠」字裏面便涵「情」的成分，所以只說「實在」，尚包括不盡「誠」字。「化」屬無情，而「生」則有情。易曰：「天地之大德曰生。」老子則曰：「天地不仁，以萬物為芻狗。」兩義正相反背。芻狗只是一種化，天地萬物不僅有化，又有生。惟其有生，故說得上天地之「德」。德便是情，誠乃有情之化。故中庸不說「自然」而說「性」，性亦有情。

中庸論性，已全採孟子「性善」之旨。但孟子只說人之性善，又區別人性與犬牛之性、杞柳之性。孟子並不謂犬牛之性、杞柳之性皆善，性善只從人性說，此是孟子本旨。但中庸則推擴開去，既說盡己之性，盡人之性，又說盡物之性，似乎已主物性皆善，善不限於人性。但中庸所謂物性皆善，又非莊老之自然。莊老自然無善惡可言，中庸天命之性則實是一誠，卽是一「至善」也。

故中庸言性，打通有生無生言之，卽融合有情無情言之。打通有生無生、融合有情無情，而回頭從來源上看，卽成莊老之「自然」；若向前從進步處看，則為中庸之「誠」矣。

何以有生無生、有情無情，皆可說他誠？如此闡將去，便非明得中庸「鬼神」之義不可。茲錄中庸論鬼神一節如此：

> 子曰：「鬼神之為德，其盛矣乎！視之而弗見，聽之而弗聞，體物而不可遺。使天下之人，齊明盛服，以承祭祀，洋洋乎如在其上，如在其左右。詩曰：『神之格思，不可度思，矧可射思。』夫微之顯，誠之不可揜，如此夫！」

鬼神「體物而不可遺」，此「物」字，卽包括有生無生、有情無情。當知鬼神卽是超乎有生無生、有情無情，而又兼乎有生無生、有情無情。鬼神卽是宇宙萬物之內體，卽是誠。鬼神之洋洋乎如在其上、如在其左右，卽是誠之不可揜。誠是一段眞情。洋洋乎如在其上、如在其左右者，亦卽是一段眞情。此種眞情，屬心之仁，不屬智，故曰：「視之弗見，聽之弗聞。」又曰：「神之格思，不可度思。」凡以視聽測度者，皆為智，皆不能知鬼神之盛德也。

惟其鬼神是宇宙萬物之內體，人之祭祀鬼神，卽是對此內體之一種開悟覺知，一種眞情發露，故祭的心理，卽是仁，亦卽是誠。中庸又說：

郊社之禮，所以事上帝也。宗廟之禮，所以祀乎其先也。明乎郊社之禮，禘嘗之義，治國其如示諸掌乎！

郊社祭天地，宗廟祭祖先，天地祖先卽是生命之本原。人對郊社祖先致祭，卽是小生命對大生命之一種開悟覺知與眞情發越。無生物固無此種開悟、此種眞情，卽有生物之低等者亦無此種開悟、此種眞情。換言之，無生物不知有鬼神，低級生物亦不知有鬼神。必俟生命發展到最高境界，有心的完成，乃始開悟，乃始覺知，私生命有其來源，卽祖先，卽天地。又知私生命實同一來源，如兄弟同出一祖，如萬物同本一天。雖則祖先已死，天地無情，然心的最高境界中，卻可有一段眞情，常覺祖先若未死，天地若有情。於是發生鬼神觀念，於是發生祭祀禮節。

人類當草昧初啟，便有此種心境，但那時有其事不必知其理。只因人心自能開悟，自能覺知，便漸漸明白得自己這一種心境，卽是「自誠明」也。這一種心境，卽是萬物同體、生命一本的覺知。這是人心最高境界，人類最可寶貴的一種眞情。人若眞到此境界，便是聖人。眞有此境界者，自有本領治國。故曰：「郊社之禮，禘嘗之義，治國其如示諸掌。」

此種鬼神觀念，復與西方人的宗教感情不同。宗教感情亦由性誠中發，然西方人好走尚智的路，此種宗教感情積漸遂為智的分數佔多了，因此有一番宗教的理論，如上帝創世等等。引而愈遠，則誠而不明，及由不明而轉不誠，於是由神的測度轉成神的厭惡，因此有反宗教運動，科學與宗教發生劇烈衝突。中國人言：「神之格思，不可度思，矧可射思。」便不能純理智上測度鬼神。只人類實有此心境，便即是誠。至情便是至理。若西方人明得此理，便不致有中古時期以下的宗教禍難。

孟子偏言仁，荀子偏言禮。中庸之性善雖近孟子，其善言禮意卻近荀子。中庸又有一層接近荀子處，即是中庸屢言「不息」，言「悠久」，不息悠久便是荀子之所謂「積」。

道家言「化」，儒家言「生」，言生故言「性」；性不止於初生之自然，更要者在其積久而如一，此在一人謂之「習」，在一世謂之「俗」，俗即世之文也。在個人為習性，在大眾為文化，故中庸云：「天地之道：博也，厚也，高也，明也，悠也，久也。」「博厚」配地，「高明」配天，人所易知，又特特加入一「悠久」。若無此悠久，則天不成其為高明，地不成其為博厚；天只昭昭之多，地只一撮土之多而已。儒家言「性」言「誠」，皆當著眼在「悠久」上看。故中庸曰：「至誠無息。」詩曰：「維天之命，於穆不已。」

無息不已，可見大生命之持續。在此大生命之持續中，始見「自誠明、自明誠」之循環相成。若非悠久，便不能成物，故中庸曰：「悠久所以成物也。」又曰：「誠者物之終始，不誠無物。」

自然之悠久處便是神。鬼神只在自然變化之悠久不息中看取。若無悠久，便只有氣化，不見神妙矣。

人心之悠久處是性。心不悠久，便是無誠。無誠又如何得明！聖人之誠與明，直是積天地大化之悠久得來，故曰：「文王之所以為文也，純亦不已。」又曰：「溫故而知新，敦厚以崇禮。」

若明得天地悠久之理，則自可前知，故曰：「至誠之道，可以前知。」人生以百年為大齊，故人事在百年之內有可前知者。人文以百世而化成，故文化大趨在百世之內有可前知者。能知人類百世文化大趨者，斯必為聖人矣。然亦在其明得天地悠久之理，與天地合德，心的至誠達一最高階級，便有此境；故曰：「誠者，非自成己而已也，所以成物也。成己，仁也；成物，知也；性之德也，合外內之道也，故時措之宜也。」

若不能前知，則措之此時而宜者，措之彼時將不宜。如是則成己者便不能成物。性之涵義，卽為悠久，故自盡己性便能盡人性。縱使己在百世之前，人在百世之後，只此一段至誠不息之眞情眞理，便可上下百世，時措之而宜。否則人心萬變，刹那刹那，如何貫注？

人要在刹那刹那中覓取悠久，便是「擇善固執」的工夫。博學、審問、愼思、明辨皆是「擇」，篤行則是「執」。「有弗學，學之弗能弗措也。有弗問，問之弗知弗措也。有弗思，思之弗得弗措也。有弗辨，辨之弗明弗措也。有弗行，行之弗篤弗措也。人一能之，己百之。人十能之，己千之。」此便是擇善固執。有弗學、有弗問是「擇」，學之弗能弗措、問之弗知弗措是「執」。人文化成是一個悠久之道，此是天道。人卻另有一個擇善固執之道，此是人道。所謂「自明誠，謂之教」，教者如是，學者亦如是。

「修道之謂教」，卽是修明此道。「果能此道矣，雖愚必明，雖柔必強」，中庸之道，只是一個明與強。

「明」與「強」，又是用兩個字來表達一個觀念，或一種境界者。在天謂之「誠」，在人謂之「強」，強卽誠矣。故易曰：「天行健，君子以自強不息。」明與強卽是知與勇，明強之至卽臻於誠。中庸之「誠」亦卽論語之「仁」也。故中庸又云知、仁、勇三達德。知、仁、勇卽明、誠、強也。若單說明與強，仍恐陷在私生命的小範圍裏；故必說善、說誠，始能合外內，盡性而贊天地之化育，乃始與大生命全體合德也。

故學中庸者，不可不通誠明之道。

（原載民國三十一年十一月華西大學華文月刊一卷六期）

# 思室讀書記

## 一　喜怒哀樂未發之謂中

鄭玄注：

中為大本者，以其含喜怒哀樂，禮之所由生，政教自此出也。

今按：鄭說蓋卽指「中」為「內心」。「禮之用，和為貴」，禮之所由生，卽「和」之所由發也。

孔疏云：

喜怒哀樂之未發謂之中者，言喜怒哀樂緣事而生。未發之時，澹然虛靜，心無所慮，而當於理，故謂之「中」。

今按：孔說似與鄭異。鄭以「含喜怒哀樂」為「中」，猶言「喜怒哀樂藏於此」，不言其「當理」與否也。「中」猶言內，「發」猶言外，此以內外言，不以時節先後言。孔始明說「未發之時」，則「中」「和」乃成前後兩截矣。又曰：「澹然虛靜，心無所慮。」此種心境，莊老屢言之，蓋魏晉以下所盛唱，又染之以佛說，東漢儒學尚不爾。宋儒極看重中庸，其討論此語，大率近孔疏，無取鄭注者。

禮運：

何謂人情？喜怒哀懼愛惡欲七者。欲、惡，心之大端也。人藏其心，不可測度也。美惡皆在其心，不見其色也。欲一以窮之，舍禮何以哉！

此謂「人藏其心」，即猶言「未發」、言「含」。然禮器云：「忠信，禮之本也。」夫忠信即人中心之「誠」，故雖曰「美惡皆在其心」，而不害心之為禮本也。心為禮本，即「中」為「和」本也。

禮器：

禮之以多為貴者，以其外心者也。大理物博如此，故君子樂其發也。禮之以少為貴者，以其內心者也。德產之致也精微，故君子慎其獨也。

此卽禮家以「慎獨」指「內心」，「已發」指「外心」之證。「致中和」卽「合內外」之道。

羅近溪語錄：

或問：「先儒觀未發氣象，不知當如何觀？」

曰：「我且詰子，此時對面相講，有喜怒也無？有哀樂也無？」

曰：「俱無。」

曰：「既謂俱無，則是喜怒哀樂未發也。此未發之中，是吾人本性常體。若人識得此個常體，中中平平，無起無作，則物致而知知，而喜怒哀樂出焉，自然與預先有物橫其中者天淵不侔矣；豈不中節而和哉？故忠信之人可以學禮。中心常無起作，卽謂忠信之人，如畫之粉地一樣，潔潔靜靜，紅點著便紅，綠點著便綠，其節不爽，其文自著。節文自著，而禮道寧復有餘蘊也哉！」

今按：近溪此說，與伊川「既思卽是已發，纔發便謂之和」，其說自不同。伊川著重「未發」二字，近溪則著重「喜怒哀樂」四字。伊川所云，顯然非中庸原義。近溪之說，亦仍在孔疏一邊。「中中平平，無起無作」，仍只是「澹然虛靜」之境也。若以本性粉地，則何如又謂之「忠信」乎？故知鄭注較得本義，殊不可忽。

## 二　性字歧異

樂記：

人生而靜，天之性也。感於物而動，性之欲也。

正義：

言人初生未有情欲，是其靜禀於自然，是天性也。其心本雖靜，感於外物而心遂動，是性之所貪欲也。自然謂之性，貪欲謂之情，是情、性別矣。

又：

性，命不同矣。

正義：

性，生也。各有嗜好，謂之為性也。命者，長短夭壽也。

今按：此同在一篇，而所解各異。一以靜而未發者為性，此自然為性之說也。一以生而各有嗜好者為性，是不息不已為性之說也。前一說本於道家，後一說原於儒家，其義大殊，而孔疏不能辨，故隨文為說耳。

樂記又云：

樂著太始，而禮居成物。著不息者，天也。著不動者，地也。一動一靜者，天地之間也。故聖人曰「禮樂」云。

孔疏云：

樂象於天，動而不息。禮法於地，靜而不動。飛走蠢動，感天之陽氣也。安伏止靜，感地之陰氣也。

今按：樂記既以「人生而靜」為天之性，此又以「著不息者」為天。「不息」與「靜」，亦兩歧義。「不息」乃至動，非靜也。若果以「著不息者」為天，則焉得又謂「人生而靜」乃天之性乎？豈天自不息而人性自靜乎？然則性義之兩歧，樂記本文已然，不自孔疏也。

又樂記云：

民有血氣心知之性，而無哀樂喜怒之常。應感起物而動，然後心術形焉。

孔疏：

人由血氣而有心知，故「血氣」、「心知」連言之。其性雖一，所感不恆，故云「而無喜怒哀樂之常」也。「應感起物而動」者，言內心應感起於外物，謂物來感己，心遂應之，念慮興動故云。

今按：如正義說，人有血氣而後有心知，心知應感起於外物，此均是矣。然豈得以血氣為靜一邊事？人有血氣即有情欲矣，豈待外感於物而後始有情欲之動乎？故言心知感於外物而興念慮，此無不是。謂血氣本靜，感於外物而動，則決不然。今樂記既謂「民有血氣心知之性」，又言「人生而靜，天之性」，此明屬「性」義之兩歧；孔疏隨文為說，自不能不見其互歧矣。「人生而靜」，此本道家說，而戴禮樂記篇採之。然亦有儒家所持「性」義而見今莊子書中者。則陽云：

> 生而美者，人與之鑑，不告則不知其美於人也。若知之，若不知之，若聞之，若不聞之，其可喜也終無已，人之好之亦無已，性也。聖人之愛人也，人與之名，不告則不知其愛人也。若知之，若不知之，若聞之，若不聞之，其愛人也終無已，人之安之亦無已，性也。

此以「無已」即為「性」，「無已」即「不息」也。則陽所論乃近中庸。則陽又云：

聖人達綢繆，周盡一體矣，而不知其然，性也。復命搖作，而以天為師，人則從而命之也。

此即中庸「天命之謂性」義也。又庚桑楚：

性之動，謂之為。為之僞，謂之失。

此必出荀子性、僞之辨之後，乃以性之動謂「為」，為之僞謂「失」，然則性非天生而靜矣。又徐无鬼：

君雖為仁義，幾且僞哉！

此亦儒家言，皆出荀子後。又庚桑楚云：

動以不得已之謂德，動無非我之謂治，名相反而實相順也。

按：「動以不得已」，即「動無非我」，故曰「名相反而實相順」。「動以不得已」者，此出自然，即性之動也，故曰「動無非我」，是「性」與「自然」合一，此非儒、道之合一而何？若以此看自然，則自然乃至動，非至靜也。

又庚桑楚：

欲靜則平氣，欲神則順心，有為也欲當，則緣於不得已。不得已之類，聖人之道。

此論亦出荀子後。「平氣順心」之「心」，此已受儒家影響。「七十而從心所欲不逾矩」，此即順心而欲當也。「不得已」即不息不已。自然之性而見為「不得已」，則又烏見所謂「人生而靜」哉？若如此說，則「有為」即出不得已，即是自然，又烏見必「無為」而始合乎自然哉？凡此皆余所認為儒義而雜出於莊書也。故樂記有道家義，莊書有儒家言，此在善讀書者能分別而觀之耳。

（原載民國三十六年一月七日昆明民意日報文史週刊十八期）

# 心與性情與好惡

## 一

有人最近寫一篇文章，批駁我四書釋義中有關論語「仁」字義解的一節。我三年前，在臺北鶯聲堂，頭部特然受了重傷，曾去臺中養病，在養病期中，編寫了一部四書釋義。論、孟兩編，全用的舊作，祇學、庸兩篇乃新成。我寫論語要略，遠在民國十二年。論語釋義即是用的論語要略。有人說我解「仁」字用的陽明說，其實是本於戴東原而更大膽地推進了一步。此因我在早年，喜歡讀陽明傳習錄。猶憶十七歲那年，曾看過戴氏孟子字義疏證，但那時實看不懂，一點也沒有留下影響。到二十三、四歲，看焦循孟子正義，才又看到焦氏所引東原疏證諸條。一時對戴、焦極欣賞，而更喜歡讀理堂之論語通釋。因此論語要略闡釋孔子思想，一面是根據陽明，同時亦引用了理堂通釋中好多條。但我對東原，則並不太欣賞，也從不曾因東原之攻擊而輕忽了宋儒。我在舊著中國近三百年學術史裏，曾對東原思想有詳細之分析與評覈。

但我自謂眞懂得朱子，則已在五十歲那年，病中細讀朱子語類，而得見晦翁之大與精。但我反而因對晦翁之更瞭解，而轉更瞭解到東原。這些意見，曾拉雜寫在近著中國思想史、宋明理學概述，及中國思想通俗講話諸書中。但此諸書，也多是隨筆抒寫。我雖對以往思想史上的各家各派，有意兼採互融，但我並不想把自己意見刻意要來與前人意見組織成一完整的系統。我只希望能平心看前人成說，好讓自己仍會有進步。若急切要把自己思想完成一系統，這會阻礙我自己思想之再進步。我此幾年內，又有幾篇雜文，專討論人生問題的，彙成人生十論一小册。這書裏有些處，可算是我近年來自己思想之直率抒寫，但也不能說有什麼組織與系統。此刻想把我自己思想關於此一方面者，再作一簡略的陳述；仍是隨心觸發，隨筆抒寫，並非說這是我自己思想的體系。我且姑定此文題目為心與性情與好惡，專從這一題旨來申述。

## 二

我不敢故意自謙，說我自己無所見，但也不敢說我之所見定必是。我積年來，總主張人類一切理論，其關涉人文社會者，其最後本源出發點在「心」。而我所指述之人心，則並不專限於理智一方面。

我毋寧採取近代西方舊心理學之三分說，把「情感」、「意志」與「理智」同認為是人心中重要之部分。儘管有人主張，人心發展之最高階層在理智；但人心之最先基礎，則必建立在情感上。情感之重要性決不能抹殺。若人心無真情感，情感無真價值，則理智與意志，均將無從運使，也將不見理智所發現與意志所到達之一切真價值所在。若把中國人所說知、仁、勇三德來配上西方舊心理學上之三分法，則「知」屬理智，「勇」屬意志，而「仁」則顯然宜多偏屬於情感。若把「仁」之德來兼包知與勇，則人心中也只有「情感」更宜來兼包理智與意志。這是我個人對人心一個簡略的看法。直從論語要略起，那時便已如此般看。

但無論古今中外的思想家，似乎都對人心抱有或多或少、或輕或重的一種不放心態度。尤其對於情感，似乎更多不放心，而有些則竟抱有重大的不放心。中國思想很早便注重人心，因此中國思想史裏，也很早便提出「性」字的命題來。人心好像比較易於瞭解，而且似乎可以不用解釋；但究竟什麼是人性，要解釋這一問題便難。這是中國思想史上亘古亘今一個屢次引生出嚴重討論的大問題。我對此人性問題，則完全贊成孟子看法，認為「人心之所同然」者即是性。但所謂人心之所同然，不僅要在同時千萬億兆人之心上求，更宜於上下古今，在千萬億兆年人之心上求。因此，我喜歡說「歷史心」與「文化心」。但此項歷史心與文化心，並不能全超越了現前之「個體心」，而說為另有一個所謂歷史心與文化心之存在。其實只是從歷史心與文化心來認取現前個體心之有其相互同然處。因此，我們決不能抹殺了現前的個體心，來另求此歷史心與文化心，來另求此人心之同然。人心同然，即在現前個體心裏見。因於現前個體心之層累演進而始見有歷史心與文化心，亦因歷史心與文化心之深厚演進而始有此刻現前之個體心。因此，我不喜歡「先心覓性」，而總主張「即心見性」。

若我們眞看重人類現前的個體心，則自見現前個體心中，情感的成分，其比重會勝過理智與意志。其實此是亘古亘今而皆然的。而所謂情感，則主要便是人心之好惡。但好惡不僅人類有之，即禽獸亦有之。如此則我們若太重視了情感與好惡，豈不將下儕人道於禽獸與一切生物嗎？問題便在這上面引生。

關於性、情的說法，我大體贊成王荆公。荆公說：「喜怒哀樂未發於外而存於心，性也。喜怒哀樂發於外而見於行，情也。性者情之本，情者性之用，性情一也。若夫善惡，則猶中與不中也。」照此說法，捨情便無以覓性，性也只是人心之喜怒哀樂。換言之，也只是人心之好惡。我們不該一面看重人性，而一面又看不起人情。

但若說人性實際只是情，只是好惡，豈不又是把人性下儕獸性嗎？因此程朱一派定要說「性即理」，此即見他們對人心情感有不放心處。但情是易見易説的，理便不然。一説到理，便易陷入理窟，非普通常人所易解。因此，中國思想史上的大問題，又從「性」字轉移到「理」字上。

## 三

一個思想問題，若說得太簡易、太切近，自然易於滋生流弊，有危險。但若說得太艱深、太支離，也同樣易於滋生流弊，有危險的。讓我姑舉「仁」字為例而說之。孟子曾說：「仁，人心也。」孔子說：「仁者愛人。」孟子也如此說。這豈不說得十分簡易明白？但朱子釋仁，卻說：「仁者，心之德，愛之理。」較孟子自然是說得遠為精細了。孟子只說仁是「人心」，朱子定要說「人心之德」始是仁。孟子只說仁是「愛」，朱子定要說「愛之理」始是仁。在朱子，自有他一番苦心，但問題便由此而引生。今說仁是心之德，試問此德是先在抑是後成的？這一問題卻大了，而且是太深入了，未必人人易解。據我看法，孔孟言德，大體指其是後成的，即莊子也還如此主張；但老子則說成德是先天具有的。此一分辨，我在另一文中曾細細分說過，此處不再詳說。似乎程朱一派言德字，頗多採老子義，即是主張德是先有的。因此他們要說「德性之知」與「聞見之知」之分別。聞見才是後起的。

這一層且姑止於此，再說到「仁者愛之理」那一句。「仁者愛人」，「愛」字人人易懂，但說「愛之理」，便引生出問題了。究竟是有了愛才始有愛之理的呢？抑是先有了理，而在理之中乃有此愛之一理的呢？我們該於愛之中求理呢？抑該於理之中覓愛呢？此一問題極關重要。朱子喜歡分說「理」

與「氣」，謂理附於氣而見；則愛之理必然得附於愛之情而見，朱子必然也如此承認了。若人心沒有愛，試問此愛之理於何存在，又於何顯見呢？朱子對此問題，追根究柢，必然要說理先氣，如是則愛之理必將先於愛而有；故程朱一派喜說「理一分殊」。所謂理一分殊者，在程朱意見，並不是說從分殊之理上來會通建立出合一之理，而是說先有了此「理一」，此理一中有仁有義，有種種理，卽是其「分殊」。但如此說來，則人心中之愛，豈不是不原於心，而原於理了嗎？此理則便是程朱一派所謂之「天理」。天理是先於心而存在的，所以要說「心之德」。而人欲則是後起的。此便是程朱一派要分辨「天地之性」與「氣質之性」之所由。因此，仁是先在的，愛是後起的。後起者合於此先在者，乃得謂之是「天理」。後起者背於此先在者，則必謂之是「人欲」。人欲是「氣」一邊的事，也是「情」一邊的事，不是「性」一邊的事。但問題這樣一轉，便轉得複雜了。若謂理屬先起，則理乃先人心而有，不過人心在先天已獲得了此理，因此說它是「心之德」；如此說來，也可謂人性中本沒有愛，而只有「愛之理」。

明道不明明說過嗎？他說：「聖人之喜，以物之當喜。聖人之怒，以物之當怒。是聖人之喜怒，不繫於心而繫於物。」所謂「繫於物」，其實卽是繫於理。所以伊川、晦翁要接着提倡「格物窮理」。如此說之，聖人不以心來喜怒，而是以理來喜怒。換言之，聖人不以心來好惡，而以理來好惡。卽是聖人不以心來愛，而以理來愛。換言之，卽是聖人之心與天理合一，而衆人之心則不然。衆人由心而愛，再於愛求合理，此事易。若先由心求理，再於理上來發出愛，此事難。而程朱似乎確然要指導人來走此難的路。所以伊川要說：「人性中那有孝弟來？」伊川只認人心中有仁，不認人性中有孝弟，因孝弟乃後起之事，而仁則是先在之理。再換言之，孝弟是心，而仁乃是心之德。又可說，孝弟是情，而仁則是性。所以晦翁定要說：「仁者，心之德，愛之理。」人心稟賦了此德，此愛之理，即稟受了此性。其實際發露在家庭父母兄長身上，始成為孝弟。故伊川謂孝弟非人性中所有。但同樣如上所舉，要人孝弟，其事易。要人先格物窮理而後來孝弟，其事難。陽明之學，要人從孝弟中來格物窮理，不主從格物窮理來孝弟。此似乎是主張「心即理」與主張「性即理」間之大分辨。其實亦並不然。程朱只教人即從此孝弟上來更窮其更深更高之理，即教人從心上來識性；並不教人即此而止，便謂聖人也只如此便了。

## 四

此一問題又轉了，又從「理」字轉回到「性」的問題上來。戴東原說：「宋儒言理，如有物焉，得於天而具於心。」又說：「理當要其後，非原其先。」我因深深明白了程朱說法的一番苦心，才回頭來，覺得東原糾彈程朱之亦自有其理據。東原說法，只是主張理不是先有一物存在，而是後起的。換言之，即是性不是先有一物存在，而是後成的。其實這一番分辨，並非東原特創，王船山論性便已如此說。船山論性，主張從人性之日生日長處言，故說：「古之善言性者，取之有生之後，閱歷萬變之知能。」顏習齋亦說：「若謂氣惡則理亦惡，若謂理善則氣亦善。」又謂：「程朱惟見性善不眞，反以氣質為有惡。」習齋之意，主從氣質中見理，即猶船山之意，主從心上見性。我舊著中國近三百年學術史，便把船山、習齋這一套理論特地詳引。彼輩是要來糾程朱一派在此方面之偏見，而實誤解了程朱。理可以逐步發現，卻非逐步完成。性亦然。舉世人類千萬年後天相遠之習，無改於其千萬年前先天相同之性。必欲把心氣來包幷性理，終有未是。東原思想則不過是王、顏之同調。我又仔細分疏船山、習齋思想，皆有與陽明相通之痕迹。其實此處仍有我上面所提出的「歷史心」與「文化心」之存在。而陸王以下，皆於此忽視了。

我提出歷史心與文化心，在我完成了近三百年學術史之後。我認為程朱論性，便從歷史心與文化心之積累大趨中見。程朱論理，亦從歷史心與文化心之積累開悟中得。歷史文化積累得更大更久，便是人而天。而歷史文化遠從邃古洪荒開始，則只是天而人。惟人類當前的個體心，仍與歷史心、文化心大體相通，故一切理性方面之認識，不該忽視現前之個體心。但陸王一面，則不免太重視了人類當前的個體心，而忽略了人類所積累而有之歷史心與文化心。

我舊著有朱子心學略一篇，此是五十歲以後所成，自謂對朱子乃及二程立說之所以必如此之精微與苦心處，曾闡發了一些。我那篇文章的結論說：若就人文演進的淺程言，必先由人類欲望及其行動引生出知識，並不是先有知識了始生欲望與行動。此方面實是陸王理論較勝。但及人文演進已深，已經歷了一段相當悠久的時期，人類種種經驗和發明，積累已多；人心本屬相司，為何不承接這一分悠久相傳的遺產，而偏要深閉固拒，獨自一人從頭做起？所以陸王在理論上固是簡捷，但引用到工夫上來，卻反而似徑而實迂。這一邊，程朱在工夫上，卻似迂反徑。但在理論上，又必要裝點出一個「理先氣後」，則使人覺得是支離了。所以就人文源頭說知行本體，則陸王之言為是；但就人類已走上文化社會後之日常實際說修習軌轍，則朱子之論為允。此處則仍是「尊德性」與「道問學」各是偏了的一番老話。我想，若我們增用人文積累的歷史與文化的眼光與說法來闡釋程朱，庶乎可彌縫朱、陸兩派之分歧。而關於這一層，則王船山與焦理堂都曾說到過，但嫌說得並不透徹。而且專從氣質上說，未免要說成宇宙唯物，而使人太重視了功利。程朱必理、氣分說，正為是要糾此病。

我的論語要略，有幾處只從好惡之心來釋「仁」字，固可謂是本原於陽明。因若抹殺了人心之好惡來言仁，那仁字就會變成僅是一個理。我們一見那理字，總會想像它是一個空洞的，又是靜止的、決定的、先在的，而且或許會是冷酷的、不近人情的。因此，若我們抹殺人心現實好惡而徑來說天理，說仁，其流變所極，會變成東原所言之「以意見殺人」。此在眼前有好例，便是共產黨。他們何嘗不言理，又何嘗肯認他們所言之理是一種不仁，是違逆人心呢？只是他們太重看了他們所謂的一種歷史演進之必然性，即是太看重了他們之所認的天理了。豈知任何人類歷史演進，其大本大原，不能先抹殺了各個人心中之好惡。若把各個人心中之好惡一筆抹殺了，或是太看輕了，如此來言理，必然會引生出大病。如此來言仁、義、道德，會變成全是些假仁、假義與假道德。也可說，我是身歷世變，而才始回頭欣賞到戴東原。但也更深瞭解到程朱。

由此又轉到「天理」與「人欲」的問題上。我對此問題，大體贊成胡五峯所謂：「天理、人欲，同體而異用，同行而異情。」此處喫緊在天理、人欲有異亦有同，有同亦有異，並不是截然對立的。既是天理、人欲「同體」，又是「同行」，則如何抹去了好惡來言性、言仁、言仁之理呢？五峯又說：「好惡，性也。小人好惡以己，君子好惡以道。察乎此，則天理、人欲可知。」朱子辨之云：「好惡固性之所有，然直謂之性則不可。」此處兩人因於下語輕重而引出了大分歧。陸王在此點上，比較似近五峯。象山說：「天理、人欲之分，論極有病。若天是理，人是欲，則是天人不同矣。此其原蓋出老氏。」又說：「解書者都指人心為人欲，道心為天理，此說非是。心一也，人安有二心？」陽明傳習錄不斷提起天理、人欲語，但又說「好惡盡了是非」，並亦屢提好惡語。正因好惡並不是人欲，而實為天理之本原。只好惡不中節，好惡昧了良知，才始是人欲。陽明言「良知」，必言「知行合一」。知善知惡是良知，好善惡惡也卽是良知。必信得此層，才信得陽明「知行合一是本體」之說。但僅就人類眼前的個體心言，則實也叫人有不放心處。再換言之，若從原始人類言，此等心皆可謂之是天理。但若從人類文化已衍進之後之社會言，則此等心有時實也不得不謂之是人欲。因此，陸王主「心卽理」，而程朱主「性卽理」，其間不得不放進人類歷史文化之衍進一層來作衡評。程朱一派，像是說好惡之心非天理，好惡之心之天則乃始是天理。此語亦何嘗錯？只此好惡之天則，是否早已存在，已先人文歷史而有了的呢？是否此項天則，縱經人文歷史之長久演進，而總是一成不變的呢？若我們認為此天則，並非由先天的決定而存在，並非往後永遠一成而不變，而仍有待於人文歷史之逐步演進中來逐步發現與逐步接近；則此項逐步發現與逐步接近之基本條件，正在人心之好惡上。我們決不該輕輕抹殺了大羣人心同然之好惡，而僅憑一二人之高深智慧來懸空摸索此天則。

若我們太輕視了人心好惡，而過重視了此好惡之天則，則如信仰近代共產主義者，在他們亦自信為把握到此項天則了，而遂把他們那一套天則來傲視一切人心之好惡。試問究竟階級鬬爭，是否即是人心好惡之天則呢？可見全撇開人欲來專講天理，至少也同樣有危險。而且就人文歷史演進之實迹觀之，則人類顯然從與禽獸相近之好惡中而漸漸發現了人類本身的許多天理與天則，而又逐步向其接近。這雖然是一條迂遠或像是有危險的路，但究竟是人類文化歷史演進的一條擺在眼前的大路呀！從此一點講來，使我更覺得朱子的理氣論更為有深致。天地大自然，既非唯氣的，也非唯理的。理必掛搭在氣上。它只能主宰氣，但不能自有作用。這實在是立論細密，要人作不斷的、更深入的體認纔是。

## 五

在此，又有人提出「修己」與「治人」的分別來。但修己也得先從認識開始。我們究竟教人如何來認識仁，認識天理呢？若說仁是人心，仁是人心中之愛，這話人人懂得，人人可以反身而求；但說仁是「人心中之好惡」，這與說「人心中之愛」，又有何分別呢？說「愛」字，似乎陰藏一些，說「好惡」字，似乎顯露一些，其實中間並無大分別。而且論語也顯然說「仁者能好人，能惡人」，論語便已把「好惡」與「仁」合說了。「民之秉彝，好是懿德」，何嘗不可從好惡上直達天德呢？若謂好惡靠不住，愛也靠不住；有偏愛、有私愛、有溺愛、有無差等之愛，這些愛都靠不住。正因為愛也靠不住，因此必說仁是愛之理，這說得圓密了。但究竟該從愛求理呢？還是該從理得愛呢？若說理是客觀的，愛是主觀的，天理應在客觀一邊，這話也不錯。但天下也從無絕對的純客觀。「觀」的本身出發點則早已是主觀的了。即如自然科學，也不能有絕對的純客觀。一切自然科學所發現之種種眞理，其實全本於人的立場而創建，而闡述。因此近代西方思想家，也有不主用「客觀」字，而改用「主客互觀」字。若眞能主客互觀，這便是論語孔子之所謂「忠恕」了。我的論語要略，用好惡來解仁，其實即是孟子以愛釋仁之舊義。孟子說：「墨氏兼愛，是無父也。」無父可謂是不仁之極，但仁終是從愛心而生出。也可說仁終是從好惡之心而生出。但如何由我心之好惡來識仁，來達於仁，這裏自然有許多曲折。我的論語要略，多引用焦理堂通釋，以「忠恕」一章緊接「仁」，其意即在指點人從人人所有之人欲上，教人識得仁，識得仁之理。所用「公劉好貨、太王好色」章，也是引用的理堂語。象山也說：「吾與人言，多就血脈上感移他，故人之聽之也易。如孟子與齊君言，只就與民同處轉移他，其餘自正。」所以宋、明思想終於從程朱中逼出了陸王來，但陸王也終於替代不了程朱，而終於要回到程朱去。此中曲折，實難一言而盡。

若徑說仁是天理，或說仁是愛之理，這理又何從教人認識？明道說：「我學雖有所受，『天理』二字，卻是自家體貼出來。」明道是一位絕頂聰明人，他能體貼出天理，別人未必盡能像明道般來體貼。因此伊川、晦翁承續明道，教人如何下手去格物窮理。但照伊川、晦翁指點，格物窮理，似乎更不是件容易事。於是遂有陽明指點出良知，說「良知卽天理」。又說：「只是非便盡了良知，只好惡便盡了是非。」是非豈不是盡人有之嗎？好惡豈不是盡人能之嗎？良知之學之平易親切處正在此。由於陽明之說，像是人人能體貼天理了。陽明只在說天理卽在人人之心中，因此人人能自己來體貼天理。而人人心中之好惡，則是其更主要的一項。好惡也不就是人欲。象山也說：「在人情、事勢、物理上做些工夫。」卽是主在人情、事勢、物理上來體貼天理。可見好惡之情，是不該排拒在理之外面的。但既說人情、事勢、物理，又可見只就好惡之心也嫌不够了。

陽明的良知之學，在陽明身後，卽其及門弟子間，也已引起了許多的歧見與爭論。我向來讀明儒學案，因先接受梨洲意見，比較總尊向江右，尤其是羅念菴。但在民國二十六年，避難居南嶽，始獲讀念菴全集，拿來與龍谿集細心對讀，我才感到念菴存心在挽救陽明學後起之流弊，而到底非陽明學之眞骨髓、眞嫡血。龍谿說法，儘可生流弊，但陽明學之眞精神，似乎龍谿是經過耳提面命、日常親炙的，我們還該得細參。

陽明自己說：「某於此良知之說，從百死千難中得來，不得已與人一口說盡，只恐學者得之容易，把作一種光景玩弄，不落實用功，負此知耳。」陽明此一番話，後人反對「現成良知」之流弊者，多喜引用。其實陽明並不是說他之「良知」乃自百死千難中得來，只說他之「良知之說」乃從百死千難中得來。所謂「良知之說」，卽是「良知卽天理」之說，卽是「只是非便盡了良知，只好惡便盡了是非」之說。可見陽明立說儘簡易，得來工夫卻並不簡易。陽明乃從百死千難中得此說，陽明教人，也該如在百死千難中落實用功。但陽明到底不肯怕人不懂用功而把他自己這一番從百死千難中得來的簡易親切的說法捨棄了。但遵從陽明學說的，究也不該忽略他「百死千難」的這番話。既知得了他那百死千難的這番話，則朱子之說，也自不見其只成為支離。

有人又舉出我論語要略中釋「克己復禮」一語，證明我用意與陽明有不同。關於此一條解釋，在我也曾苦費斟酌。舊著近三百年學術史東原一章，曾引陳東塾讀書記關涉此一條者，來糾駁東原。大致清儒多不贊成用「克去己私」來解「克己」。但我當時已想用克去己私義。較為論語要略時意見不同。因我寫學術史時，於程朱所涉漸深，因此深不喜東原；但後來對程朱所涉更深，反更瞭解到東原立說之深處，此層已在前文交代過。但我當時採清儒說法，不用克去己私義來解論語本章「克己復禮」，也未必卽與陽明違背。陽明傳習錄曾屢有克去己私語，但照陽明宗旨，克去己私，也還仍憑他自己那一點良知，是他自家的那一個準則，所謂：「爾意念着處，它是便知是，非便知非，更瞞它一些不得。爾只不要欺它，實實落落依着它做去，善便存，惡便去。」可見陽明意，還是依着自己良知來克去自己之私。則論語要略釋「克己」字，照「任己」、「由己」講，把「任己」作「修身」講，也不見眞與陽明本意違背。惟此亦可見卽在一字一語之解釋上，已可意見分歧。在個人自身，亦難前後不生歧見。正足證明天理之難定，而更應增加我們討論此等問題時之虛心與謙意。所以陸王儘提倡易簡，但終於有不易簡處，也從此可見了。

# 六

卽如我上舉，浙中王門與江右王門，同屬陽明弟子，便自有異見。而且浙中王門，如緒山、龍谿兩人，親炙於陽明者最久，天泉橋夜話，兩人同受陽明最後之末命，但兩人間也同樣有異見。至少是各人才性不同，聰明有限，學問途徑又是歧中有歧，因此究是誰獲得了最後眞理，這一最大、最究竟的問題，古今中外，將永遠得不到解決。正為此故，陸王說法比較簡易親切，使人人得有一分作他自己批判、自己抉擇之把柄，可來參加此參究眞理、討論眞理與實踐眞理之人類大工作。明道說只有「天理」二字，是他自己體貼出來。其實天理都該由各人自己去體貼。所謂「存天理，去人欲」，也該是各人各自存他自己體貼的天理，來去各人自己所認為的人欲。不該在他外面，由另一人來決定這是天理要他存，這是人欲要他去。宗教與教育，仍主要在各人自信、自悟。所謂存天理、去人欲，仍在各人之自發。若認眞要讓各人自信、自悟、自發，來自存天理，自去人欲，則先必在理論上承認各人自有一個知善知惡之良知。所以陽明說「良知卽天理」這一句話，實比明道「天理二字由他自己體貼出來」一語，在理論上更廣大、更親切。因天理不僅我一人能體貼，人人各自能體貼。若要教人體貼天理，便不該否認人自有體貼天理之良知。今若否認別人智慧，認為他不够分辨善惡與是非，但他至少能自有好惡。人類乃由其好惡而轉出是非與善惡之價値批判的。這纔所謂「夫婦之愚，可以與知」。一切科學定理，必須向自然界求證驗；一切人文定理，也得向社會大衆實際人生求證驗。於何證，於何驗？最後必得證驗之於人心之好惡。我們無法說人心所好非眞理，而人心所惡才始是眞理呀！但人心好惡既如此重要，何又被人輕視？正因好惡人人有，人人能。而人心好惡之所以得為一切人文眞理之最後評判標準者，也正因此一評判，乃屬人人有分，人人得參加。故依照陽明學說，人人盡得憑其自己良知卽自己好惡來尋求天理、認識天理與肯定天理而實踐之，此之謂「思想人權」。我們不應否認別人之「思想權」，卽不應否認別人之「認識權」。而一般人對人文眞理之思想與認識，則必先從好惡起。

但這一說法，顯然可以有流弊、有危險。此處又當提出「修己」與「治人」之辨。章太炎檢論卽曾以此來評覈戴東原，我舊著中國近三百年學術史亦曾詳引之。但究極而論，修己、治人亦該會通合一才到家。中庸所謂「卽以其人之道還治其人之身」。「執柯以伐柯，其則不遠」。「人之為道而遠人，不足以為道」。否則治人者以彼所認為的修己之道來強人，卽以彼所認為天理者要人存，彼所認為人欲者要人去，生民之禍可以由此起，可以由此終古而不得息。因此所謂良知、所謂好惡、所謂思想人權，乃當把修己、治人一以貫之。存天理是存自己認為的天理，去人欲是去自己認為的人欲。而天理、人欲則全發源在各人之心之所好惡上。我總說人文社會中之一切眞理，必該本原於人心之好惡；此一點，我始終在信守着。

惟如此講，必然有人覺得其有危險、有流弊。我之愈後愈懂尊程朱者在此，我之深不喜於東原之肆意排擊程朱者亦在此。我之寫此文，只直率吐露出我今天知解之所到達，只想依據前賢，而尚仍有許多異同離合。正在此等處，可以益增大家各自之虛心與謙意，來激發人參究眞理之各自的信心。如是才始於學術討論上可有眞長進。今再綜合的說，程朱正為透悟了歷史心與文化心之深義，而始提出他們「性卽理」之主張，此說雖若迂遠而平實。陸王雖簡易切近，而提出他們「心卽理」的主張，但究不免於歷史心與文化心有忽略。但縱說歷史心與文化心，亦終不該抹殺了人類現前的「個體心」。這是我對此問題之最後見解。

（此稿草於一九五五年，載是年六月民主評論六卷十二期。）

# 大學格物新釋

漢儒所輯小戴禮記中大學一篇，其原文究出何人之手，此事已難確論。然以不到兩千字之短文，三綱領、八條目，規模之開拓，工夫之層累，大小兼舉，先後明備，實不失為古代儒家理論中一篇重要文字。無怪程朱以來一千年，羣然尊奉以為寶典。獨惜其八條目中最後一條，即為學者下手工夫之最先一步，所謂「致知在格物」者，其「格物」一義，在大學本篇之內，若未有詳細說明，遂引起此千年間學者之種種爭辨。本篇重提舊公案，雖若僅為古書字句作訓詁詮解，然實為兩千年儒家思想解決一重要疑題，讀者幸勿以為陳古董之拱玩而忽之。

明代人曾謂大學「格物」兩字釋義，共有七十二家之多；此不過極言此一語義解之紛繁。若論其最關重要者，在當時，則仍只朱子與陽明兩派而已。朱子大學章句為格物補傳，謂：「大學原文傳之第五章蓋釋格物、致知之義，而今亡矣，閒嘗竊取程子之意以補之。」其文曰：

所謂致知在格物者，言欲致吾之知，在卽物而窮其理也。蓋人心之靈莫不有知，而天下之物莫

> 不有理。惟於理有未窮，故其知有不盡也。是以大學始教，必使學者卽凡天下之物，莫不因其已知之理而益窮之，以求至乎其極。至於用力之久，而一旦豁然貫通焉，則衆物之表裏精粗無不到，而吾心之全體大用無不明矣。此謂物格，此謂知之至也。

此卽所謂朱子大學格物補傳。補傳陳義雖高，乃引起後人種種之爭議。竊謂其間有兩大別：一則大學原文是否有缺而有待於為之補傳。二則朱子補傳是否有當於大學之本意。而後一事尤為重要。果使朱子補傳於大學本意無失，則前一事宜無重大爭論之價值。疑補傳者，謂其陳義，乃若使人不可幾及。卽如近代西方，科學昌明，專攻之業細若牛毛，亦尚不能卽凡天下之物而格。雖新理新知，日有發明，亦尚不能莫不窮至乎其極，更何論乎一旦之豁然而貫通！大學本文，格物乃人人必先經歷之第一步功夫，其下乃有致知、誠意、正心、修身、齊家、治國、平天下各目；則此人人所當經歷之第一步，自應簡易平常，為盡人所能。若朱子云云，將使人窮老盡氣，終不得門以入。蓋朱子格物理想，僅可懸為全人類求知之共業，其事非倉促數百年乃至數千年之期之所能完成。若使每一人以此為誠、正、修、齊、治、平之初步工夫，似實未當。

竊謂朱子當時雖懸舉此一番窮格物理之大理論，惟朱子大學章句明明註曰：「物，猶事也。」如事父母是一事，事父母當孝，乃屬「已知之理」，豈不當隨時隨地因而益窮之？使我誠能盡吾之孝，此卽所謂「至乎其極」矣。至於齊家、治國、平天下，皆屬事之範圍，皆當因其已知之理隨時隨地而格，以求各至乎其極。「一旦豁然貫通」者，乃此三綱領、八條目莫不在吾心而一以貫之。朱子乃為每一人每一事言，終生當下此工夫，非謂第一步是此工夫，此下乃有誠、正、修、齊、治、平種種工夫也。至於自然物理，自亦包舉在內。朱子之氣魄與精力，亦已同時窮格，惟自有先後、緩急、輕重、大小之別。而朱子以後之學者，更無如朱子之氣魄與精力，朱學乃漸漸流變而為書本文字之義解與訓詁。大匠誨人必以規矩，不為拙工改廢繩墨，羿亦不為拙射變其彀率，不得以補傳陳義之高病朱子。

王陽明繼起，確然有志聖賢之學，亦依補傳卽凡天下之物而格，曾格庭前竹子而病，遂疑聖人非可學。此後屢經轉變，乃疑朱子格物說未可信。始主張古本大學。其論大學工夫次第，以誠意致良知為主。如惡惡臭，如好好色，知行合一，卽知卽行。今日知到這裏，今日行到這裏。體、用兼貫，內、外雙修。誠意致知，當下便是。意謂如此簡易明白，用為人人一種必先經歷的初步工夫，較之朱子格物說，宜為切近。今且勿論朱、王兩家是非，且首先辨一事。朱子因聞某一道人言，竹子夜長速，日長慢，因於某佛院窮夜格此事；此所謂「莫不因其已知之理而益窮之」也。陽明格庭前竹子，不知究欲格何事？未能細讀補傳，漫然不知如何格法，則宜其七日而病矣。抑陽明對大學「格物」二字，亦並不能明白作解釋。朱子補傳，心知、物理兩面分說，陽明則打成一片說之，謂：

> 格者，格此也。致者，致此也。

又曰：

格物者，格其心之物，格其意之物，格其知之物。正心者，正其物之心。誠意者，誠其物之意。致知者，致其物之知。豈有內外彼此之分？

此只可謂陽明自發議論，與大學原義無涉。今且問大學本書是否已提到心、物問題？其所舉八條目，所重宜在辨別人事之先後、本末，則格物為最後一項，實即是最先一步，亦必仍屬人事範圍。朱子謂「即凡天下之物而格」，語氣自牽涉及自然界萬物。大學原文亦似無忽然轉變論點，軼出人事界，謂欲善盡種種人事，必先窮究自然物理。此應另成一番理論，決非大學原文宗旨所在。朱子補傳是否有當於大學原文之本意，似當從此處着眼。而陽明謂心物、內外無分，格者格此，致者致此，則致知、格物豈不早成一件事，又何必分為兩條目？就思想進展歷程言，必先認心在內，物在外，然後進一步乃始有心、物無分內外之說法。今大學本文，既不作心、物問題之討論，則陽明之論心物、內外異同，豈不更較朱子為紆廻？惟其論誠意工夫，確然簡易明白。故王門後學，大率尊承其師所提誠意致良知宗旨，而於大學格物義訓，則不得不再創新解。

繼陽明而起，對大學格物別創新解而為當時所推崇者，有泰州王心齋。其言曰：

格物卽「物有本末」之「物」，身與天下、國、家一物也。格知身之為本而家國天下之為末，行有不得者皆反求諸己，反己是格物的工夫。故欲齊、治、平在於安身。

此在當時謂之「淮南格物說」。明末劉蕺山極稱之，謂：「後儒格物之說，當以淮南為正。第少一註腳，格、知、誠意之為本，而正、修、治、平之為末，則備矣。」今按：心齋格物說，擺脫朱子、陽明心知、物理之辨，而專就人事上說之，宜若與大學本意為近；然於大學「格物」二字之義訓，則仍未透切。朱子謂格物乃「窮至事物之理」，既言人事，自亦不當忽略物理。卽孝子之夏清冬溫，豈不仍兼自然物理在內？故知朱子之說，宜與大學本文原義無大違碍。今心齋乃謂格物是格物之本末，則至少仍在朱子註「物，事也」一訓詁之範圍以內。惟大學本文早言「欲明明德於天下者，必先治其國，治國必先齊家，齊家必先修身，修身必先正心，正心必先誠意，誠意必先致知」，屢言「必先」云云，是已將物之本末、先後明白確定，更不待讀者之再格。故知心齋訓格物為「物有本末」之「物」，其說似亦未可信守。

竊謂大學一篇，既輯入小戴禮，格物「物」字，雖在大學本文中未有詳說，宜可於小戴禮其他篇中尋求旁證。今試舉樂記篇言之。樂記有曰：

人心之動，物使之然也。

又曰：

人生而靜，天之性也。感於物而動，性之欲也。物至知知，然後好惡形焉。好惡無節於內，知誘於外，不能反躬，天理滅矣。夫物之感人無窮，而人之好惡無節，則是物至而人化物也。人化物也者，滅天理而窮人欲者也。於是有悖逆詐僞之心，有淫泆作亂之事。

樂記此兩條，明明提出了「心」與「物」，及「物」與「知」之問題。「物至知知」四字，尤與大學「物格知至」四字可以互相發明。人心之知，卽是知此外來之物。陽明謂「見父自然知孝，父卽是一物」，下語粗疏，古人決不如是想。應云「事父當知孝，事父是一事」，不可云「父卽是一物」。孝是一理，卽一知，而此知則當窮理後而知。孟子亦曰：「耳目之官不思而蔽於物，物交物，則引之而已矣。心之官則思，思卽得之，不思則不得也。」是在戴記以前，孟子已提出了物與心、物與知之問題。人類之接於外物，或以心，或以耳目之官。耳目之官不能思，則亦僅是一物。故以耳目之官接物，則只是物交物，不難被其引之而去。心之官能思，朱子註此章有云：

凡事物之來，心得其職，則得其理而物不能蔽。失其職，則不得其理而物來蔽之。

竊謂大學、樂記與孟子比章，其實皆一義。道家則主扞格外物之來，故於修、齊、治、平皆非所重，而惟求一任其自然。儒家則不拒外物之來，只重在我心之能思而得其理，此卽朱子大學補傳之所謂格物窮理也。惟朱子於「事理」外又補上「物理」，此乃是思想之遞後而益進。朱子格物補傳或可謂已更進於大學本文之原義，然此不足以病補傳。

大學既輯入小戴記，為言禮之書，而禮家言「物」字，又有其特有之義；於是後儒解大學格物，亦有據其特有義解之者。明、清之際，如瞿汝稷、萬充宗皆是，見黃宗羲南雷集答萬充宗論格物書。「物」乃射者所立之位。儀禮鄉射禮記「物長如笴」，注：「物謂射時所立處也。」又小戴記投壺注「間相去如射物」，疏：「物謂射者所立之處。長三尺，闊一尺二寸。古人鄉射、大射儀，射有三耦，耦凡二人。上耦則止於上耦之物，中耦則止於中耦之物，下耦則止於下耦之物。」古人常以射事喻德行。格物者，卽止於其所應立之處；格卽止也，物卽其應止之所。竊謂此解大學「格物」，實卽大學「止至善」之義。今試再作闡申。

大學三綱領曰：「大學之道，在明明德，在親民，在止於至善。」何謂至善？大學又明言之，曰：「為人君止於仁，為人臣止於敬，為人子止於孝，為人父止於慈，與國人交止於信。」此仁、敬、孝、慈、信，皆人之明德，卽君臣、父子、人羣間之至善也。在我能明其明德，則在外自然有親民之效。故大學三綱領，實只一事，卽「止於至善」是也。故大學首重「止」，曰：

> 詩云：「邦畿千里，惟民所止。」詩云：「緡蠻黃鳥，止於丘隅。」子曰：「於止，知其所止，可以人而不如鳥乎！」

若訓格為止，物為所止處，此卽論語所謂「君子思不出其位」。格於物，卽不出其位也。詩曰：「天生蒸民，有物有則。」易曰：「君子以言有物而行有則。」此皆「物」與「則」並言同義，猶言法則、準則。以今語說之，猶云榜樣或標準。在外言之為標準，在己言之則為其地位或立場。天生蒸民，莫不與以一個恰好至當之標準，亦卽莫不與以一個恰好至當之地位。果能立定於其地位而完成其恰好至當之標準，卽可證其地位亦實是一恰好至當之地位。故人性之明德，人事之至善，卽大學格物「物」字義。

古者射以觀德，射以擇士，故每以射事喻德行。中庸云：「射有似乎君子，失諸正鵠，反求諸其身。」中庸亦輯入小戴記。此云「正鵠」，乃所射之目的。射貴乎中的，中的卽射事之至善也。若以人事言之，為人子者卽應止於人子之地位，孝則譬之如射。若人子雖欲孝，而不得愛於父，則如射不中的，失諸正鵠；在外未見親民之效，卽在我未可謂已明其明德，而其事亦未可謂已止於至善。子欲孝而父不愛，為子者仍只有孝，別無他道。故曰：「行有不得，則反求諸己。」若曰父既不慈，子亦可以不孝，則父慈子孝正如「抱布貿絲」，成為一種商貨貿易。故射不中的，只有站在原地位好好再射，終不能埋怨自己地位站差了。故萬氏所釋大學格物義，實卽大學止至善工夫。

陽明曰：「見父自然知孝。」此固是人之明德。然如曙光乍現，非大明中天。孝亦儘有層次節目，亦儘有曲折艱難。如大舜遇瞽瞍，正猶射者不能一發卽中；於是只有「不怨天，不尤人，下學而上達」。若非站定立場，止而不遷，則如何肯不怨、不尤？又如何肯下學？如射者埋怨自己站的地位差了，射偏右則改站左，射偏左則改站右，如何能明得射法？

故大學原文又言之，曰：「知止而后有定，定而后能靜，靜而后能安，安而后能慮，慮而后能得。」能慮、能得，斯知致矣。凡人行事，必先立定腳根，站穩立場，然後能細想辦法。論語曰：「篤信好學，守死善道。」非篤信卽不能好學，非守死卽不能善道。又曰：「不知命，無以為君子。」止至善卽知命之學也。

「見父自然知孝」，此人天性所稟賦，卽所謂「明德」也。然人子行孝，未必卽得父母之懽心，此人事之遭遇也。世皆以人事遭遇為命，而不知稟賦之為命。不知「遭遇之命」可改，而「稟賦之命」則不可改。人莫不有孝心，而終歸於不孝者，在彼以為是遭遇之不良；以大學之道論之，則是知之未致，意之不誠也。孟子曰：「待文王而後起者，凡民也。豪傑之士，雖無文王猶興。」凡民能「應」不能「感」，為「從」不為「主」。必待臣之敬而後為仁君，必待君之仁而後為敬臣。必待有慈父而後為孝子，亦必待有孝子而後為慈父。然則誰先為此主動而感世者？亂世人心，亦未嘗無其秉彝，亦未嘗喪其明德，亦未嘗不知人之當敬、當仁、當孝、當慈。所謂亂世，則只是一相待相持之局而已。君有待於臣之敬而後應以仁，臣有待於君之仁而後應以敬。父有待於子之孝而後施以慈，子有待於父之慈而後報以孝。相待即不相親。親民之效不睹，則明德之明無期。「物有本末，事有終始，知所先後，則近道矣。」何者當先？曰：先在我。何者為本？曰：本在我。「修身」是也。君修其身而仁，則臣自敬。臣修其身而敬，則君自仁。子修其身而孝，則父自慈。父修其身而慈，則子自孝。莫為之先，則亦莫為之後。莫為之感，則亦莫為之應。相待而不相下，必相待而始為之者，只是其意之不誠。故曰：「自天子以至於庶人，壹是皆以修身為本。」既誠意修身，其間雖儘有層次節目，儘有曲折艱難，自然長知識、增經驗，不達目的不止。故曰：「君子遵道而行，半途而廢，吾弗能也。」又曰：「君子無所不用其極。」易曰：「天行健，君子以自強不息。」此之謂「至誠」。若為君者誠心仁而臣不敬，為子者誠心孝而父不慈，則如之何？曰：致知。人既立意要做，自當想辦法。知有不致，行有不得，則終無以見其意之誠。必待其有定、靜、安、慮、得，而後始實證其意之誠焉。中庸：「自誠明謂之性，自明誠謂之教。誠則明矣，明則誠矣。」大學重人事，故曰「知致而後意誠」也。

何以又曰「正心」？豈有欲明明德於天下、欲治其國、欲齊其家、欲修其身，而其心尚邪而不正之理？周禮宰夫「歲終合羣吏正歲會」，注：「正，猶定也。」大學正心，即「知止而后有定」之「定」。「身有所忿懥，則不得其正。有所恐懼，則不得其正。有所好樂，則不得其正。有所憂患，則不得其正。」忿懥、恐懼、好樂、憂患，皆足以搖惑人心使之轉退。故曰：「心不在焉，視而不見，聽而不聞，食而不知其味。」故欲修其身者，必先定心不搖惑、不退轉。欲定心不搖惑、不退轉，則在先誠其意。

今就大學本義，反觀上述諸家之說，心齋以「反己」為格物功夫，其實亦是止至善工夫也。惟既言「反求諸己」，又曰「安身」，則屬歧義。有殺身以求仁，寧聞安身以求仁乎？心齋正當王學多受詆毀，故曰先求安身，此非大學之意。陽明言「誠意」，然依大學之序，必先致知乃能誠意。陽明則言「致良知」。然孟子言：「所不學而知者，其良知也。」良知特知中之一端，豈有修、齊、治、平之理，千緒萬端，皆可不學而知乎？孔子曰：「上智下愚不移。」下愚亦或有良知，然不可謂其於修、齊、治、平一切皆知。苟求知於修、齊、治、平之理，其事則必待於學。朱子言窮格物理，始是致知工夫，亦卽學也。陽明僅言誠意，僅言致良知，不言致知，則何事而復有孔子之「學不厭」而「教不倦」？抑且孟子言所不學而知者是「良知」，則良知人所固有，亦不待於「致」。抑且孟子言「盡心而知性，盡性而知天」，盡心亦必有工夫。朱子言「格物窮理」，是卽盡心工夫也。不格物，不窮理，斯此心卽不盡。豈可徒恃良知而不務盡心？說者謂陽明以孟子說大學，不知陽明之說孟子，亦未為當。孟子何嘗以「良知」二字說盡一切？亦何嘗以「心卽理」三字說盡一切乎？陽明「致良知」之教，雖力主切近易簡，而其門人後學，如聶雙江之「歸寂」，劉蕺山之「慎獨」，終是有山林枯槁氣象。而王心齋之「安身」，則更屬褊狹。伯夷、叔齊，孔子許以為古之仁人，而餓死首陽之山，豈餓死亦即心齋之所謂「安身」乎！

就於上論，乃知萬充宗之釋「格物」，實當於大學言「止至善」之一綱領。而大學言格物，則為致知工夫，固不得謂止至善即是致知工夫也。抑且遍考小戴禮及其他言禮之書，以及儒、墨、道先秦百家之典籍，「物」字義訓非一。以物為「射者所立之位」一義，獨為冷僻少見。大學作者，何以獨引用此一義，前不見所承，後不見所續，更無一明白交代，而突然引用此一冷僻字；豈有如此以為修辭之法者？故知其決不然也。

較萬充宗稍前，顧亭林日知錄有「論致知」一條，其言曰：

> 致知者，知止也。「為人君止於仁，為人臣止於敬，為人子止於孝，為人父止於慈，與國人交止於信」，是之謂「止」。知止然后謂之知至。君臣、父子、國人之交，以至於禮儀三百、威儀三千，是之謂「物」。
>
> 詩曰：「天生烝民，有物有則。」孟子曰：「舜明於庶物，察於人倫。」昔者武王之訪，箕子之陳，曾子、子游之問，孔子之答，皆是「物」也。故曰：「萬物皆備於我矣。」惟君子為能體天下之物。故易曰：「君子以言有物而行有恒。」記曰：「仁人不過乎物，孝子不過乎物。」

此亦明以大學「止至善」釋「格物」，大意與萬充宗相似。然引用古書「物」字義訓，則較萬氏更為明通。物者，法則義，標準義。然知了此種種法則、標準，仍須別有所知以到達之。孟子曰：「萬物皆備於我。」乃言此種種法則、標準，如大學所言仁、敬、孝、慈、信諸德目，實皆稟賦於天而本於性；然亦須盡心工夫，乃始能知性、知天。然則朱子補傳所舉物字義訓，較之顧氏，實更為明通普遍。其言格物窮理，即是致知盡心工夫。故曰「吾心之全體大用無不明」，此即猶孟子之言盡心。能盡心乃始知萬物之皆備於我。非先知萬物之皆備於我，然後乃能致知也。可知朱子釋大學格物，實更勝乎顧氏。

然顧氏論學極尊朱子，何以於此格物一訓必獨標新解，在顧氏亦有說，曰：

以格物為多識於鳥獸草木之名則末矣。知者無不知也，當務之為急。

是顧氏亦疑朱子補傳所謂即天下之物而格，將如陽明之格庭前竹子，故特標異解，以防其弊。然朱子補傳已明言之，曰：「即凡天下之物，莫不因其已知之理而益窮之。」又曰：「物，猶事也。」則孔孟之所傳，固為修、齊、治、平之理乎？抑鳥獸草木之名乎？大學亦明言之，曰：「為人君止於仁，為人臣止於敬，為人子止於孝，為人父止於慈。」此皆已知之理，而猶待於後人之益窮之，何嘗是欲窮乎鳥獸草木之名乎？抑且大學本文又言之，曰：「『緡蠻黃鳥，止于丘隅。』子曰：『于止，知其所止，可以人而不如鳥乎？』」是大學亦未嘗不格及於鳥獸之理。豈可於格物「物」字，必抹去鳥獸草木自然之理於不談不論之列乎？故朱子言格物窮理，既包有人文事為之理，亦兼有自然萬物之理。至其本末、先後，當務之急，稍治孔孟書者皆知之。惟至於近世，西方自然科學日益發展，於是讀朱子補傳，乃易聯想及於自然物理，而朱子若已先發其意於五、六百年之前。此亦見朱子論學，其精神氣魄之卓越。至於人文事理與自然物理之本末、先後，孰為當務之急，此固有待於今日之進而益窮之。然朱子補傳，則實未有先物理後人事之稍微痕迹之嫌疑，此固細讀朱子補傳本文而可知也。或疑若如所釋，則朱子補傳何必曰「即凡天下之物」，而不曰「即凡天下之事」，以免人之誤會乎？不知大學本文固曰「格物」，朱子補傳不能易之曰「格事」。其曰「窮至事物之理」，是既以「事」釋「物」，而於「物」字本義依然顧到，則不可謂朱子立言之有不明矣。

或疑大學明言：「物有本末，事有終始，知所先後，則近道矣。」又曰：「此謂知本，此謂知之至也。」則大學格物致知，明是格此「物有本末」之「物」，致此「知所先後」之「知」，何有缺文待補？然「知止」與「知之至」不同。「知止」可謂即「知本」，乃是起步處，「知之至」始是歇腳處。故大學原文於「知止」下尚有定、靜、安、慮、得各步驟。抑且慮而得，亦非即已得了知之至處。論語有子曰：「孝弟也者，其為仁之本與。」此可謂知本矣。然為仁之事，豈除孝弟外即無理可窮？孝弟之事，亦豈除家庭父兄外便無理可窮乎？大學引孔子曰：「聽訟，吾猶人也，必也使無訟乎？」朱子註：「觀於此言，可以知本末之先後矣。」然無訟為本，如何使民無訟，其事豈無理可窮？即聽訟之末，亦豈便無理可窮？故朱子於大學原文「此謂知本，此謂知之至也」兩語間特加註曰：「『知之至也』句之上別有闕文，此特其結語耳。」此其發明「知本」與「知至」之不同，可謂深切而著明矣。然則縱謂大學無闕文，亦必有闕義。朱子格物補傳，至少補出了大學之闕義。讀大學，不得不讀朱子補傳，其義抑甚顯。

或又疑：程子明言：「大學為初學入德之門。」豈朱子格物窮理之說，亦初學入德之門乎？然程氏又明言之，曰：「於今可見古人為學次第者，獨賴此篇之存。」則程氏意，亦指其三綱領、八條目乃為學次第，有其本末先後，僅指「知止」言，不指「知之至」言。朱子補傳，仍於程氏意無背也。惟象山似於為學之本末、先後與朱子持異見。故曰：

> 學有本末，顏子聞夫子三轉語，其綱既明，然後請問其目。夫子對以：「非禮勿視、勿聽、勿言、勿動。」顏子於此，洞然無疑，故曰：「回雖不敏，請事此語矣。」本末之序蓋如此。今世論學者，本末、先後，一時顛倒錯亂。曾不知詳細處未可遽責於人。如非禮勿視、聽、言、動，顏子已知道，夫子乃語之以此。今先以此責人，正是躐等。視、聽、言、動勿非禮，不可於這上面看顏子。須重「請事此語」，直是承當得過。

象山意，大處承當是本，細處致詳是末。大綱是本，小節是末。其曰「今世論學者，本末先後一時顛倒錯亂」，正指朱子。若以格物補傳言，其心豁然貫通，始是綱、是本。即物而窮其理，乃是目、是末。而朱子顛倒其序，故象山譏朱子以支離也。朱子又以讀書為格物中一事，象山則曰：「堯舜以前曾讀何書來？若我不識一字，亦將堂堂地做一人。」蓋象山認我心悟道始是綱、是本。讀書求知，只是目、是末。先在大處承當，乃后在小處下手。再言之，仁是綱、是本，孝弟是目、是末。故象山又謂「讀論語卽疑有子之言支離」也。

若以中庸言之，象山意，自以「尊德性」為綱、為本，「道問學」為目、為末。故曰：「既不知尊德性，焉有所謂道問學？」然朱子於玉山講義篇則曰：

> 聖賢教人，始終本末，循循有序。精粗巨細，無有或遺。故才尊德性，便有個道問學一段事。雖當各自加功，然亦不是判然兩事。故君子之學，既能尊德性以全其大，便須道問學以盡其小。要當有以交相滋益，互相發明，則自然該貫通達，而於道體之全無欠闕矣。

大學三綱領之外復有八條目，於誠、正、修、齊、治、平各條目之中仍當道問學，仍當格物窮理以致知。三綱領、八條目不是判然兩事。則朱子格物補傳，縱不是補了大學之闕文，而實補了大學之闕義，豈不於此而見乎？

陽明承象山而起，其言致良知，乃曰：「見父自然知孝，見兄自然知弟。」亦不見道問學工夫。誠如陽明之言，則孔子之「七十而從心所欲不踰矩」，豈不仍是此「見父自然知孝，見兄自然知弟」之「良知」而已乎？縱謂陸王論學得其大綱之本，然朱子格物窮理，亦為之補出了細節之末。固不得謂有綱即不須有目，有本即不須有末也。後世凡疑朱子補傳，其實亦率仍陸王義疑之，非有太多歧說也。

（此稿草於民國三十年，載是年九月思想與時代第二期。）

# 再論大學格物義

曉峯吾兄大覽：即日得李絜非君轉下習謙君評拙稿大學格物新釋，至感雅意。弟平素不樂輕率對別人批評自己文字作公開之答辨。緣有時立論大意，早已在原文中說盡，若讀者看了答辨文字，還看原文，依然是這些意思，依然是這些話，則何必多此一番筆墨？惟念思想與時代中尚無「學術商兌」之一門，今因習謙君此文，闢此一欄，亦殊值得。惟習謙君文中並無一語有與弟商榷之意，若弟徑直撰文向習謙君作答，似乎唐突。若習謙君作一文評弟，弟再作一文評習謙君，更覺不妥。因此弟只將要說的話約略說在此函中。

「訓詁明而後義理明」，此乃清代乾嘉學者之一種標語，實從顧亭林「經學即理學也」一語脫胎而來。惟乾嘉學者真能以訓詁發明義理者亦殊無多。若晦菴、陽明訓「格物」，自然各有其特到處，惟反求之大學原義則未必如此。弟前文用意，仍不過依循「訓詁明而後義理明」之說，以求探得大學之本義；而當時為文僅求自盡己見，有許多話要說而未說，今試乘便補述一二。

顧亭林日知錄卷六有「致知」條云：

致知者，知止也。（原注：董文清槐以「知止」二節合「聽訟」章為「格物」傳。）知止者何？為人君止於仁，為人臣止於敬，為人子止於孝，為人父止於慈，與國人交止於信，是之謂止。知止然後謂之知至。君臣父子國人之交，以至於禮儀三百、威儀三千，是之謂物。詩曰：「天生蒸民，有物有則」，孟子曰：「舜明於庶物，察於人倫。」昔者武王之訪，箕子之陳，曾子、子游之問，孔子之答，皆是物也。故曰：「萬物皆備於我矣。」惟君子為能體天下之物，故易曰：「君子以言有物，而行有恒。」記曰：「仁人不過乎物，孝子不過乎物。」

以格物為多識於鳥獸草木之名則末矣。知者無不知也，當務之為急。聽訟者，與國人交之一事也。

此條所論「致知」卽「知止」，大體上與弟前文立意甚為脗合；其釋「格物」，謂是「君臣父子國人之交，以至於禮儀三百，威儀三千」，此與弟前文釋「物」為「射者所立之位」，似乎不同，其實仍是一致。弟文本言物猶言法則、準則，在外為標準，在己為地位，此指其通誼言。射者所立之位，則指其專誼言。兩誼通假，弟文詳說之，而亭林之文則簡言之，故僅就其通誼立說也。孟子「萬物皆備於我」，只有將「物」字如此解始得眞誼。孟子又云：「仁義禮智非由外鑠我，我固有之。」此卽「萬物皆備於我」也。「舜明於庶物，察於人倫。」亦只有將物字如此解，始得眞誼。「庶物」即是萬物，而此萬物、庶物實非鳥獸草木動植飛潛之物。至「言有物而行有恒」、「仁人不過乎物，孝子不過乎物」諸語，亦只有如此解始可通。故知「天生蒸民，有物有則」，「物」「則」乃並行字，決非「有一物必有一則」之謂。趙岐注孟子謂：

天生衆民，有物則有所法則，人法天也。

焦循正義云：

詩傳：「物，事；則，法。」箋：「天之生衆民，其性有物象，謂五行仁義禮智信也。其情有所法，謂喜怒哀樂好惡也。然而民所執持有常道，莫不好有美德之人。」趙氏義與毛同。趙氏既以「法」釋「則」，又以「有物有則」為「人法天」，是以「有物」指天，「有則」指人之法天，蓋亦如箋「物象」之說。性為天所命，性之有仁義禮智信，卽象天之木金火土水，故以性屬天，以六情從五性，是以人之情法天之性，卽前「性善勝情，情則從之」之義也。

據此知兩漢經師如毛公、鄭君、趙君，皆不以常解訓「物」；「有物有則」之「物」，依然是「萬物皆備於我」之「物」；各家義訓雖有出入，通觀大體依然昭著。至朱子注孟子，始稍變古訓，謂：「如有耳目則有聰明之德，有父子則有慈孝之心。」然朱子語亦仍有檢制，耳目、父子僅就人身人倫言之，亦尚不泛指天下萬物如常解也。

今再論朱子格物補傳，「卽凡天下之物而格」之「物」字。其實朱子原義，恐並不是要如陽明之直格庭前竹子，亦並不如今日科學家言之窮格物理。此層弟原文頗嫌未加分說，茲再拈出論之。依朱子大學章句經文「致知在格物」，注云：

格，至也。物，猶事也。窮至事物之理，欲其極處無不到也。

此則朱子明白訓「物」為「事」。後文格物補傳所謂「卽物而窮其理」，「卽凡天下之物而格」，此諸「物」字，均已訓釋在前，故不再說。陽明之直格庭前竹子，明是誤會朱子之原意。此層所係甚大，陸桴亭思辨錄曾有論及，文云：

予少讀朱注：「格，至也；物，猶事也。窮至事物之理。」竊疑「格」訓「至」，「物」訓「事」，則「格物」當為「至事」；乃於「至」字上又轉出「窮」字，「事」字上轉出「理」字，似屬支離。及後讀「隨事精察」之言，不勝恍然。乃知「格」卽「精察」也，「物」卽

「隨事」也。知「隨事精察」之為「格物」，則「窮至事物」之言不嫌其為支離矣。（思辨録輯要卷三）

桴亭此條，扣緊朱注「物猶事也」一語，發揮朱子原意極為有功。故桴亭又謂：

格事理易，格物理難。先儒有做格物工夫，卻先於一草一木上用力者，只起念便與身心隔涉，安能入聖賢堂奧？此陽明庭前竹樹之說，予所以謂其認錯。

又曰：

陽明……格庭前竹樹……此禪家參竹篦子之法，非文公格物之説也。陽明自錯，乃以尤朱子，何也？（均見思辨録卷三）

然桴亭此說，只可謂他已得了朱子格物補傳之眞意，卻未必卽是朱子格物補傳已得了大學格物之眞意。「格物」可訓「至事」，不能卽作「窮至事物之理」解，此乾嘉學者所謂增字詁經，而桴亭先已疑之。若曰「格」是「精察」，「物」是「隨事」，則「隨事精察」乃是「物格」而非「格物」。故知桴亭雖説明了朱子，卻不能幫朱子説明大學也。

至習謙君謂「大學格物乃格通天人之際，因離物卽無所謂天，故言格物」，此論亦自有見。惟弟意「離物無所謂天」云云，其義詳闡於郭象之莊子注。大抵莊、老道家確有此意，易繫辭與中庸書較晚出，頗采道家言以自廣，故亦時有類此之見解。論語、孟子中卽不然。雖孔孟亦自有天人合一之理論，而並不重在萬物上探求。大學亦係晚出書，然似亦不涉及此項理論。漢儒頗采陰陽家言，陰陽家亦匯合儒、道而成，故漢儒亦喜言天人之際，並喜言陰陽萬物。卽如上舉鄭君箋詩，趙君注孟，訓物為「五行物象」，便有此意。宋儒如濂溪太極圖説，亦是此派。二程不談太極圖，緣不喜從五行萬物來拚湊講一宇宙故也。大程最明顯，伊川稍與其兄不同，故曰：「涵養須用敬，進學則在致知。」敬義夾持，内外交盡。至朱子，極推濂溪太極圖説，以與張子西銘並擬，而從伊川「進學在致知」之語進一步渡到「格物」。當時象山卽不喜此路，故象山獨於明道無閒言，於伊川卽有不喜，於濂溪太極圖遂啟朱、陸之爭端。此乃討論儒家思想一大關節。先秦之語、孟、易、庸，兩宋之周、程、朱、陸，均當在此處有一分析，然後關於「心性」「理氣」「天人」大原之爭辨，均可從此認入。弟久擬特撰一文稍發此趣，今暫無暇。而要之從朱子學説之全部組織論之，實為兼融不少道家與陰陽家之成分，故卽其格物補傳，語下亦分明帶此傾向；雖經桴亭為之剖辨，然亦不能專怪陽明之誤會。惟朱子學派到底受二程之影響為最深。若如習謙君所云云，卽無論非大學之意，並亦非朱子之意也。

大體言之，大學「格物」只有三種義訓：

一、作「萬物」之「物」解。此最為通常義訓，而學者間承用此說者實甚少，即朱子亦並不明白採用此義也。

二、「物」訓為「事」。此解承用者最多，朱子亦用此訓，不過其格物補傳實有自「事物」混入「物物」之嫌，已如上論。

三、則為弟文所持。此說持者極少，然自晚明以來注意古書之訓詁，此解亦漸為學者所承用。

茲試再舉一說以資申說。

阮元揅經室集有大學格物說，大旨謂：

……物者，事也；格者，至也。事者，家國天下之事，即止於五倫之至善，明德、新民，皆事也。「格」有「至」義，即有「止」意，履而至止於其地，聖賢實踐之道也。……小爾雅廣詁曰：「格，止也。」知止，即知物所當格也。「至善」之「至」，「知止」之「止」，皆與「格」義一也。譬如射然，升階登堂，履物而後射也。儀禮鄉射禮曰：「物長如笴。」鄭注云：「物謂射時所立處也。謂之物者，物猶事也。」禮記仲尼燕居鄭注：「事之謂立，置於位也。」釋名釋言語曰：「事，傳也；傳，立也。」蓋物字本從勿，勿者，說文：「州里所建旗，趣民事，故稱勿。」周禮：「鄉大夫五物詢眾庶」，「物」即與「事」同義；而堂上射者所立之位亦名物者，古人即通會此意以命名也。大戴禮虞戴德曰：「規鵠豎物，履物以射，其心端，色容正。」

大射儀曰：「左足履物」，皆此義也。故曰：格物者，至止於事物之謂也。凡家國天下五倫之事，無不當以身親至其處而履之，以止於至善也。「格物」與「止至善」、「知止」「止於仁、敬」等事，皆是一義，非有二解也。必變其文曰「格物」者，以「格」字兼包「至」「止」，以「物」字兼包諸事。聖賢之道，無非實踐。……「格物」二字不待在「格物」句始見，篇首先云：「物有本末」，然則離本末言「物」字，不可也。篇中「本末」凡五見，……皆不能與「物」字相離為說。然則物者，卽身家國天下之事，卽五倫之事，卽誠正之事，卽德財之事，事卽物也。「事有終始」，卽「物有本末」。……「先後」者，兼「本末」「終始」言也。……「壹是皆以修身為本」，卽「物有本末」之「本」；「物有本末」之「物」，卽「格物」之「物」；不可離，不可歧也。（原注：「大學集注『格』亦訓『至』，『物』亦訓『事』，惟云『窮至事物之理』，『至』外增『窮』字，『事』外增『理』字，加一轉折，變為『窮理』二字，遂與實踐迥別。又案：黃宗義文定載萬充宗論格物，充宗用大射儀『物』字之義，黃君舉先儒瞿汝稷元立亦主此說，但元今說與彼不同。」）

今按：阮氏此文，蓋又兼採第二、第三兩說而偏重第二說者。然阮氏若只謂格物乃至於事、止於事，依然語氣不完，依然與朱子同病。故朱子必以「至事」變成「窮至事物之理」，語氣始足；阮氏亦必以「至事」變成「至於事之至善」或「止於事之至善」，而後語氣始足；則依然是增字詁經也。今弟則謂：「格物物字，本不訓事，而當為事之至善處。格物者卽至於事之至善而止之義。」如是豈不更為直捷乎。然讀者必疑「物」字何得訓「事之至善」，則非從物為「射者所立之位」曲折說來；此弟原文暢論甚析，不煩再舉。若讀者更疑物字義訓何得如此曲折說之，則亦不妨簡捷說出，此即弟此函中所舉顧亭林日知錄所集各條，如「萬物皆備於我」、「明於庶物」之類。「萬物皆備於我」，決非「山河大地皆是我法身」也，亦非得謂「萬事皆備於我」也，只可謂「萬善（或萬德）皆備於我」始明白。「明於庶物」即「明於諸善（或眾德）」也。仁人孝子「不過乎物」，即「至於至善」、「止於至善」也。阮元乃清代訓詁名家，此處依然未達一間。萬充宗訓物字是矣，然於大學格物大義，萬氏依然未能洗發。故弟前文雖採摭先儒陳言，而題名「新釋」，實因弟亦確有一番未經前人道破之處耳。顧氏日知錄、阮氏揅經室集，乃治古經學者必讀之書，弟前文並非漏卻，因不欲傚乾嘉考據家言，必盡羅前人成說，一一駁辨，始申己意。今因讀習謙君文乃始補說，然精要語早在前文說盡，則此如蛇足矣。故弟不樂為此等申說之文字也。

又如弟謂大學「三綱領實只一事」，此本諸陽明大學問。習謙君篤信朱子，則朱子亦云：「格物致知只是一事，非今日格物，明日致知。」其實天下事類此者太多。往往一件事情，一個意思，非分成兩項、三項說之不明。但既分兩項、三項說了，又恐人不瞭，於是再說此兩項、三項實只一事或一意。此乃人類語言文字之短處，亦即人類語言文字之長處。會得時，說一說二均可；會不得時，說一說二皆非。死於句下，則無悟入矣。

又如弟謂古人常以射事喻德行，此亦弟自拾前人陳說耳。習謙君又疑之，因謂大學格物可否為乘風游水之類。此等疑所不必疑，辨所不必辨。在習謙君自為莊言，在人讀之將誤為是戲論。故弟此函只就原文可補述者補述之，不一一針對習謙君發語也。（下略）

（原載民國三十一年十一月思想與時代第十六期）

# 大學格物新義

## 一

今天我的題目是：「大學格物新義」。大學本是小戴禮記中之一篇，小戴禮記乃是漢人將戰國時講「禮」文章彙集而成。至宋代，大學成為二程門下之教本。二程常用漢代大學、宋代張載西銘開示來學。有人說：入二程門下三年，纔得讀大學。其後朱子定四書，奉大學為「學者入德之門」。但朱子又認為大學中有錯簡、有脫文，乃有所謂「格物補傳」。自云乃係根據二程意見而補。明代王陽明根據朱子格物補傳意格庭前竹子，七日，不通。後貶至龍場驛，乃發明「知」即孟子所謂之「良知」，「致知」即「致良知」。但對「格物」二字，終嫌未有確解。陽明說：一如見父自然知孝，父即是一物。見兄自然知弟，兄亦是一物。」此講法究嫌牽強。明儒對「格物」二字，據云有七十二個講法。梨洲學案最推淮南格物說，然用來講大學本文，仍嫌不夠恰當。

今天所講並不在討論朱子、陽明之哲學思想，而是討究大學「格物」之原義。孟子曰：「人之所不慮而知者，其良知也。」可見孟子講「知」字與講「良知」字有別，斷不可將孟子書中「知」字，盡釋為「良知」。大學此處明明是講「知」，而非講「良知」，二者範圍不同。陽明講法，決非大學「致知」之本義。「致知」之義既屬誤解，則「格物」正義宜難捉摸。

朱子云：「格，至也。物，猶事也。窮至事物之理，欲其極處無不到也。」「事」與「物」各有理，雖有別，亦可通。但言事物之理，過嫌通括。事物之理終有大別。「格」字義訓，亦不當作「窮」字解。可見朱子講法亦未得正。

今日講題亦可改為：「大學格物本義之試探」。梨洲弟子萬斯同認為大學原是小戴禮記中之一篇，古代人講禮對此「物」字，本有一特別講法。「物」為「射者所立之位」。古代，射為大禮。射而不中，不能怪所立地位有誤，而是射的技術有問題，此亦是「知」的問題。若誠意欲求射中，則必先求知，必先立定在自己應立之地位上。如：「為人父，止於慈。為人子，止於孝。」必須站在自己地位上不改變，是卽大學所謂：「知止而後有定，定而後能靜，靜而後能安，安而後能慮，慮而後能得。」禮記上又說：「孝子不過乎物。」卽是此義。

抗戰時我在成都，曾為思想與時代雜誌撰文，引申萬氏意作為大學格物新釋一篇，大意如上舉。但後來我對此文仍自不滿意。最近我又寫了推止篇一文，講述先秦各家思想，或主「止」，或主「推」，連帶講到大學格物方面。我今天只是抽出此一節來講。

## 二

首先我們當問：大學思想在先秦學派中，究應屬於何家何派？謂大學應屬儒家，此固毋庸置疑。但儒家中尚有孟、荀二派，在我則認為大學應歸入荀子系統之內。明乎此，陽明以孟子系統講大學，自必失之。清儒戴東原十歲時就傅讀書，授大學章句，問其師曰：「此何以知其為孔子之言而曾子述之？又何以知其為曾子之意而門人記之？」師應曰：「此先儒朱子所注云爾。」即問：「朱子何時人？」曰：「南宋。」又問：「孔子、曾子何時人？」曰：「東周。」「周去宋幾何時矣？」曰：「幾二千年矣。」「然則二千年後之朱子，何以知二千年前之然？」戴氏此疑實為中肯。朱子認為大學乃曾子所作，中庸乃子思所作，其實皆難成立。若論二篇之年代，實應皆出荀子之後。我們此刻應從學派與年代着眼來講。大學之「格物」義，似乎比專從大學為講禮之書一角度着眼，更為易有把捉。

何以知大學出荀子後？何以知大學為荀子系統？此層今天不擬詳講。但論語講「心」，孟子講「性」，大學中避去「性」字不講，雖講及「心」字，而重要只在講「意」字與「知」字；此即是大學為荀子主「性惡」一派。

## 三

今先講「知」字。一是知之「對象」，卽去知什麼？二為知之「方法」，卽如何去知？論語中講知，其對象全部是人文的，很少講到自然。知之對象是「人」，是「道」，道卽人所當行。

墨子思想似與孔子不同，但墨子所討論之大題目，如：「兼愛」、「非攻」、「尚賢」、「尚同」、「非禮」、「非樂」、「節用」、「節葬」等，亦專講人文社會以內事；此則與孔子同。墨子之言「天志」，亦如孔子之言「知命」。「天」與「命」實不屬自然界，與科學意義無關，無寧謂其較近於宗教意義。「天志」、「明鬼」，為墨子理論之根據，用以非儒。其實孔、墨所討論之對象皆屬「人」而非「物」，亦可謂是重在「人文」界，不重在「自然」界。孟子完全是一人文主義者，他亦專以人文為對象來講知。

此刻有一問題，大值探討，卽中國思想界，把知識對象轉移到外面自然路上去，其事應起於何時？我認為此一轉移，主要應從莊子開始。

現在再講到中國古代人對求知方法之討論。我認為可分為兩大派，卽是「推」與「止」。論語中雖未明白講出一「推」字，但其講求知方法，乃是重「推」。孟子仍是如此，而且明白提出此「推」

字來。其實初期墨家亦講推。既有人主推以求知，於是同時乃有人不主張推而主「止」。大學中主要即講此「止」字，如「止於至善」。此意顯從荀子來。荀子解蔽篇中有「故學也者，固學止之也。」此乃孟子、荀子講法不同。我舊著惠施公孫龍一書，曾講惠施主「推」，公孫龍主「止」，但未能推開統括來講。直至最近，寫成此推止篇，乃始把先秦各家各時期思想關於求知方法，專以此「推止」兩字來闡述。

墨子書中有經上、經下、經說上、經說下、大取、小取六篇，接近於名家言，後人稱之為墨辯。墨子大取篇有云：「是故辟、侔、援、推之辭，行而異，轉而危，遠而失，流而離本。則不可不審也，不可常用也。」此即不主推而主止之說。如墨子以「大取」、「小取」名篇，此「取」字孟子亦用過。如云：「魚，我所欲也；熊掌，亦我所欲也；二者不可得兼，舍魚而取熊掌者也。」此「兼」字大可注意，因其乃墨子所講所謂「兼愛」；不可「兼」，始有「取」，而取則又有「大取」、「小取」之別。

「兼愛」有二義，一「全體愛」，一「平等愛」。墨子云：「愛人之父若其父。」此即平等愛，亦即全體愛。孟子云：「墨氏兼愛，是無父也。」因對父母之孝是分別愛，故孝父母即非兼愛。又如殺盜，既主兼愛，怎可殺人？故有「天志」與否，可不在討論之列。即觀其實際行為，即觀其所「取」，亦可知其不可得而「兼」矣。墨辯六篇大意即在答覆這些質問。我們觀其答辯，亦可探知當時批評者之言。墨辯甚具技巧，如言愛己父亦不害兼愛，因己父乃即人類中之一。至於殺盜，則盜乃異於人，人而另為一類，故殺盜非殺人。此等皆大小異同之辨，名家所謂「大同異」、「小同異」，

「大一」、「小一」，「大圜」、「小圜」，皆由此等辯論展衍而出。

# 四

惠施主張「天地一體，泛愛萬物。」初時本舉物作譬喻，後乃把此譬喻變成為辯論之主體。故在惠施、莊子時，不言「天」而言「天地」，求知對象漸漸轉入自然界。從此一思想史上之曲折演變言，可知老子乃晚出書。若將老子、中庸置在前，孟子、莊子置在後，義實不通。思想轉變自有次序，不可顛倒。自思想家舉出之「名」，其內容多屬於「物」時，自知其求知對象亦必移至於物矣。

惠施似重在辨「名」，而不重於講「知」。莊子最喜講「知」，故論「大知」、「小知」。其與惠施之不同處卽在此。莊子秋水篇：「莊子與惠子遊於濠梁之上，莊子曰：『鯈魚出游從容，是魚樂也。』惠子曰：『子非魚，安知魚之樂？』莊子曰：『子非我，安知我不知魚之樂？』惠子曰：『我非子，固不知子矣；子固非魚也，子之不知魚之樂全矣。』」可見惠施之學說雖主「萬物一體」，而在一體之內，可以各不相知。

公孫龍採用莊子思想，而批評惠施。一物之「名」，有其「實」，亦有言者之「意」，始重要提出此「意」字的意義來。老子、荀子亦言及宇宙萬物。荀子解蔽篇多講「知」與「物」之關係。墨子經下篇有云：「知而不以五路，說在久。」知之對象為物，故知之工具乃始為五官。此與孟子言知頗不看重耳目之知者大異。如以火為譬，目視之則明，手觸之則熱。待後不以手觸，亦知其熱。此即時間久則「知而不以五路」。

墨經中頗多討論「知」之問題，與荀子同，而言知之對象則重在「物」。此一思路要至戰國末期，知識論始與自然界相碰頭。所惜是未能走上近代科學之路，但墨經中已有甚多如近代光學、力學之理論。

由此來看大學「致知在格物」，此「格」字，猶如荀子「天官之當簿」之「當」，猶如墨經「知有親與接」之「親」「接」，此殆為戰國末年人之一普通話。呂氏春秋中亦可考見甚多戰國末年人意見，其別類篇有云：人事可類推，而自然界之物理多不可類推，非親驗之不可。例如：「劍白者硬，黃者韌，則黃白相配豈非既硬兼韌了。」但有人反對之，謂「白非硬，黃非韌，白黃相配則既不硬又不韌。」此兩說何者為是，必須試後方知。故不格物即無法致知，「知」乃自實地直接對「物」接觸而來。

荀子又云：「以人度人，以情度情，以類度類。」此在人文世界中者自可類推。但到戰國末年已將知識與自然界之路打通。但惜此一思想經秦、漢一統之後，墨家、名家皆失敗，思想重在政教實用上，知識對象不再與自然物連在一起，此下「格物致知」一語遂失真解。

## 五

故知大學朱子格物補傳，大體上實得大學之本義。到晚清以下，中國知識界與西方接觸，引用大學「格物」二字，似覺更為合適。實際上戰國末年中國人確已有此一觀念，惜乎未能繼續深入耳。

我上面講大學「格物」二字，把先秦思想直用孔、墨下至老、荀一路演變作成一系統條貫，循此求之，始能把握到大學「格物」二字之眞義。可見清儒所謂「訓詁明而後義理明」，其語太淺，不够深入。而近人又捨棄考據，專辨義理，則最高亦只如朱子、陽明；而討論到大學「格物」二字之本義，仍將無可為說，亦無可為證，亦即不足以服人而定於一是矣。此乃討論學問一新方法，希諸位細參勿忽。

（此篇為一九六三年十一月新亞研究所學術演講，載一九六五年一月新亞生活雙週刊七卷十四期。）

# 儒禮雜議之一——非鬭

古者法令未具，民風武勇，睚眥之忿，至於相殺，仇報隨之，私鬭蓋多。請證之於尚書。

書微子言紂無道：

凡有辜罪，乃罔恆獲。小民方興，相為敵讎。

是謂上失其刑，而後民相讎也。然夷考其實，有不盡然。請證之於周禮。

周禮地官司徒調人：

掌司萬民之難而諧和之。凡過而殺傷人者以民成之，鳥獸亦如之。凡和難，父之讎辟諸海外，兄弟之讎辟諸千里之外，從父兄弟之讎不同國。君之讎視父，師長之讎視兄弟，主友之讎視從父兄弟。弗辟則與之瑞節而以執之。凡殺人有反殺者，使邦國交讎之。凡殺人而義者，不同國，令勿讎，讎之則死。凡有鬭怒者成之，不可成者則書之，先動者誅之。

其致謹於和難解讎之情可知矣。然謂和難則使辟，弗辟乃執之，則烏所謂「辜罪恆獲」者？且殺傷鳥獸而成難，鬭怒不可成而輒動，則敵讎之興，亦不必由於辜罪之罔獲也。秋官朝士：

凡報仇讎者，書於士，殺之無罪。

則報讎相殺，又明為法令之所許也。可知小民之相為敵讎，不盡由於暴上之失其刑，雖治君有不免，自為古社會恆見之常情矣。請再證之以曲禮、檀弓。曲禮曰：

父之讎，勿與共戴天。兄弟之讎，不反兵。交遊之讎，不同國。

則在上者雖有和難解讎之法，在下者亦自有尋難報讎之禮也。又曰：

父母在，不許友以死。

則許友以死，自爲古禮，其事至漢猶有之，所謂「借交報讎」是也。

檀弓曰：

死而不弔者三，畏、厭、溺。

白虎通：

畏者，兵死也。

鄭云：

人或時以非罪攻己，不能有以說之，死之者。

盧云：

畏者，兵刃所殺也。

今按：此三解，蓋均有所受，而言之未析。畏者，謂私鬭也。故或曰「鬭很忘命曰畏」，非徒閔不畏死之謂也。雖以孔子之聖，而畏於匡。蓋橫逆之來，侵暴之及，在古社會為常事，有君子所不料者，故可畏也。然孔子固未嘗指斥私鬭，則以鬭之為古禮也。請證之於論語。

子曰：

見義不為，無勇也。

周禮疏云：

義，宜也。父母、兄弟、師長三者嘗辱焉，子弟及弟子則得殺之，是得其宜。古者質，故三者被辱，卽得殺之也。

此孔子不斥私鬭之證也。

孔子曰：

君子有三戒：少之時，血氣未定，戒之在色；及其壯也，血氣方剛，戒之在鬭；及其老也，血氣既衰，戒之在得。

以鬭與好色、貪得並言，列為三戒，知古社會之好鬭矣。而孔子亦未言鬭之非也。其謂戒者，殆亦加慎焉已耳。不義而富且貴，踰牆而摟處子，所戒也，非戒夫婦與富貴也。其戒鬭，亦如是矣。此又孔子不斥私鬭之證也。

又曰：

一朝之忿，忘其身，以及其親，非惑歟？

此亦戒鬭之意。為懼及其親，未嘗言鬭之非禮與不法也。

或曰：「以德報怨，何如？」子曰：「何以報德？以直報怨，以德報德。」

漢書地理志稱：

太原、上黨人矜夸功名，報仇過直，號為難治。父兄被誅，子弟怨憤，至告訐刺史二千石，或報殺其親屬。

則知報怨猶報仇也。報仇卽相鬭殺也。孔子亦言「報」，特不過直耳。

子畏於匡，顏淵後，子曰：「吾以汝為死矣。」曰：「子在，回何敢死！」

初陽虎嘗暴匡人，匡人見孔子，以謂陽虎而報之。為孔子徒者，宜亦報匡人。此卽所謂「見義勇為」也。故孔子疑顏淵之死。曰「何敢死」者，顏子事孔子如父，父母在，禮不以身死鬭也。此以見古人之報，不必親戚朋友殺身之讎，雖小侵辱亦有之。曾子曰：

犯而不校，昔者吾友嘗從事於斯矣。

校，報也。或曰：「吾友」指顏子也。曾點使曾參，過期不至，人皆見曾點，曰：「無乃畏耶？」點曰：「我存，夫何敢畏？」若二子者，其殆知孔子之戒，致謹於孔子之所謂「惑」者也。

中庸：

子路問強，子曰：「寬柔以教，不報無道，南方之強也。君子居之。衽金革，死而不厭，北方之強也。而強者居之。」

而強者，卽指若子路之強者類也。君子者，孔子自道也。孔子弟子，子路最稱好勇，史記：

子路陵暴孔子，孔子設禮誘之。

倘所謂「寬柔以教」者。然其事信否不可知。而余於中庸則有疑。此殆後之儒者，雜取南方莊老之言以為之，故曰「寬柔不報」。至於孔子與其徒，在當時固皆言報。請別證之於墨子。

子夏之徒，問於子墨子曰：「君子有鬬乎？」子墨子曰：「君子無鬬。」子夏之徒曰：「狗豨猶有鬬，惡有士而無鬬矣？」子墨子曰：「傷矣哉，言則稱於湯文，行則譬於狗豨，傷矣哉。」

蓋墨子以「兼愛」教，故主非攻、無鬬。子夏之徒，儒者尚禮，故有鬬。曷以見尚禮有鬬？請再證之於檀弓。

子夏問於孔子曰：「居父母之仇，如之何？」夫子曰：「寢苫枕塊，不仕，弗與共天下也。遇諸市朝，不反兵而鬬。」曰：「請問居昆弟之仇如之何？」曰：「仕弗與共國。啣君命而使，雖遇之，不鬬。」曰：「請問居從父昆弟之仇如之何？」曰：「不為魁，主人能，則執兵而陪其後。」

此殆子夏之徒所記。此子夏之徒尚禮故有鬬之證一也。此衍孔子「以直報怨」之緒論者也。請又證之以孟子。

孟子謂：

北宮黝似子夏，不膚撓，不目逃，思以一毫挫於人，若撻之於市朝。不受於褐寬博，亦不受於萬乘之君。視刺萬乘之君，若刺褐夫。無嚴諸侯，惡聲至，必反之。

此又子夏之徒主有鬬之一證也。且不僅於子夏之徒也，曾子謂子襄曰：

吾嘗聞大勇於夫子矣。自反而不縮，雖褐寬博，吾不惴焉。自反而縮，雖千萬人，吾往矣。

「往」謂往鬬也。此孔子之徒主有鬬之又一證也。此衍孔子「見義不為則無勇」之緒論者也。請繼證之於儒行。曰：

儒有居處齊難，其坐起恭敬，言必先信，行必中正，道塗不爭險易之利，冬夏不爭陰陽之和，愛其死以有待也，養其身以有為也。其備豫有如此者。

此衍孔子「戒之在鬬」、「一朝之忿，忘其身及其親為惑」之緒論者也。又曰：

爵位相先，患難相死，稱其任舉。

則任俠之類，即許友以其身也。此又孔子之徒主有鬬之一證也。陳澧東塾讀書記譏：

儒行：「其過失可微辨而不可面數也。」此語實未安。

又：

「鷙蟲攫搏，不程勇者。引重鼎，不程其力。」鄭注云：「搏猛引重，不量勇力堪之與否。」禮謂注說未安。

今按：陳氏之疑，皆緣未曉古人眞相。卽如孟子：「北宮黝之養勇，不膚撓，不目逃，思以一毫挫於人，若撻之於市朝，惡聲至，必反之。」此卽「不可面數」也。「孟施舍之養勇，曰視不勝猶勝也，量敵而後進，慮而後會，是畏三軍者也。豈能為必勝哉？能無懼而已。」此卽「不程其力」也。古之儒者原自有此，不得以後儒疑之也。

鄉飲酒義亦有之，曰：

君子尊讓則不爭，絜敬則不慢，不慢不爭，則遠於鬭辨，……免於人禍矣。

孟子亦言之曰：

橫逆之來，君子必自反，……於禽獸又何校？……故君子無一朝之患。

此皆慎戒鬬爭之說也。然孔子畏於匡，子思困於宋（見孔叢子），孟子有戒心於薛。趙岐云：「時有惡人欲害孟子。」此皆儒者大師，猶不能免。鬬爭之風之盛行於古代，為何如耶？然儒者終言「養勇」，言「不辱」，言「復讎」，而未嘗明斥鬬爭；則以鬬為古禮，儒者循禮，故不知非也。

明斥鬬爭者始於墨。墨者非禮，故亦非鬬。孟子曰：「墨氏兼愛，是無父也。」試以上述之義言之，今有刺刃於墨之父者，墨者非鬬，其何以應？此非兼愛則無父耶？然而墨徒之非鬬亦有說。請再證之於莊子。曰：

接萬物以別宥為始。語心之容，命之曰心之行。以聏合驩，以調海內。見侮不辱，救民之鬬。禁攻寢兵，救世之戰。以此周行天下，上說下教，雖天下不取，強聒而不捨。（天下篇）

是尹文、宋鈃之為也。尹文、宋鈃則墨徒也。蓋至其時，上苦於戰，下苦於鬬，民之死非命者眾矣。此墨、宋之徒所以大聲疾呼而謀救之也。民之困於鬬者有證乎？曰有，請證之於呂覽。

楚之邊邑曰卑梁，（梁伯子云：「卑梁是吳邊邑，史記十二諸侯年表及楚世家、子胥傳皆同。楚邊邑乃鍾離也。此與吳世家所載皆誤。」）其處女與吳之邊邑處女桑於境上，戲而傷卑梁之處女。卑梁人操其傷子以讓吳人，吳人應之不恭。怒，殺而去之。吳人往報之，盡屠其家。吳、楚由是大格。（察微篇）

是以兩女子之相戲，而尋至於兩國用兵也。鬭之作始也微，而將畢之鉅有如此。然猶謂是異國也。請再證之於荀、韓。

荀子曰：

以少頃之怒，喪終身之軀，室家立殘，親戚不免於刑戮，然且為之。（榮辱篇）

是當時之鬭也。韓子曰：

棄灰於街必掩人，掩人人必怒，怒則鬭，鬭必三族相殘。（內儲說上）

此亦當時之鬭也。則墨者之所以非鬭可知矣。故有鬭之與無鬭，亦當時儒、墨一公案也。請仍證之於韓子。

曰：

> 漆雕之議，不色撓，不目逃，（此子夏之勇也。）行曲則違於臧獲，行直則怒於諸侯，（此曾子之勇也。）世主以為廉而禮之。（顯學篇）

韓非言儒分為八，漆雕居首，漆雕可為儒之代表矣。此儒之主有鬬也。

> 宋榮子（即宋鈃）之議，設不鬬爭，取不隨仇，不羞囹圄，（古人不徒對平民有報，對官吏法令亦有之。）見侮不辱，世主以為寬而禮之。（顯學篇）

荀子常以墨翟、宋鈃並言，宋氏之說可以代表墨家。此墨之無鬬也。儒、墨各持一說，而當世無定是也。又曰：

> 儒以文亂法，俠以武犯禁。

「俠」即儒之一派。「文」謂議禮，「武」是尚勇。而人主兼禮之，此所以亂也。

今兄弟被侵，必攻者廉也。知友被辱，隨仇者貞也。（言此者儒之文，行此者俠之武。）廉貞之行成，而君上之法犯矣。人主尊貞廉之行，而忘犯禁之罪，故民程於勇而吏不能勝。（五蠹篇）

然則初以法之所不及而有鬭，既乃法漸密而鬭益熾，乃以鬭而侵法也。原鬭之所以益熾，在下有儒家之禮，而以鬭為勇；在上有人主之尊，而以鬭為榮；此鬭之所以終不可已也。儒者主鬭，具如上說，而人主之尊鬭亦有證。證在於呂覽：

尹文見齊王曰：「今有士於廟朝中，深見侮而不鬭，王將以為臣乎？」王曰：「否，大夫見侮而不鬭，則是辱也。辱則寡人不以為臣矣。」（正名篇）

是當時固以不鬭為辱也。然宋子以見侮為不辱，而荀子又譏之，曰：

鬭之與不鬭，亡於辱之與不辱，乃在於惡之與不惡。（正論篇）

而荀子卒亦無以解人之惡鬭。其言鬭之非，亦不過計其智愚、利害、安危、榮辱之間，是五十步之笑百步也。荀子亦儒者之徒，則其笑宋氏宜也。

商君之治秦，曰：

王者之政，使民怯於私鬬，而勇於寇戰。

故上首級而刑棄灰。李斯言之如此。以韓非言觀之，刑棄灰，殆以防鬬也。秦人積世行之，韓非極論之，又見賞於秦皇，故秦兵強，併六國。至秦亂，蒯通説范陽令曰：

秦法重，足下為范陽令，殺人父，孤人子，斷人足，黥人首，而慈父孝子，莫敢剚刃公之腹中者，畏秦法耳。今天下亂，秦法不施，慈父孝子，且剚刃公之腹中以成名。

由此觀之，私鬬報殺之風，殆衰於秦法也。

劉邦入秦，約法三章，曰：

殺人者死，傷人及盜抵罪。

異乎周官「解讎和難」之說矣。劉季非能曉此，殆本秦法，摘取其三耳。然自是乃以私鬬報殺為非法。雖游俠之風又盛於漢初，而終不敵朝廷之法令，時扞文網，稍稍而絕。後世風教既異，法令日備，不曉古人情事，斤斤於禮、法之高下優劣，不知此不可以無證議也。且如墨之兼愛，儒之講禮，均不足以息鬬；而息社會好鬬之風者，則商、韓之法令也。今且以社會之有鬬為禮之美乎？抑且以無鬬為法之陋乎？不深考所以，而妄附於耳聞口傳之末，將以判古人之是非，寧有當哉？余又怪墨家非攻，人知之；顧其主無鬬，亦當時移風易俗一大事，而知者絕鮮。特高拱深坐，以盛談孔之「約禮」，孟之「養氣」，渺不知古人之眞相。是眞羅者視藪澤，鷦鵬翔寥廓也。故集次其事，備議古之士之借觀焉。

## 〔附〕書　後

余既著非鬬，備引先秦古籍，因略指漢以來可以參證者。覩記所及，未能詳也。

淮南詮言訓：

今有美酒嘉肴以相饗，卑體婉辭以接之，欲以合懽。爭盈爵之間，反生鬬。鬬而相傷，三族結怨，反其所憎。此酒之敗也。

此可與鄉飲酒義「君子尊讓遠鬭」之說相發。知古者鬭風之熾，率起於細微而成大禍。史記欒布為人略賣，為奴於燕，為其主家報仇。此可以補「借交報讎」之未盡。其他如項梁、項伯殺人避仇，張良、季布、季心兄弟為任俠，及游俠傳所載朱家、郭解之儔，避讎報讎之事，多不勝舉，知私鬭之猶盛於漢初也。

惠棟周禮古義：

> 調人云：「凡有鬭怒者成之。」鄭司農云：「成之，謂和之也。和之，猶今二千石以令解仇怨，後復相報，移徙之。此其類也。」王褒集僮約注云：「漢官不禁報怨。」（引見御覽。）故二千石以令解之。令者，漢令有和難之條。鄭云：「後復相報，移徙之」者，案：後漢桓譚疏曰：「今人相殺傷，雖已伏法，而私結怨讎，子孫相報，後忿深前，至於滅戶殄業，而俗稱豪健；故雖怯弱，猶勉而行之。此為聽人自理，而無復法禁者也。今宜申明舊令，若已伏官誅，而私相傷殺者，雖一身逃亡，皆徙家屬於邊。其相傷者，加常二等。不得雇山贖罪。如此則仇怨自解。」譚所云「舊令」，即先鄭所云「移徙」之法也。

據此，知私鬬之風，至東漢猶未全絕，並可以見當時法令之一斑。後漢郅惲傳：

惲友人董子張者，父先為鄉人所害。及子張病，將終，惲往候之。子張垂歿，視惲歔欷，不能言。惲曰：「吾知子不悲天命，而痛讎不復也。子在，吾憂而不手。子亡，吾手而不憂也。」子張但目擊而已。惲卽起，將客遮仇人，取其頭，以示子張。子張見而氣絕。惲因詣縣，以狀自首，曰：「為友報讎，吏之私也。奉法不阿，君之義也。虧君以生，非臣節也。」趨出就獄。令跣而追惲不及，遂至獄，令拔刀自向以要惲曰：「子不從我出，敢以死明心。」惲得此乃出。

又朱暉傳稱：

暉好節概，為臨淮太守，其諸報怨以義犯，率皆為求其理，多得生濟。

今按：「以義犯」者，卽論語「見義不為，無勇」之義，指報怨言也。此見當時雖有禁鬬之法，而儒者尚有義鬬之意。風俗通載：

太原周黨伯況少為卿佐發黨過於人中辱之。黨學春秋長安，聞報讎之義，輟講下，辭歸報讎。

到與卿佐相聞，期鬭日。卿佐多從正往。使卿佐先拔刀，然後相擊。佐欲直，令正擊之，黨被創困乏。佐服其義勇，箯輿養之。數日蘇興，乃知非其家，卽逕歸。（後漢書亦載此事，較略。）

據此，益見報讎私鬭為儒者之義。尅期而鬭，勝者為直，乃與西人決鬭相似。「多從正往」者，意古人決鬭，亦有公證，而卿佐乃多以正往，令之擊黨，是卿佐之詐也。或「正」是卿佐僚屬，例得助鬭。未能遽定。

後漢郭太傳：

陳留左原為郡學生，犯法見斥。後更懷忿，結客欲報諸生。其日林宗在學，原媿而去。

又：

扶風宋果憙與人報讎，為郡縣所疾。林宗訓之義方，懼以禍敗，果感悔。

觀於此，知其時報讎之事尚盛，而鬭狠之風已稍衰也。

至唐時，張審素為雟州都督，人告其贓汙，制遣殿中侍御楊汪萬頃按之，汪奏斬審素。其二子瑝、琇流嶺表，逃歸，伺便復讎，手殺萬頃於都城。議者多言二子父死非罪，穉年孝烈，能復父讎，宜加矜宥。張九齡亦欲活之。裴耀卿、李林甫以為如此壞國法，玄宗亦以謂然。乃下勑曰：

> 國家設法，期於止殺。各伸為子之志，誰非徇孝之人？展轉相讎，何有限極？咎繇作士，法在必行。曾參殺人，亦不可恕。宜付河南府杖殺！

今按：自是雖父讎尚不許私報，更何論夫其他？蓋其時俗化益美，鬬暴益少，政治益進，法制益密，而古禮漸不見知於世矣。其「咎繇」、「曾參」二語，實當時伸法折禮之摯論也。

其後韓退之、柳子厚於此問題均有論列。柳氏作駁復讎議，引天后時同州人徐元慶父爽為縣尉所殺，元慶殺尉自首，陳子昂建議誅之而旌其閭，駁曰：

> 禮、刑均以防亂，而其用則異。旌與誅不可得並。元慶不忘讎為孝，不愛死為義，不當以為戮。

同時韓氏復讎狀，以憲宗元和六年九月，富平縣人梁悅為父殺仇人秦果，投縣請罪，引朝廷勑文：

復讎據禮經則義不同天，徵法令則殺人者死。禮、法皆王教之端，有此異同，必資論辯。

而自申己意，則曰：

> 復讎之名雖同，而其事各異。或百姓相讎，如周官所稱，則可議於今。或為官所誅，如公羊所稱，則不可行於今。殺之與赦，不可一例。

韓、柳皆儒者，而韓氏之論視柳為密。至宋王安石作復讎解，始曰：

> 復讎之義，見於春秋傳，見於禮記，特為亂世之為子弟者言之。周官之説曰：「凡復讎者書於士，殺者無罪。」疑非周公之法。凡所以有復讎者，以天下之亂，而士之不能聽。有士矣，不能聽其殺人之罪以施行，而使為人之子弟者讎之，然則何取於士而祿之？

蓋以儒者而伸法抑禮，始於王氏；至是而論始一歸於法。大抵張瑝兄弟與徐元慶、梁悅之事，於唐已為偶見，無論「借交報讎」之類矣。法律之用既顯，鬭勇之風亦衰。禮、法之衝突，至是始決，而禮卒屈於法也。王氏謂復讎為亂世法，於理則是，於事未切，復讎自古禮耳。蓋先秦以上，法制初興，而屈於禮。兩漢之際，禮、法抗行。至其後，法定而禮黜。其演變之大略如是。後世論儒、墨、法三家之高下是非，可謂已臻於定論，而惟此一端殆少注意。至如今世，必認儒者為懦、為柔，觀此一端，亦可以廢然知返矣。

（此稿草於民國十七年，載蘇州中學校刊十一期。）

# 釋俠

韓非五蠹謂：

儒以文亂法，而俠以武犯禁，而人主兼禮之，此所以亂也。

淮南說山訓亦曰：

喜武非俠，喜文非儒。

此當時儒、俠兼舉之證。而自莊子以來迄於韓非之顯學，又多並稱儒、墨。近人遂疑俠即墨徒，而目儒、墨為文士、武士之分者。竊案其說，殊不可據。韓子「五蠹」，一曰學者，二曰言談者，三曰帶劍者，四曰串御者，五曰工商者。「學者」即兼包儒、墨，「帶劍者」則以武犯禁之俠也。然則俠乃戰國中、晚期新起一流品。若專言學術，則儒、墨對舉；若並稱儒、俠，則儒卽兼墨，不得目俠為墨；卽憑韓非書可證。又考五蠹有云：

離法者罪，而諸先生以文學取。犯禁者誅，而羣俠以私劍養。

又云：

富國以農，距敵恃卒，而貴文學之士。廢敬上畏法之民，而養游俠私劍之屬。

又曰：

明主之國，無書簡之文，以法為教。無先王之語，以吏為師。無私劍之捍，以斬首為勇。

此以「私劍游俠」與「文學之士」對舉。凡稱詩書，道先王，治文學，此儒、墨所皆然。故知「以文亂法」，儒已兼墨；「以武犯禁」，俠非墨徒。儒、墨與游俠流品各別，不得相混淆也。

抑觀於太史公書，其言游俠，又微與韓非差池。史記游俠傳：

古布衣之俠，靡得而聞已。近世延陵、孟嘗、春申、平原、信陵之徒，皆因王者親屬，藉於有土卿相之富厚，招天下賢者，顯名諸侯。不可謂不賢者矣。此如順風而呼，聲非加疾，其勢激也。至如閭巷之俠，修行砥名，聲施于天下，莫不稱賢，是為難耳。然儒、墨皆排擯不載。自秦以前，匹夫之俠，湮滅不見，余恨之。

是史公明謂先秦游俠，儒、墨皆排擯不載矣。烏得輕謂俠之卽墨乎？惟史公與韓非異者，史公特指孟嘗、春申、平原、信陵為俠，至其所養，則轉不獲俠稱；故曰：「匹夫之俠，湮滅不見。」則俠乃養私劍者，而以私劍見養者非俠。故孟嘗、春申、平原、信陵之流謂「卿相之俠」，朱家、郭解之流謂「閭巷布衣之俠」；知凡俠皆有所養，而所養者則非俠。此義，又可徵之於淮南之氾論訓。其言曰：

北楚有任俠者，其子孫數諫而止之，不聽也。縣有賊，大搜其廬，事果發覺，夜驚而走。追道及之，其所施德者皆為之戰，得免而遂返。語其子曰：「汝數止吾為俠，今有難，果賴而免身。」

此「任俠」為有所藏養之證也。至其所施德為之戰者，則轉不得俠稱。

今再考之他說。荀悅曰：

立氣齊，作威福，結私交以立彊於世者，謂之游俠。

如淳曰：

相與信為任，同是非為俠。所謂權行州里，力折公侯者也。

此亦主養人言，不指見養言。故知以武犯禁，不僅指一劍之私。則韓非書之所指，殆亦以養帶劍者而言耳。此猶其言儒、墨，意在孔子、墨翟，不指游、夏、禽滑釐之徒矣。至於任俠之所養，在當時則均目為「客」，或稱「賓客」、「門客」、「食客」。而客之中有「刺客」。而盛養此輩門客、食客、刺客者則「俠」也。燕太子丹，乃所謂「卿相之俠」，而荆軻則「刺客」也。漢書季布傳顏師古注：

俠之言挾也，以權力挾輔人也。

此亦不謂見挾輔者為俠。挾輔人者有權力，見挾輔者不得謂有權力也。今分析太史公所述游俠行誼，大致有數別：一曰設取予然諾。一曰振人不贍，趨人之急。一曰以軀借交報仇。一曰藏亡命作姦。故曰：

言必信，行必果，已諾必誠，不愛其軀，赴士之阨困；既已存亡死生矣，而不矜其能，羞伐其德。

凡其所謂修行砥名者率如此。豈有專指私劍之被養，刺客之勇，武士之一德，而以謂之「俠」乎？古人又率言「任俠」。史記季布傳集解引孟康曰：

信交道曰任。

如淳則曰：

相與信為任。

說文：

任，保也。

周禮：

五家相比，使之相保。

夫五家相保，所以便于討亡命而詰姦。今任俠之保，則特為信然諾以藏匿亡命而作姦。然則將亡命者為任俠乎？抑藏匿亡命者為任俠乎？此不煩辨而知矣。韓非之六反又言之，曰：

行劍攻殺，暴傲之民也，而世尊之曰廉勇之士。活賊匿姦，當死之民也，而世尊之曰任譽之士。

盧文弨曰：

「譽」，疑是「俠」。

則韓非言「任俠」，本與「廉勇」有殊，其説亦無以大異於馬遷。惟既以養私劍者為俠，浸假而亦遂以見養者稱俠。既以藏匿亡命者為俠，浸假而亦遂以見藏匿者稱俠。此亦偶可有之。故韓非既云然，而史公亦曰：

孟嘗君之於薛，收納任俠姦人六萬家。

此六萬家，當不專指養人、匿人，亦必多見養、見匿之家矣。又淮南人間訓：

虞氏，梁之大富人也。家充盈殷富，金錢無量，財貨無貲。升高樓，臨大路，設樂陳酒，積博其上。游俠相隨而行樓下。飛鳶適墮其腐鼠而中游俠，游俠相與言曰：「虞氏富樂之日久矣，常有輕易人之志，乃辱我以腐鼠。如此不報，無以立務於天下。請與公僇力一志，悉率徒屬而必以滅其家。」

此所謂之「游俠」與「徒屬」，即猶史公之稱「任俠」與「姦人」也。史公文稱「收納任俠姦人六萬家」，蓋任俠為其首，而姦人為之屬。猶如淮南之言游俠與徒屬，亦游俠為之主，徒屬為之附也。

古「俠」字之義訓既明，則請問儒為文士、墨為武士之說又如何？曰：此亦非可一端論。自許叔重說文以「柔」訓「儒」，後人不察，遂乃以儒家為尚柔，因目儒者為文士；而墨子之徒見謂可以赴湯蹈火，因遂疑儒、墨有文、武之別；此亦臆測懸想，未能深窮夫古者儒、墨之眞相也。請再以韓非顯學篇證之。韓非曰：

> 漆雕之議，不色撓，不目逃，行曲則違于臧獲，行直則怒于諸侯，世主以為廉而禮之。宋榮子之議，設不鬬爭，取不隨仇，不羞囹圄，見侮不辱，世主以為寬而禮之。夫是漆雕之廉，將非宋榮之恕也。是宋榮之寬，將非漆雕之暴也。今寬廉、恕暴俱在二子，人主兼而禮之。

韓非此節，與上文「孔墨侈儉、孝戾」並舉。蓋漆雕儒流，宋榮墨徒，漆、宋之不當兼禮，正猶儒、墨之不能並是。然則漆雕之與宋，固又孰為剛而孰為柔，孰則文而孰則武乎？孔子弟子有澹臺滅明者，史傳稱其人：

> 南遊至江，從弟子三百人，設取予去就，名施乎諸侯。

此即類後世閭巷之俠矣。孟子稱：

孟子曰：

> 北宮黝之養勇也，不膚撓，不目逃，思以一毫挫於人，若撻之於市朝。不受於褐寬博，亦不受於萬乘之君。視刺萬乘之君，若刺褐夫。無嚴諸侯，惡聲至，必反之。孟施舍之所養勇也，曰：「視不勝猶勝也。量敵而後進，慮勝而後會，是畏三軍者也。舍豈能為必勝哉？能無懼而已矣。」
>
> 孟施舍似曾子，北宮黝似子夏。夫二子之勇，未知其孰賢，然而孟施舍守約也。

又曰：

> 昔者曾子謂子襄曰：「子好勇乎？吾嘗聞大勇于夫子矣：自反而不縮，雖褐寬博，吾不惴焉。自反而縮，雖千萬人，吾往矣。」孟施舍之守氣，又不如曾子之守約也。

是知養氣、養勇，乃孔門為教之一端。韓非之稱漆雕，特舉儒中之一支而言。儒之中固有漆雕氏之儒，而儒分為八，不盡於漆雕之一支；然既儒有漆雕，則不當專目為文士可知矣。而儒行篇所記，尤足為據。其言曰：

儒有道塗不爭險易之利，冬夏不爭陰陽之和，愛其死以有待也，養其身以有為也，其備豫有如此者。又儒有劫之以眾，沮之以兵，見死不更其守，其特立有如此者。又儒有可親而不可劫也，可近而不可迫也，可殺而不可辱也。其居處不淫，其飲食不溽，其過失可微辨而不可面數也，其剛毅有如此者。又儒有患難相死，其任舉有如此者。

據此諸端，又烏見儒之尚柔，而必盡為文士？而謂可與墨之專屬武士者作對列乎？孔子固已言之矣，曰：

守死善道。

又曰：

壯士不忘喪其元。

養勇、守氣，亦孔門之流變有之。而後世漸失其本，流而為私劍之屬。夫私劍亦豈墨家之所專有乎？至如四公子卿相俠者之所養，此又當時文學游士之降而益下者；然其中亦未嘗絕無所聞于儒、墨諸家之流風餘韻。故謂俠出于儒、墨則可，謂儒、墨分文、武，而以墨擬俠，則皆不得古社會流品之眞相也。

俠之興起，蓋值古者封建社會崩潰，孔子、墨翟，弟子來自四方，麕集私人之門下，其所議論施設，豈在上者之所能制馭領導乎？此卽韓非之所謂「以文亂法」也。其風愈下愈甚，自魏文、齊威國君養賢，進而變為公子養賢，則貴族階級失其控制，平民階級崛起，卽如孟嘗、春申、平原、信陵四君之所為。若認此等所為謂之俠，則孔子、墨翟適成為俠之首耳。貴族階級愈崩潰，平民社會愈崛起，於是而有布衣閭巷之俠。惟百家興起皆尚文，必各有一番學術思想，而成為一集團；此集團必是一私集團，故稱之曰「家」，而儒家最先起，故韓非以儒為「以文亂法」之代表。至於「俠」，亦成一集團，而初不以學術思想為號召，故俠不得與百家為伍；然可見平民社會勢力之日興矣。故太史公取以與貨殖商賈並列。此皆當時社會中一流品，而與儒、墨百家之為流要不同。欲研究古代學術思想，必注意儒、墨百家之流。欲研究古代社會情況，則必注意游俠、貨殖之流。百家起在前，游俠、貨殖起在後。又豈可謂墨者之徒之流而為俠乎！

（此稿草於民國三十一年，載是年二月成都學思雜誌一卷三期。）

# 古史辨第四冊序

嘗謂近人自胡適之先生造「諸子不出王官」之論，而考辨諸子學術源流者，其途轍遠異於昔。漢志所列九流十家，決非一源異流，同時並出，此即觀於各家立名之不同而可見。夫若「道、法、名、陰陽、縱橫、農、雜」七者，就其名即曉其義，而「儒」、「墨」兩號獨不然，顯徵有先後之別。故莊周齊物，韓非顯學，惟舉儒、墨，旁流不預。而儒、墨兩宗，其稱名建號，究何取義，自昔尚尠論者。余著諸子繫年，因辨墨翟姓氏，縱論及此。謂「墨」本刑徒之稱，墨家正類近世有勞工黨，乃以刑徒苦作自律。繫年尚未刊布，其論曾節入所著墨子一小冊中（書收商務印書館萬有文庫）。至於「儒」義，亦由墨推說。說文：「儒，柔也。術士之稱。」「柔」乃儒之通訓，「術士」乃儒之別解。後人不辨說文句讀，以「術士」與「柔」兩語並說。不知柔非美德。老子「正言若反」，故乃捨高趨下，棄剛從柔。儒家固不以柔為道。儒衹是術士，不論剛柔也。術士者，猶云通習六藝之士耳。禮記鄉飲酒義：「古之學道術者，將以得身也。」注：「術，猶藝也。」列子周穆王篇：「魯之君子多術藝。」此均「術」、「藝」相通之證。故儒為術士，即通習六藝之士。古人以禮、樂、射、御、書、數為六藝，通習六藝，即得進身貴族，為之家宰小相，稱「陪臣」焉。孔子然，其弟子亦無不然。儒者乃當時社會生活一流品，正猶墨為刑徒苦役，亦當時社會生活一流品也。儒者稱「搢紳先生」，而墨則譏為「摩頂放踵」。「摩頂」者，摩突其頂，蓋效奴作髠鉗，所以便事。「放踵」則不履不綦，出無車乘。墨子自魯至郢，裂裳裹足，與孔子適衛而冉有僕者異。先秦學派，不出儒、墨兩宗，而其得名所由，盡係當時實際生活之流品，與後起所謂「道、法、名、陰陽、縱橫、農、雜」諸稱絕不類；即此可定漢志九流十家之無據。而先秦學派，淵源孔門，在前不容復有一為道家宗之老聃，事亦易見。適之先生倡「九流不出王官」之論於前，而不肯信「老子後出」之說。近聞其謂老子亦儒家，當亦知九流實導流於儒，故遷就而說此。然儒乃術士，而老子則為王官，否則為隱士。王官、隱士皆非儒。不論其學說，即就流品言，老子非儒，斷然不諍。墨子之非儒也，謂其：「夏乞麥禾，五穀既收，大喪是隨。子姓皆從，得厭飲食。畢治數喪，足以至矣。」又曰：「孔某盛容脩飾以蠱世，弦歌鼓舞以聚徒，繁登降之禮以示儀，務趨翔之節以觀眾。」荀子亦言之，曰：「弟佗其冠，神禫其辭，禹行而舜趨，是子張氏之賤儒。正其衣冠，齊其顏色，嗛然而終日不言，是子夏氏之賤儒。偷儒憚事，無廉恥而耆飲食，必曰君子固不用力，是子游氏之賤儒。」然此乃儒之末流。孔門弟子言志，若冉有理財、子路治軍、公西華為相，儒者非誠無用。彼所以求知於貴族之門者有其具，即凡當時之所謂術藝者。而孔子之為儒，則猶不止於此。子入太廟，每事問。或曰：「孰謂鄹人之子知禮？」孔子曰：「是禮也？」蓋魯太廟禮物多僭，孔子非不識其物，乃故問以譏其非禮，猶其曰「奚取於三家之堂」耳。孔子不僅藉術藝以進身，孔子既明習術藝，乃判其孰中禮、孰不中禮，而推本於周公、文王，曰：文武之道布在方策，我好古敏以求之，思欲以易夫當世。故其告子夏曰：「女為君子儒，毋為小人儒。」「儒」僅當時生活一流品，非學者自錫之嘉名，故得有「君子」、有「小人」，而孔子戒其弟子勿為「小人儒」也。左氏哀十七年：「公會齊侯盟于蒙，孟武伯相。齊侯稽首，公拜。齊人怒，武伯曰：『非天子，寡君無所稽首。』」二十一年：「公及齊侯、邾子盟于顧。齊人責稽首，因歌之曰：『魯人之皐，數年不覺，使我高蹈。惟其儒書，以為二國憂。』」孟武伯問孝於孔子，其父懿子乃孔子弟子。武伯亦習聞孔子之說，乃曰「非天子，寡君無所稽首」矣。故孔子之為儒，既通今之術藝，又治古之術藝，而思以易夫今。其抱殘守缺，所謂「布在方策」者，世亦目之為「儒書」。後人因轉以詩、書、禮、樂、易、春秋為「六藝」。史記儒林傳：「秦之季世，焚詩書，坑術士，六藝從此缺。」是以詩書為「六藝」也。而王制亦以詩、書、禮、樂為「四術」。此皆後起之說，然以見儒術與典籍之關係焉。周禮存於魯，典籍稱備，故儒術亦盛於魯。先秦惟言魯國儒生。老子乃楚人，或云其為周王官而隱遯於秦，不聞楚與周、秦先魯有儒學也。（凡此所云「老子」，姑據舊說言之，其實亦子虛烏有。辨詳繫年，茲不及。）老子晚出之論，自梁任公以來，辨之甚晰。余論儒、墨名義，俱詳繫年。墨義別有流布，而儒訓未出，故節其說於此。亦論諸子學淵源者一要義，並為辨老子晚出添一旁枝也。

儒、墨何以稱「家」？此亦有說。鮑白令之對秦始皇，曰：「五帝官天下，三王家天下。」「官」之與「家」，猶今云公、私。百家之學別於王官，亦公、私之分也。「家學」乃民間私說，而「王官之學」則政府公令。古者政、教不分，官、師合一，有官學，無家言。孔子曰：「春秋，天子之事也。後世知我者，其惟春秋乎！罪我者，其惟春秋乎！」自孔子始，而後王官之學流為民間之家人言。然孔子尚本詩書六籍，墨子亦然。故韓非譏之，曰：「儒、墨皆道堯舜。」此在家學初興則然。及其晚起諸家，頗不復爾。司馬遷曰：「協厥六經異傳，整齊百家雜語。」此以「六經」與「百家」對文，六經即先世官學也。轅固生譏老子為「家人言」，竇太后責以「安所得司空城旦書」。轅生治詩，秦時禁詩書，挾者送司空，鉗為城旦；惠帝已除挾書律，竇后盛怒，乃以廢律故入人罪。此亦以老子「家言」與詩書「官學」對文也。劉歆造七略，先六藝，即古之王官學；次諸子，乃後起私家言。而曰「某家者流，出于某官之學」。言雖非的，然歆亦漢之通人，非絕無影響，漫為此說。時猶知官學既衰，家言始起，而析之過細，遂有云云。故「六藝」為一略，而「儒家」列九流，儒與六藝，劃然判別；正以一是官學，一則家言也。

顧頡剛先生所編古史辨，已出三集。第四集由羅雨亭先生編纂，專屬考辨諸子年世先後。頗采余文，大率乃繫年之一鱗片爪。往年有金陵友人傳鈔流布，不賅不備。羅、顧兩先生並約余為書作序。余積年考訂諸子，雖粗有所獲，具詳繫年，其書未出，無所藉以請教。因偶摘余書中論儒、墨一義，報兩君之雅命焉。

抑余於此編，竊別有感者。一日，余訪雨亭，雨亭方編校此書，笑而謂余：「外間於此等考證工作頗有不愜者，子意云何？」余曰：「唯唯。」歸而思之，考據之業，為人詬病，不越數端：一曰

「考據僅是整理舊知，無所新創」也。曾聞譏人不努力學業者，曰：「既不創作，又不考據。」其視考據、創作，儼若兩事。在昔袁簡齋譏彈「漢學」，已有此說，謂：「考據譬之火，火必附麗於物，而其極則為灰燼。」此非知考據者之言也。即以火論，薪盡而火傳，火之所得乃明照，非灰燼。考據之事，極其至則發前人所未發，開天地之奇秘。即如論老子晚出，若其說而不信，則無可論者；若其說而信，自西漢以來迄今二千年，誰復知之？烏得謂考據之事無預乎創！一曰「考據瑣碎，無關大體」。此亦非實。一瓦一甓，大匠不棄。建章宮千門萬戶，未窺其宗廟之美，百官之富，徘徊門戶之外，茫不識其會通，而譏其碎，則誠乎其碎也！非碎無以立通，碎非考據之終事，不足為考據病。一曰「考據僅爭故實，不明義理」。然義理自故實生。即論文家創作，世所謂發抒心靈，苟非深觀世變，洞矚物情，心靈緣何而抒？世變物情，獨非故實乎？一曰「考據家率尚懷疑破壞」。其意「懷疑破壞」非經叛道，不如尊信守常。然信亦有廣有狹。疑者非破信，乃所信之廣。信乎此，並信乎彼，而彼此有不能並信，於是乎生疑。若如世之守信者，信其一，拒其餘，是非無疑，乃信之狹。若必尊信，莫如大其信。大其信而疑生，決其疑而信定。則懷疑非破信，乃立信。即以尊信之見論之，懷疑非考據家病也。或則曰：「考據無用，我不知所欲用之何途？」近人方謂一切文史皆虛不實，病其無用，而專尚物質之學；又病純理科學為無用，而專尚製造。尤甚者，尚嫌一切農、工製造緩不濟急，惟飛機、坦克車足以卻敵。古人有以孝經禦寇，誠哉其無用！若謂一民族對其自身歷史文化之智識，尚復有用，則關於歷史文化知識之考據，焉得無用。有用、無用之說，亦不足為考據病。學者各就其性之所喜近，以自成其業。無隨乎風氣，無動乎毀譽。知之者為知之，不知者為不知。善用之者為有用，不善用之者為無用。業之成否責之己，知之與用待之人。凡無所業以自見，與夫挾己所業而一切以繩者，皆不足與於衡量學術之大業者也。

且余於此編，猶尚有說，請試縱論之。諸子自儒、墨，為民間家學崛興以承王官學之衰微，其意已詳前述。自秦廷焚書，禁以家學議朝政，為儒、墨以來家學崛興一反動。漢承秦設「博士」，亦欲以王官祿利範圍天下學術。然其時仕途尚不限博士，故民間猶得有家學遺壘。陵夷至於隋、唐，以科舉取士，而後仕途歸一，家學竟衰。其高明恬退之士，不屑王官祿利，則遯山林而研禪悅。否則修詞藻，競聲華，而為進士。唐之一代，惟得一韓退之，自任以闢佛而倡為古文。一以斥山林之隱淪，一以砭廟堂之利祿。然退之有意乎教世而卒無所以為教，故雖抗顏為人師，師道終不昌。及宋有安定胡翼之、泰山孫明復，遠承退之之意而興起書院，始立為教之所。遂開宋、明六百年私家講學之風，庶幾乎古昔家學之復振矣。然莊子有云：「為之斗斛以量之，則并與斗斛而竊之。」自王介甫慕聞安定之教，以經義取士，而介甫不免自歎：「本欲變學究為秀才，不謂變秀才為學究！」其後自二程以迄朱子，於經旨迭有創闢，在當時以「偽學」見禁，而元、明即竊取其說以考士。家學精微，仍為王官利祿所汩。陽明深痛訓詁、辭章功利之不足以當學，而唱「知行合一」之教。然明之末葉，良知浮論亦僅以應科舉。清儒先反陽明，繼及程、朱，然意趣嚮往，極於秦、漢博士而止。彼所謂「經學」者，縱治之異其方，而卒不出古者王官祿利之範圍。故中國自秦以來，家學常屈，官學常伸，則宜乎其偃息無生氣。至於今，則開有史未遇之奇變，科學日廣，三朝絕。家學復興，斯其會矣。而時局艱虞，民生無日，有甚於戰國。人標新解，家擅獨詣，紛紛藉藉，往者家學蓬勃之風，亦鬱鬱乎其若將復起。而徬徨瞻顧，求其巨識深心，摯誠毅魄，若往昔儒、墨開宗孔丘、墨翟其人者，何在乎？斯乃關心中國民族文化之前途者所共有之慨想。而知人論世，撫今追古，一時學者均熱心為先秦諸子之探討，夫豈無故而然哉！則此編之集，正足透露是間之消息。雖文字大體不越乎考據，而意趣之所灌注，潮流之所奔赴，必有不局於考據而已者。余因論儒、墨家學大義，及考據利病，而並論之如此。拉雜無序，敬以請教於顧、羅兩先生，及並世之讀是編者。

民國二十二年二月二十七日，錢穆謹序於北平二道橋寓廬。

（本篇原載於民國二十二年二月古史辨第四册）

# 駁胡適之說儒

余舊撰國學概論，已著墨家得名乃由刑徒勞役取義，而於「儒」字尚無確詁。及著先秦諸子繫年，乃知許叔重說文儒為「術士」之稱，「術」指術藝，「術士」即嫻習六藝之士，而「六藝」即禮、樂、射、御、書、數。因知儒、墨皆當時社會生活職業一流品。此乃自來論先秦學派者所未道。越數載，胡適之先生有說儒篇，（刊於胡適論學近著第一集。）亦以生活職業釋「儒」字，而持論與余說大異。因撰此文，藉以請胡先生及讀者之教正。

## 一　駁最初儒皆殷人皆殷遺民之說

孔子殷人，不能即證儒者之皆殷遺民。孔子弟子分佈，魯為多，衛次之，齊又次之，而籍宋者特少。胡文引傅孟真說，魯為殷遺民之國。然孔門魯籍弟子，固有確知其非殷遺民者。姑舉顏氏說之。左傳襄公十九年：

齊侯娶於魯，曰顏懿姬，其姪鬷聲姬。

註曰：

顏鬷皆姬母姓。（當曰「母氏」。）

則顏氏為姬姓魯族審矣。姓譜：

顏姓本自魯伯禽支子有食采顏邑者，因以為族。

此當有本。仲尼弟子傳，顏氏居其八，顏路、顏回、顏幸、顏高、顏祖、顏之僕、顏韓、顏何，皆魯人。顏之推云：

仲尼母族。

孔廟韓勑修禮器碑：

顏氏聖舅，家居魯親里。

魯親里在尼山，漢為昌平亭。此孔門弟子顏氏為魯人，決非殷民之碻證也。（春秋又有郳顏，與魯顏別。公羊傳所稱「邾婁顏」是也。然郳亦非殷後。）其他孔子弟子稍著者，其籍貫皆已考詳於繫年。豈得因魯地有殷遺民，遂輕謂魯儒皆殷遺哉？

## 二　駁儒是柔懦之人爲亡國遺民忍辱負重的柔道觀說

說文：

儒，柔也。術士之稱。

此當斷為兩句。「柔」者，「儒」字通訓；「術士」則「儒」之別解。胡文不辨許書句讀，遂疑儒術尚柔，僻矣。即謂儒道尚柔，亦未必與亡國遺民相涉。胡文舉「正考父佐戴、武、宣而鼎銘」云云。

考宋戴公元當周宣王二十九年，上距殷滅已三百二十五年。正考父鼎銘，特其私人之處世格言云然耳，豈得謂是「殷民族一個偉大領袖之教訓」？又豈得據以謂「柔遜乃殷人亡國狀態下之遺風」？考之古說，殷尚鬼，周尚文。尚鬼者，尊信宗教，富於理論想像而長藝術。尚文者，擅政治與軍事之組織而重現實。此為殷、周兩部族特性相異之傳說。徵之載籍，確可依信。春秋以下之宋人，大率偏騖理論，不顧事實，有一往無前之概，蓋猶不失古先遺風。宋襄公謂：「寡人雖亡國之餘，不重傷，不禽二毛，不鼓不成列。」此謂之狂騖於想像而不顧事實可也，謂是亡國遺風之柔遜則不可。華元之殺楚使者申舟，曰：「過我而不假道，鄙我也。鄙我，亡也。殺其使者，必伐我。伐我亦亡。亡一也。」乃殺之。此謂之偏守理論而輕視事實可也，謂是亡國遺風之柔遜又不可。楚既圍宋，華元夜入楚師，登子反之牀，曰：「敝邑易子而食，析骸以爨。雖然，城下之盟，有以國斃，不能從也。」楚卒為退師三十里而與之平。此豈所謂亡國遺風之柔遜者耶？其他如宋向戌之弭兵，宋王偃之仁義，又如宋人之揠苗而助長，與白日而攫金於市，皆其騖想像忽事實之證也。孔子為殷遺而居魯邦，為東周文獻淵藪，其所崇重嚮往者，曰文王、周公；蓋孔子乃綰合中國往古傳統殷、周兩族一偏理想、一重實際之兩端，而創為儒道之中庸。據論語與周易，儒家論人事皆尚剛，不尚柔。質之東周殷族風尚，既無柔懦之徵；求之儒家經典明訓，亦無主柔之說。胡文所舉，全無實際。臆測之辭，不攻自破矣。

## 三　駁儒爲殷遺民穿戴殷代古衣冠習行殷代古禮説

儒家所言「禮」，皆周禮也。孔子曰：

夏禮吾能言之，杞不足徵也。殷禮吾能言之，宋不足徵也。文獻不足故也，足則吾能徵之矣。

此孔子自言夏、殷之禮因文獻不足而不能徵。又曰：

周監於二代，郁郁乎文哉！吾從周。

是孔子又言周禮承夏、殷之後，集文化大成，而為孔子所願從矣。故曰：

文王既沒，文不在茲乎。

是孔門言禮直承周代，絕無疑義。孔子何以能言周禮？則以西周禮書猶存於魯故也。衛祝鮀有言：

伯禽封魯，其分器備物典册。

此西周禮書在魯之所由也。故晉韓宣子聘魯，見易象與春秋，而曰：

周禮盡在魯矣。

齊仲孫湫之省魯，亦曰：

魯秉周禮，未可動。

哀公三年，桓、僖二宮災，命周人出御書，宰人出禮書。（以上皆見左傳。）此皆周之典籍，魯有其副之證。故孔子曰：

吾觀周道，幽厲傷之，吾舍魯何適矣。（禮運）

又其對哀公曰：

文武之道，布在方册。（哀公問）

而莊子亦言之，曰：

其在於詩書禮樂者，鄒魯之士，搢紳先生，多能明之。（天下篇）

此魯存周禮，為儒道所本之明據碻證也。小戴記明堂位：

凡四代之服、器、官，魯兼用之，是故魯，王禮也。天下傳之久矣，禮樂、刑法、政俗，未嘗相變也。天下以為有道之國，是故天下資禮樂焉。

此儒業獨盛於魯之所由也。又左傳哀公十七年：

公會齊侯盟于蒙，孟武伯相。齊侯稽首，公拜。齊人怒，武伯曰：「非天子，寡君無所稽首。」

二十一年：

公及齊侯、邾子盟于顧，齊人責稽首，因歌之曰：「魯人之皐，數年不覺，使我高蹈。唯其儒書，以為二國憂。」

孟武伯問孝於孔子，其父懿子實先為孔子弟子。此稱「儒書」，即周室相傳古禮書也。若為殷禮，魯之公卿豈敢據亡國之禮，不稽首而拜，以逆大國之怒乎？再親徵之於孔子，曰：

麻冕，禮也，今也純，儉，吾從眾。拜下，禮也，今拜乎上，泰也，雖違眾，吾從下。

白虎通紼冕篇：

麻冕者何？周宗廟之冠也。

「拜乎上」者，劉寶楠論語正義據凌廷堪禮經釋例，謂當時如燕禮、士相見禮、公食大夫禮、聘禮，凡應於堂下拜者，皆不循臣禮之正而拜乎堂上，故孔子非之。據此，則孔子所躬行之禮，其為設禮乎？抑周禮乎？又不煩言而解矣。

再論儒服。儒行篇：

魯哀公問於孔子曰：「夫子之服，其儒服與？」孔子對曰：「丘少居魯，衣逢掖之衣。長居宋，冠章甫之冠。丘聞之也：君子之學也博，其服也鄉。丘不知儒服。」

注：

逢，猶大也。大掖之衣，大袂襌衣也。

莊子盜跖篇：

搖衣淺帶。

釋文：

摓，本又作縫。

列子黄帝篇：

女，逢衣徒也。

釋文向秀注曰：

儒服寬長而大。

荀子非十二子篇：

其冠進，其衣逢。

又儒效篇：

縫衣淺帶，解果其冠。

楊注並曰：

逢，大也。

淮南齊俗：

裙衣博袍。

高注：

裾，褒也。

褒，亦大也。又氾論：

> 褒衣博帶。

此在禮家謂之「侈袂」之衣。周禮司服鄭注：

> 士之衣袂皆二尺二寸而屬幅，其袪尺二寸。大夫以上侈之。侈之者，蓋半而益一焉。半而益一，則其袂三尺三寸，袪尺八寸。

蓋士之袂以布一幅為之，大夫以上之袂加半幅布。儒者「縫衣」卽士服，視當時大夫之服而稍斂其制，烏有所謂穿殷代之古衣？儒術既盛行於魯，及於戰國，而春秋封建衣冠之制漸壞，儒行作者遂以縫衣為魯之鄉服焉。然要之古無以縫衣為殷製者。論語公西華之言曰：

> 宗廟之事，如會同，端章甫，願為小相焉。

鄭注：

衣玄端，冠章甫。

「玄端」即正幅之袂，即縫衣也。「章甫」則為禮冠。此證當時禮冠有用章甫者。若當時未有此制，孔子與子華，乃舍周之「委貌」而服殷冠，是畔民也。又烏見所謂亡國遺民忍辱負重之柔遜？蓋當時本以章甫為貴族之冠，故孔子既冠章甫，而魯人誦之曰：

袞衣章甫，爰得我所。

然則孔子之冠章甫，以其為士故，非以其為殷遺民故，又昭灼甚明矣。郊特牲、士冠記並云：

委貌，周道也。章甫，殷道也。毋追，夏后氏之道也。

據白虎通，此三冠制稍有大小之差。然章甫固為殷冠與否，尚無的證。莊子：

宋人資章甫適諸越。

或自戰國以來，章甫盛行於宋邑，故儒行作者遂有居宋而冠章甫之曲說，而禮經作者乃又以章甫為殷冠。縱使其說而信，則周用六代禮樂，孔門之冠章甫，要以其為禮冠，為士服；不得如儒行作者謂是鄉服，更不當如胡文所舉，謂之是殷代古衣冠也。若必謂縫衣、章甫乃殷遺亡國之古服，則荀子又云：

> 章甫、絇屨，紳而搢笏。（哀公篇）

豈絇屨、搢紳亦殷遺舊制乎？且墨子之書猶有明證：

> 公孟子戴章甫，搢笏，儒服而以見。子墨子曰：「行不在服。且子法周而未法夏，子之古非古。」（公孟篇）

是墨子明以儒服章甫、搢笏為法周，又烏見其為殷代亡國遺民之衣冠？

胡文謂儒禮為殷禮者，特舉三年之喪以為說。胡文既謂儒衣冠乃殷民族之鄉服，又以三年之喪為殷民族之喪禮。論語：

子張問：「書云：『高宗諒陰，三年不言。』何謂也？」孔子曰：「何必高宗，古之人皆然。君薨，百官總己以聽於冢宰三年。」

高宗諒陰，見於尚書說命之佚文，又見於無逸，又見於楚語與呂覽，此非儒家一家之言也。然僅據此文，謂殷高宗曾行三年之喪則可，謂三年之喪即為殷禮則又不可。考之孟子，舜相堯二十八載，堯崩，三年之喪畢，舜避堯之子於南河之南。舜薦禹於天，十有七載，舜崩，三年之喪畢，禹避舜之子於陽城。禹薦益於天，七年禹崩，三年之喪畢，益避禹之子於箕山之陰。（萬章篇。）稱三年之喪者，以此為最古。竊疑當堯舜之際，中國尚為部族酋長選舉共主之時代，此如烏桓、鮮卑、契丹、蒙古皆有之，而中國定制較為精愜；厥有三端：一者，選舉共主，必先預推其為候選人，以資其政事上之歷練，如堯之使舜相，舜之使禹相，禹之使益相，是也。二者，當前一共主崩，其候選人則試政三年，以驗眾意之向背，如堯崩，舜攝政三年，禹崩，益攝政三年，是也。三則於三年之後，必退居以待眾意之抉擇，如舜之避於南河之南，禹之避於陽城，益之避於箕山之陰，是也。及王位世襲之制既興，前王崩薨，後王嗣位，而舊禮尚存，蛻變難驟，乃有「君死聽於冢宰三年」之制。即如太甲居桐，三年而復歸於亳，此亦君薨聽於冢宰三年之古禮也。而禮說之歧，遂謂由伊尹之放。至於武丁諒陰，後世傳為美談，則君薨聽於冢宰三年者，此制在殷世已不常行。而後之儒家乃以三年之喪說之。此雖有所本，而亦有所飾。今謂其原本殷禮，斯失之矣。且三年之喪，本貴族禮，庶民非所能遵。故宰我之問亦曰：「君子三年不為禮，禮必壞。三年不為樂，樂必崩。」而孔子之對亦曰「君子之居喪」云云。禮不下庶人，所謂「天下之通喪」者，在當時固不賅庶人言。至孟子乃謂：「天子達於庶人，三代共之。」此在戰國，乃有此語。春秋以前，封建、井田之制未壞，貴族、平民之階級尚存，平民豈得亦守三年之喪禮？至胡文引傅孟眞說，謂三年之喪，在東國，在民間，有相當之通行性；（周東封與殷遺民。）試問此語何據？胡文遂謂此禮行於絕大多數之民衆。則稍治古史，知封建社會中絕大多數民衆之生活情況者，皆知其不可能，更不煩於詳辨矣。

## 四　駁儒以相喪爲本業及孔門師弟子皆爲殷儒商祝之說

儒家崇仁，而本原之於孝。儒家尚孝，而推極之於喪祭。故儒家言禮特重喪祭。然胡文遂謂儒以相喪為本業，則又大謬不然。「儒」為「術士」之稱，其所習曰禮、樂、射、御、書、數，古稱「六藝」，「藝」卽「術」也。嫻是藝者，小則為委吏、為乘田，大則宰一邑、道千乘、相宗廟會同，烏見有以相喪為本業之說？胡文所據在墨子之非儒，其說曰：

富人有喪，乃大說喜曰：「此衣食之端也。」

然此特戰國後人語耳。春秋之際，禮不下庶人；若君卿大夫之喪葬，固有為之宰、為之相者，不煩於外求；尚不致俗儒聞喪而集其門，佡以為衣食之端也。春秋之時，尚未有士喪禮。小戴禮雜記：

> 恤由之喪，哀公使孺悲之孔子學士喪禮，士喪禮於是乎書。

是士喪禮乃孔門創制。其先特有國君卿大夫之喪禮，未必有士喪禮也。若墨子所謂「富人有喪，乃大說喜」，又曰「恃人之野以為尊」，人之有富而野者，此正戰國以下，封建、井田既廢，社會兼幷，乃始有之。相喪為食，下至項梁、陳平之時猶然，然豈得以墨子書中語證孔子以前已如此？

至謂士喪禮根本是殷禮，故喪禮之祝人，當然以殷禮為主；又謂儒不但是殷士，其實又都是商祝；則更為荒誕不經。檀弓：

> 孔子之喪，公西赤為志焉。飾棺牆，置翣設披，周也。設崇，殷也。綢練設旐，夏也。

又：

> 子張之喪，公明儀為志焉。褚幕丹質，蟻結于四隅，殷士也。

胡文據以為說，謂按士喪禮、既夕禮，飾柩設披，皆用商祝為之，可證公西赤與公明儀為志，乃執行士喪禮商祝之職務。夫檀弓明曰：「孔子、子張之喪」云云，斯見孔子、子張外之喪者並不然；不得據此推論儒家喪禮，謂必盡如孔子、子張之喪也。此其一。

家語：

孔子之喪，公西華掌殯葬焉。

是為「志」，此猶史記「吳中有喪，項梁為之主辦」之義。孔子之喪，其弟子為之盛禮，備三代之飾，而公西華主其事。至於飾棺、設披，則由商祝為之。豈可卽以證公西華之為商祝乎？卽近時社會喪禮，亦有主辦者，亦有弔祭者，非其家之至戚，卽其家之大賓。至於棺斂衣衾，則匠人為之。祈禱拜懺，則僧道為之。相喪者雖曰執紼躬挽，未聞親以相喪者而執飾棺、設披之事也。子張之喪，公明儀為之主辦，乃追效殷禮以飾子張之終。非可謂子張與公明儀皆殷士，又以公明儀為商祝也。此其二。

且士喪、既夕二篇，有明言「商祝」（凡十次）、「夏祝」（凡五次）者。有泛稱「祝」（凡二十二次）者。舊注：

泛稱祝者皆周祝。

胡文獨謂泛稱祝者皆指商祝，此已強說。舊注曰：

商祝，祝習商禮者。夏祝，祝習夏禮者。夏祝、商祝，總是周人。

是祝皆周人，惟其習夏禮、習商禮，乃謂之夏祝、商祝，舊注辨析甚明。今胡文乃以商祝為商人，然則今世延僧人以佛事葬親，豈此輩皆出印度五天竺乎？此其三。

顓孫師其先陳人，其後為魯人，自古載籍，未有目之為殷人者。胡文獨曰「子張是殷士，故送葬完全沿用殷禮」。夫既謂儒家皆殷儒，則其喪皆當用殷禮，檀弓之記者，又何以特筆書之曰「子張之喪」云云耶？且子張親受業於孔子，胡文又謂「孔子教義已超過保守的殷儒遺風，早已明白宣示從周的態度」，則何以其弟子又不用其師教而明背之乎？夫儒家之禮，豈止喪禮？孔子之曰「從周」，豈專指送死一事？胡文牽綴無理，此其四。

若謂儀禮稱祝皆商祝，儀禮根本皆殷禮，然則豈儀禮成書在孔子之前乎？抑出孔子之後乎？且儒家既以儀禮爲經典，又何說孔子之從周？周禮又在何處？此其五。

我聞古之稱魯國儒生矣，未聞有殷儒之稱也。我聞儒者之相喪矣，未聞儒者之為祝也。胡文乃謂「孔子和那輩大弟子，都是殷儒、商祝」，又稱之曰「職業的相禮人」。眞不知其說之何從也。

## 五　駁老子是一個老儒是一個殷商老儒之說

胡文謂老子居周，成周本殷商舊地，遺民所居。夫孔子居魯，不害孔子之為商遺；則老子雖居周，無害老子之為苦縣陳人也。豈得以成周本殷商舊地，遂謂凡居成周者皆商人？此亦猶如因魯分商民，遂謂凡魯人皆殷族耳。至謂老子為史官知禮，又豈得謂春秋時凡知禮者皆殷人乎？以老子為殷商老儒，顯屬無據。且老子既為周室之史官，又何必再業相喪助葬以自活？胡文不啻謂凡言禮皆喪禮，凡喪禮皆為殷禮，而相喪助葬者皆為衣食謀生；其說之無稽，稍具常識，皆可辨之。粗列五事，聊發其緒。其他游辭曲說，本之而引伸者，可不煩再及也。

（此稿草於抗戰期間，初刊於成都學思雜誌一卷一期。一九五四年一月香港大學東方文化一卷一期轉載。）

# 讀周官

周官「體國經野」，猶可說為封建時代之所有；至云「設官分職」，則明與封建貴族世襲有別；非晚周以下不能有此想也。

太宰之職，治官府，紀萬民。教官府，擾萬民。統百官，諧萬民。正百官，均萬民。刑百官，糾萬民。任百官，生萬民。

皆以「百官」、「萬民」對舉。國之治在官，官之職在民，此非初創封建制度時之政治意識甚顯。

太宰，以八柄詔王馭羣臣：一曰爵，以馭貴。二曰祿，以馭富。

春秋時代貴、富不別，爵、祿不分；戰國以後，乃始有官祿之給。

太宰，以八統詔王馭萬民：一曰親親，二曰敬故，三曰進賢，四曰使能，五曰保庸，六曰尊貴，七曰達吏，八曰禮賓。

進賢者，民之賢能皆有以進使於上，則貴族封建之制已墜廢。尊貴，指尊天下之貴者，則游士縱横之勢已盛，非貴族世襲之貴也。達吏，指察舉勤勞明練之下吏如趙奢之類。皆戰國時事。

九職有閒民。

此必井田授地之制已壞，故有閒民也。

九賦，有關市之賦，有山澤之賦，有幣餘之賦。

則山澤禁地已解放，民間自由商業已漸興，貨幣之使用亦日盛。非春秋以下不能有此。

九兩繫邦國之民：三曰師，以賢得民。四曰儒，以道得民。

春秋時尚無「師」，有之，惟瞽師耳。師道始見於論語。春秋時亦尚不見有「儒」稱，有之，亦始見於論語孔門之問答。社會之有師、儒，皆屬後起。乃封建將次崩潰之兆。

九曰藪，以富得民。

此陳恒在齊之所為，而以成其篡業者。以前尚無其例。

太宰，祀五帝。又有祀大神祇。

鄭注：「大神祇謂天地。」以其在享先王之前，鄭說殆是也。尊五帝於天地，此斷斷始於戰國晚季，陰陽家言已盛興之後。

太宰分職，一曰治，二曰教，三曰禮，四曰政，五曰刑，六曰事。

「治」在「教」前，「教」在「禮」前，「禮」在「政」前。政者，政役之政，鄭注：「政謂賦。」是也。春秋時代君卿大夫執政，惟知「禮」與「賦」耳，固少有於政之外別言「治」與「教」者。「治」在前而「禮」在後，「教」在前而「政」在後，則已在戰國之晚世矣。

宮正，會其什伍而教之道藝。

鄭司農云：「道謂先王所以教道民者，藝謂禮、樂、射、御、書、數。」按：太宰「九兩：四曰儒，以道得民。」鄭注：「儒有六藝以教民者。」是道、藝分言則別，互言則通。莊子天下篇：「道術將為天下裂。」「道術」即「道藝」也。地官鄉大夫：「考其德行，察其道藝。」證「道」之即「藝」。此皆儒、道兩家已興後語。

地官封人。

鄭注：「聚土曰封，為壝埒及小封疆也。」

大司徒，制其畿疆而溝封之。

鄭注：「溝，穿地為阻固也。封，起土界也。」

大司馬，制畿封國。

鄭注：「封，謂立封於疆為界。」

此等劃疆分界，穿溝築封，原始封建時代有之。及原始封建已破壞，戰國時代列強兼併後又有之。然在原始封建時，非有「大司徒」及地官「封人」諸職。蓋皆出戰國晚年人所想像也。

又：

制其畿方千里而封樹之。

鄭注：「樹木溝上，所以表助阻固也。」又：

凡造都鄙，制其地域而封溝之。

遂人：鄰、里、酇、鄙、具、遂，皆有地域溝樹。

此皆戰國後人之想像。當西周原始封建時，何嘗有畿方千里之封樹，又何嘗有鄰、里、酇、鄙之封樹乎？

大司徒，十二教：十一曰以賢制爵。十二曰以庸制祿。

此均封建貴族已次崩潰時之所有。如春秋時，孔子乃「以賢制爵」，冉有乃「以庸制祿」也。

大司徒，聯師儒。

鄭注：「師儒，鄉里教以道藝者。」此亦師儒分言則別，互言則通也。孟子愛言師，荀卿愛言儒。鄉里皆有師儒，非春秋時代所有。

又：

頒職事十有二：十曰學藝。

鄭注：「學藝，謂學道藝。」春秋時代貴族當學禮，不聞學道藝。

大司徒，以五禮防萬民之僞，而教之中。以六樂防萬民之情，而教之和。

今按：古者「禮不下庶人，刑不上大夫」，此以禮樂教萬民，非晚周之世不克有此想。「中」、「和」二字見於中庸，乃秦時書。

又：

大宗伯，以天産作陰德，以中禮防之。以地産作陽德，以和樂防之。

以天地、陰陽、禮樂、中和對言，證周官之書與易繫、中庸相先後。

又：

大司樂，以樂德教國子：中、和、祇、庸、孝、友。

中庸始言「中和」。孔孟僅言「孝弟」，不言「孝友」。「祇庸」連言，更不見於他書。

大司徒，大荒、大札，令邦國移民。

此梁惠王告孟子所云也。春秋時少言移民。

封人，掌設王之社壝，為畿封而樹之。

鄭注：「畿上有封，若今時界矣。」又：

凡封國，設其社稷之壝，封其四疆。造都邑之封域者亦如之。

余嘗謂周初封建，乃西周姬姓之武裝移民，戰國時已無此想法矣。故憑周官乃不見古人封建之實相。

保氏，掌諫王惡，而養國子以道。乃教之六藝。

此亦道、藝通言之證。春秋以前人常言禮，不知言道與藝。

大司樂，凡有道者、有德者，使教焉。

鄭注：「道，多才藝者。德，能躬行者。」今按：春秋以前人少言道藝、德行，周官則以德行、道藝對文者例多不勝舉。皆戰國以下人始有此等想法、説法。

大宗伯，大封之禮，合衆也。

鄭注：「正封疆溝樹之固。」今按：封疆溝樹以合衆，乃孟子所謂「民不改聚」以後之説法、想法也，周初封建豈如此？封疆溝樹，乃以外禦夷，非以内合衆。

司尊彝，鬱齊獻酌，醴齊縮酌，盎齊涚酌，凡酒脩酌。

鄭注：「禮運曰：『玄酒在室，醴醆在戶，粢醍在堂，澄酒在下。』以五齊次之，則醆酒盎齊也。郊特牲曰：『縮酌用茅，明酌也。醆酒涚於清，汁獻涚於醆酒，猶明清與醆酒於舊澤之酒也。』此言轉相泲成也。『獻』讀為『摩莎』之『莎』，齊語聲之誤也。煮鬱和秬鬯，以醆酒摩莎泲之，出其香汁也。醴齊尤濁，和以明酌，泲之以茅，縮去滓也。盎齊差和清，以清酒，泲之而已。其餘三齊，泛從醴，緹沈從盎。凡酒，謂三酒也。『脩』讀如『滌濯』之『滌』。滌酌，以水和而泲之，今齊人命浩酒曰滌。明酌，酌取事酒之上也。『澤』讀曰『醳』，明酌、清酒、醆酒，沛之皆以舊醳之酒。凡此四者，裸用鬱齊，朝用醴齊，饋用盎齊，諸臣自酢用凡酒。惟大事於太廟，備五齊三酒。」今按：鄭注引禮運、郊特牲，皆見小戴禮記，皆戰國以下後起之篇。遠之如詩三百，近之如春秋左氏傳，皆無可證。見此條語之晚出。後儒釋此條者，自孔穎達疏以下迄於清儒，惟見有牴牾，不見有定說。以經無見文，未知是否。豈自周公制禮，歷代相沿，而致此冥漠乎？

大司樂，凡六樂者，一變而致羽物及川澤之示，再變而致贏物及山林之示，三變而致鱗物及丘陵之示，四變而致毛物及墳衍之示，五變而致介物及土示，六變而致象物及天神。

今按：易繫辭傳「在天成象」，與此「象物」之「象」字同。於羽、贏、鱗、毛、介五物之外而有象物，此何物乎？顯屬晚周人語。鄭注：「象物，有象在天，所謂四靈。禮運曰：『麟、鳳、龜、龍，謂之四靈。』」象物果謂四靈否，今不可定。然麟、鳳、龜、龍為四靈，亦晚周人語。

外史，掌三皇、五帝之書。

今按：孔孟皆言堯舜。司馬遷曰：「學者多稱五帝，尚矣。然尚書獨載堯以來。」大戴禮有五帝德、帝繫姓。易繫傳始言伏羲、神農在黃帝前。此言三皇、五帝，必晚周人語。

夏官司勳：王功曰勳，國功曰功，民功曰庸，事功曰勞，治功曰力，戰功曰多。

今按：就春秋時代言，只知有王功、國功耳。漢初高祖約，「非有功不得侯」，亦僅指軍功，即戰國時一甲首而隸五家之首功也。鄭注：「庸，法施於民若后稷。勞，以勞定國若禹。力，制法成治若咎繇。」今按：封建時代之貴族，以世襲承位，何待有功？而民功曰庸，事功曰勞，戰國以前人殆無此觀念。治功一觀念，更屬進步。鄭注以禹、稷、咎繇釋之，本於堯典。堯典亦戰國晚出書也。

職方，九州正南曰荆州，其山鎮曰衡山，其澤藪曰雲夢，其川江、漢，其浸潁、湛。

鄭注：「潁出陽城，宜屬豫州，在此非也。湛，未聞。杜子春云：『湛或為淮。』」今按：九州分域之說，亦起戰國。周官荆州無洞庭湘水，知其書出戰國，非漢人所偽。

鄭玄曰：「職方州界，揚、荆、豫、兗、雍、冀與禹貢略同，青州則徐州地也，幽、幷則青、冀之北也，無徐、梁。」今按：湘、蜀在戰國時，皆不列中國之版圖。秦司馬錯滅蜀，其時蜀為西南夷。屈原沉湘，非洞庭之湘水。可知周官之書，既不在春秋以前，但亦非秦、漢後人所偽。

職方氏掌四夷、八蠻、七閩、九貉、五戎、六狄之人民與其財用。

今按：秋官司寇有「閩隸」，國語：「閩芈蠻矣。」周官之書有「閩」無「粤」，知非秦漢以下書，必出晚周也。

秋官司寇有「象胥」。

鄭注：「通夷狄之言者曰象，此類之本名。東方曰寄，南方曰象，西方曰狄鞮，北方曰譯。今總名曰象者，周之德先致南方也。」今按：東、西、北三方與中國通在先，獨南方較最後，故四方之通譯者獨總「象」名。此亦周官書晚出之證。

余舊有周官著作年代考，成於民十九、二十冬春之間。越四十年，偶繙周官，又得劄記近百條，續綴此篇。其他例證，姑不詳列。

（此稿未發表）

# 墨辯探源

余為此篇，乃在去歲之春，時旅居閩南。屬稿未半，以事遄返，遂懶續成，棄之故紙堆中，行一年矣。最近讀章氏名墨訾應論考各篇，蹊徑新闢，蓋又與梁、胡諸人之說不同，不覺見獵而心喜；又感於太炎「非一人所能盡解」之言；因亦重出舊稿，略加繕訂，冀以請教於諸君子之前，並以與當世治墨學者共研之。余孤陋淺學，斷不敢望時賢項背。凡茲所論，或足以當千慮之一得，補異論所未備。至於求新好勝，非余心也。十三年四月九日。

## 起論　墨經之作者年代緣起及主旨

墨經成於誰何人之手，此問題自難懸斷，然決非出於墨子之時。蓋墨子創「兼愛」之說而根據於「天志」，其後屢經異己者駁詰，「天志」之論不足以折敵，其徒乃別求根據而成今之墨經上、下篇。

其說較之「天志」，闊大精微，而益近於哲理。以學說進化大例觀之，墨子之論素樸，殆不能為此說也。宋牼與孟子同時而較前輩，其論兼愛、非攻，根本於人之情欲，蓋從心理立論，已與墨子不同；然猶不逮辯經之深博。辯經當出宋牼之後，大抵在惠施、公孫龍之世。惠、公孫誠為墨經作者與否，今亦不可詳考；然其立論，要為同本同源，則皎然無可疑。惠、公孫行事，散見先秦各書，均主偃兵寢攻，宜為墨學之徒。余既各為專篇推闡其立說行事，又散見於余論莊生書中。今不復詳，而專論墨經之大義。

今之治墨經者，字字而求之，句句而詳之，其不可得而解者若已鮮。而余則有甚疑者：夫墨者何為而發此閎眇之辯？其所辯之對象究為何事？此余所深疑，而今之治墨經者所不道也。以余考之，墨經上、下篇所懇懇篤篤辯不自休者，蓋有一中心問題焉，曰「兼愛」是矣。為墨經者，蓋力主兼愛之可能而當然；而當時尚有一輩反對詰難之徒。彼等所難者何辭，今不幸無可考見。（孟子與夷之一番議論尚是初步之辯難。）然細察墨經所論，與惠、公孫之言，猶可推尋其一二之遺跡。彼一詰駁，此一答辯，而答辯之辭，為求博喻眾曉，故多能近取譬之語。蓋當時養士之風甚盛，食客游士，往來諸侯貴顯之門，筆札之用未溥，而口舌之利為先；每逢一二大師，相聚辯難，大率乃在王者卿相之第；聽眾廣集，眞心講論者不多，而素治學問者尤鮮。墨者之徒，以繩墨自矯，以勞苦自竭，已為當時靡衣肉食者所不喜。而來相詰駁者，多半當出儒家，其人大率治禮樂，務文采，有貴族雍容之風，守傳統習俗之見，易受聽眾之同意。而墨者情急求勝，則不免出於一切新奇之論，怪誕之譚。初僅取以喻顯正義，而聽者樂其窈眇，略其根柢，即以其說更相往復，引延愈遠，遂忘本初。後人不深曉，因亦不知其所討論，皆自辯難「兼愛」之理來也。今所傳墨經，蓋出當時墨家鉅子，彙集本宗辯難話柄，傳之其徒，俾資捍侮禦敵之用。余所謂墨經大義者，即在推闡此意。而經中各條，即當時辯難之例證也。

今當略仿西人哲學分類，摘舉經中各條，別歸三途，以申吾說。

（一）兼愛學說在本體論上之根據：

甲　墨經中論「時」「空」。

乙　墨經中論「名」「數」。

（二）兼愛學說在認識論上之根據：

丙　墨經中論「知識」。

（三）兼愛學說在人生論上之根據：

丁　墨經中論「行為」。

其他瑣義，別詳墨辯碎詁中，今不併具。

## 上篇　兼愛學說在本體論上之根據

### 甲　墨經中論時空

墨家兼愛，初本於天志，其後乃轉為「萬物一體論」。萬物苟屬一體，則兼愛自成摯理。墨家欲為「萬物一體論」之組織，不得不將天地諸異併歸一同，是為墨經中努力辯論之一事。其首乃在「時」、「空」觀念之創新。

〔經上〕同：異而俱於之一也。

〔經上〕久：彌異時也。

〔說〕久：合古今旦莫。

〔經上〕宇：彌異所也。

〔說〕宇：蒙東西南北。

「久」指時間，「宇」指空間。一切天地諸異，統於「久」、「宇」兩觀念中消納。古今旦莫雖異，而俱於一久。東西南北雖異，而俱於一宇。然則天地間凡諸現象，只有二別，曰「宇」、曰「久」。而宇、久雖異，復俱於一。其說在經下。

〔經下〕宇：進無近，說在敷。

〔說〕宇：區不可徧舉，宇也。進行者先敷近，後敷遠。行者先近而後遠。

此條言在宇之觀念中無遠近。遠近特在行者之主觀，非宇之本眞也。

〔經下〕行修以久，說在先後。

〔說〕行：行者必先近而後遠。遠近，修也；先後，久也；民行修必以久也。

此條云宇之遠近卽是久之先後。行必先近後遠，已於上條說及；然非空間本有遠近。遠近之觀念，起自行動者之主觀。今謂吾行自近及遠，其間不可以無許久之時，此亦起於行動者之主觀，故曰「民行修必以久」也。故墨經所論時空，又以消納於行動的主觀之下。如古人日標之影，沙漏之水，今人時計之針，皆是以行修計時久者。故宇、久兩觀念，實為同一行動之兩方面的觀察也。本於上述，綜合而得下語：

〔經下〕無久與宇，堅白，說在因。（「因」疑當作「盈」。）

〔說〕無堅得白，必相盈也。

此條乃前兩條之總義。言本體無久、宇之別，如石之堅白，止是因宜立名。撫石得堅，白在堅內。視石得白，堅在白內。一石之內，堅白相盈。如一現象——動作或物體——之內，宇、久總是連帶而存在也。

本上所論，天地間諸異，畢竟同體，故曰「異而俱於之一」，卽惠施所謂「畢同」、「大一」。當知惠、公孫輩持堅白之論，本意在明萬物之一體，而伸其兼愛之說。而聽其論者本無誠意研討其兼愛之是非，而空以堅白之論弔詭可喜，相為譁辯。莊子悲之，故曰：「非所明而明之，以堅白之昧終」也。（「堅白之論」詳後。）

然而墨家之所努力，猶不盡此。上之所引，在將天地諸異歸納於畢同之下。而墨家又將天地間諸同分析而躋於畢異之境。是為墨家「時」「空」論努力之第二步。今先從「宇」字講入。

〔經上〕庫：易也。

〔說〕庫：區穴若斯（句），貌常。

釋名：「庫，舍也，物所在之舍也。」墨家謂庫乃刻刻變易者，雖區穴未變，外貌猶常，而實非故物。莊子所謂「藏舟於壑，藏山於澤，夜半有力者負之而趨，昧者不知」也。莊子與惠施友善，故其書中言論，常可相推闡焉。

〔經下〕宇：或徙，說在長宇久。

〔說〕長宇徙而有處，宇。宇，南北在旦又在莫。宇徙久。

旦之南北，至莫已非，故曰「域徙」。墨家以時、空兩觀念相連合，便見空間息息變化，名是實異。墨家乃提出「長宇」一新名辭。宇若不徙，而長宇則必徙。故又云：

〔經下〕或：過名也。說在實。

〔說〕或：知是之非也，又知是之不在此也，然而謂此南北，過而以已爲然。始也謂此南方，故今也謂此南方。

此條乃提出名實之辨。依實而講，現在之南方，已非過去之南方。一切空間名稱，都是借已往之名，移稱現在之實，故曰：「過而以已為然。」「或」是「地域」之「域」。以過去已往者為名，故曰「過名」。再舉一例證之：

〔經下〕景不徙，說在改為住。

〔說〕景：光至景亡。若在，盡古息。

此條即「飛鳥之影未嘗動也」之意。影名不變，而影實已非。以證宇名雖同，而其實畢異也。今及其論「久」者：

〔經上〕止：以久也。

〔說〕止，無久之不止，當牛非馬，若矢過楹。有久之不止，當馬非馬，若人過梁。

止與不止，雖是空間之事實，亦從時間而判定，故云「止以久」。今設某一動作，苟為時不久，則常人便謂不止。如矢過楹，歷時甚暫，見者均信矢過不止。又設某一動作，需稍久之時間者，則常識不知其為動作，而認其有留止。如人過橋梁，常人見者以謂此人明明從橋此端而至彼端，其由此至彼，確已在橋留止多時也。推而言其更久者，如人之一世，自孩提以至老死，百年之間，常人孰不認其有留止？而謂逝者如斯，交臂非我，夫誰信之？墨家說宇雖久而不止，聞者宜其不信。如云「牛非馬」，人盡首肯。云「馬非馬」，則百喻而不解矣。但墨家絕對的不止論，言其反面，即為絕對的停止論。如前舉影既改變，則前影非後影。而此前後諸影，各皆終古止息，更無變動也。故經云「止以久」，而經說則謂「有久不止」，相反相成，非矛盾也。墨家此等處甚多，不得以異說相訾應論。又：

〔經下〕均之不絕，說在所均。

〔說〕均：髮均懸輕，重而髮絕，不均也。均，其絕也莫絕。

此條亦言時間。「均」是「鈞」之借字，為稱衡之義，不作均等解。輕髮懸重物，其髮必斷。說者則謂輕固不可以懸重。實則方其斷時，已非引時。苟無引時，何致有斷時？即其斷果，可證引事。故曰：「均不絕，絕不均。」常人認為同時者，今乃細為分辨。公孫龍謂「髮引千鈞」，是其義。當其引時，並非即是斷時，故曰「均不絕」。當其斷時，已非引時，故曰「絕不均」。

墨家將「宇」、「久」兩觀念細細分析，最後所牘，只有「當下之現在」，或「現在之當下」一境。非宇非久，即宇即久。此惠施所謂「畢異」之「小一」也。當知「大一」、「小一」，「畢同」、「畢異」，非自相矛盾；猶如莊生所云「萬物莫大於秋毫而泰山為小，莫壽於殤子而彭祖為夭」者，是在善觀，不能拘著也。

墨家本此時間的新觀念之下，復有引伸數義，茲當附論者。

〔經上〕始：當時也。

〔說〕時或有久，或無久。始當無久。

「始」是在昔當初之義。常人云及始字，便若自始迄今，中間定有一段時間。墨家則云始者止在當下，始卽是始，並無久。經中別有多條發明此意：

〔經下〕在諸其所然者於未然者，說在於是推之。

〔說〕在堯善治，自今在諸古也。自古在之今，則堯不能治也。

「在」訓為察。自今察古，覺堯之善治。自古察今，則堯不能治。堯之道烏足以治戰國之亂局？其實堯之道只以治在堯之當時，並未以之治在後之戰國。戰國時人謂堯之能治，乃以當時人眼光觀察於堯也。如今人欲以孔子學說治現世，不知彼自以現世目光看孔子；孔子在春秋時，豈已預見現世變局，而謂其當時之說，乃求以治現世乎？故墨家說始，只在先前，不在當今。所謂始者，已屬過去，故云

「無久」。又如：

〔經下〕堯之義也，生於今而處於古，而異時。說在所義二。

〔說〕堯矅，或以名視人，或以實視人。舉彼堯（舊作「友富商」三字，依梁校改。）也，是以名視人也。指是矅也，是以實視人也。堯之義也，是聲生（舊作「也」字，依梁校改。）於今，所義之實處於古。（說中兩「矅」字舊一作「霍」，一作「臛」，依張氏閒詁箋改。）

此條又提名實之辨。堯治天下而癯瘦，是堯之義之實，此事實乃處於古。（「處」即住、息、止、不動之意。）而堯之義聲，乃現世之新生，與往昔事實判然兩事。所以現世之古代，非即古代之古代。粗心人言之，乃認為同一古代耳。猶如前刻鳥影，非後刻之鳥影，而常人猶認其為一影也。

上之兩條，均可證明始止於當時之理。綜以為言，即現在之過去仍為現在，而非眞過去。今再引其論現在之將來者：

〔經上〕且：且言然也。

〔說〕且：自前曰且，自後曰已，方然亦且。

「且」是將來之意。但前之以謂將來者，後又謂之已往。可見將來亦是「現在化」之將來，並非現在外之將來也。故曰：「方然亦且。」「方然」便是現在，所謂將來，實亦是現在也。今不曰現在而曰方然，方然則亦現在、亦將來也。又：

〔經下〕且然不可止而不害用工，說在宜。

〔說〕且，猶是也。且然必然，且已必已，且用工而後已者，必用工而後已。

此云「且，猶是也」，猶說將來卽是現在。眞將來不可必，而現在之將來則可必。故云且然卽是必然，且已卽是必已。爾雅釋詁：「已，此也。」小取篇亦云：「且入井，非入井也。止且入井，止入井也。且出門，非出門也。止且出門，止出門也。」一人方將入井自盡，固非彼已入井；然我卽今止之，便是止其入井，不云止其且入井。此卽「且然必然」之義，卽是將來為一現在之將來之義。所以雖云將來，實係現在，不妨因宜而用力。若實屬將來，則現在無可用力也。

上之兩條，綜以言之，卽現在之將來仍屬現在。合諸更上三條，再為綜說，則一切去、來、今三世分別，實只是當下一個現在。將去、來、今三世併作一刹那，故謂之「小一」。一刹那中含去、來、今三世，故謂之「大一」。墨經中之宇宙觀，卽組織完成於此一往一復之綜合與分析之中。

然上論兼愛學說，其根據乃在「萬物一體」，故必併諸異為一同。今復析一同為諸異，則與萬物一體之論將有妨礙，而於兼愛之說似無裨補；而謂墨經胥出於擁護兼愛之說者又何據？曰：不然。從異求同，其有助於兼愛之說者易見。從同辨異，其有助於兼愛之說者難曉。墨家非將凡世識之所謂同者，悉辨別以見其異；則凡世識之所謂異者，亦將不得混合以見其同。故墨家「畢同」、「大一」之說，實築其基礎於「畢異」、「小一」之上。即此「小一」之「畢異」，而見其為「畢同」之「大一」耳。故墨家之分異諸同，乃所以合同諸異也。至其關係於兼愛之理論，亦有明白顯見於經文者。如：

〔經下〕可無也，有之而不可去，說在嘗然。

〔說〕可：已然則嘗然，不可無也。久，有窮無窮。（依梁校改。）

久有窮而無窮，即以「小一」為「大一」也。久有窮者，如前引處、住、止、息、不動諸論，皆發明久有窮之義也。惟久止息不動，嘗然而不可去，故得為無窮。質言之，前一刹那非後一刹那，是久有窮也。每一刹那各含去、來、今三世，萬古止息不更移動，是久無窮也。墨家為久之有窮而無窮，故既曰：「且然不可止，不害用工。」又曰：「無窮不害兼。」故墨家言「畢同」、「畢異」，見兼愛之當然。墨家言「有窮」、「無窮」，見兼愛之可能也。

〔經下〕無窮不害兼，說在盈否知。

〔說〕無：南者有窮則可盡，無窮則不可盡。有窮、無窮未可知，則可盡、不可盡未可知。人之盈否未可知，而必人之可盡、不可盡亦未可知，而必人之可盡愛也誖。人若不盈無窮，則人有窮也，盡有窮無難。盈無窮，則無窮盡也，盡有窮無難。

說中「南」字，盧云：「當讀如『難』。」（王充論衡案書篇：「仲舒之言雩祭可以應天，土龍可以致雨，頗南曉也。」是其證。）首「無」字，牒經標題。「南者」以下至「而必人之可盡愛也誖」，乃述難者之言。孫校云：「當作『而必人之不可盡愛也誖』。」添一「不」字，謂為墨者自辯之辭；梁校從之，非也。盈，充盈義。「人若不盈無窮」以下始為墨者答辯之語。經說中兼詳對面詰難之辭者，頗有其例。大抵此條詰難之辭，分為兩層。謂所指人有窮則可盡，無窮則不可盡，為一層。既所指人不充盈則不可盡，為兩層。而墨家對於宇宙的根本觀念，則即以有窮為無窮。自消極的破壞方面言之，髮引千鈞，絕時已非引時。一刹那後之人，已與一刹那前之人不同。自積極的建設方面言之，則一尺之棰，日斫其半，而棰體不動。所朘雖微，猶為一棰之全體。（此當於次章詳論。）故墨家兼愛，雖千萬年後之人類，固非吾今日愛之能力所及；而我之為愛，正可以說愛及人類之全體。何者？人類全體不以滅去過去、未來之人類而加損，即當下已為人類之全體。猶如一尺之棰，不必加上斫去之一半，始得為棰之全體，即當下而棰之全體凝然不動如故也。故人類之盈無窮與不盈無窮可以不問，而人類之可以兼愛，其理卓乎不可復搖也。本條答辯之辭，僅屈為往復。至於持論根柢，當於全經中會取。

## 乙　墨經中論名數

墨家宇宙論，茲以便宜分為兩部：一論「時」、「空」，一論「名」、「數」。惠施歷物，都從「時」、「空」發議；而公孫龍堅白之辨，白馬之論，則自「名」、「數」見旨。其根柢皆在擁護兼愛。墨經中論「時」、「空」者，略具上引。今當條理其「名」、「數」之部。

墨經中談名數，最重「兼」、「體」之別：

〔經上〕體：分於兼也。

〔說〕若二之一，尺之端也。

「兼」是全體，「體」是部分。「尺、端」「一、二」之辨，亦復如是。墨家提倡兼愛，論其事實，終不能盡人而愛：一則在我之力有不及，如過分疏遠者；二則在彼之德有不可，如盜賊亂人；此皆不當愛或不可愛。反對者以此詰難，謂墨家有兼愛之名而不踐其實。墨家之解，則在申明雖不能人人而愛，而已無損於兼愛之理。本此努力，遂有兩義：

一、體分於兼，即已非兼。

二、兼去其體，仍自為兼。

〔經下〕：一，偏棄之。

〔說〕一：一與一亡，不與一在。偏去。（依梁校改。）

「一」即是體，「二」則是兼。梁云：「必有二，然後一乃可見，是一與二在也。無二之一，則等於零。故曰『一與一亡，不與一在』。言僅有一則並一之名不能成立也。」可證體從兼中分出，便不為兼。自此推演，即生下論：

一、白馬非馬。

二、狗非犬。

〔經下〕狗，犬也。而殺狗非殺犬也，可。說在重。

〔說〕狗：狗，犬也。而殺狗謂之殺犬不可，若兩䫲。

此條「重」字，亦有來歷：

〔經上〕同：重，體，合，類。

〔說〕同：二名一實，重同也。

犬未成豪曰狗，則狗可以有犬名。然狗雖可有犬之名，而實則只是一狗。如白馬雖可有馬之名，而實則只是一白馬。故曰：「二名一實謂之重。」此辨驟視若無意義，而墨家言之不倦，正為可以解釋其兼愛理論之故。蓋凡此之論，均是從一意相承而來。此一意者，卽所謂：

殺盜非殺人。

是也。墨家講兼愛，但不能不殺盜，反對者卽持此為難，云：「君等說兼愛人類，則盜亦人類一分子，亦在君等愛下耶？」墨家之答曰：

盜，人也。多盜，非多人也。無盜，非無人也。奚以明之？惡多盜，非惡多人也。欲無盜，非欲無人也。世相與共是之。若若是，則雖盜人人也，愛盜非愛人也，不愛盜非不愛人也，殺盜非殺人也，無難矣。（小取）

如云「白馬非馬」。蓋盜即是人類中偏去之一。一並非二，故偏去其一，與二無妨。此所謂「殺盜非殺人」，即經下之謂「殺狗非殺犬」也。此云「盜人人也」，亦可改為「盜人非人」，

〔經下〕偏去，莫加少。說在故。

〔說〕偏：俱一無變。

此謂「偏去」者，是「一」，是「體」，與「兼」、「二」無關。故去不加少，不生變也。殺去一盜，於人類全體不生變化，不致減少，依然是一人類全體，亦無礙於吾之兼愛。墨家縈迴迂曲，指狗說馬，其意只在擁護兼愛之說。今姑捨其議論之是非勿問，而推闡其所以如此持論之故，豈不彰彰甚顯哉？顧墨家所謂「偏去莫加少」者，終若於常識相違反，不得不別有證明。

〔經下〕非半不䉕，則不動，說在端。

〔說〕非：䉕半，進前取也。前則中無為半，猶端也。前後取則端中也。䉕必半，無與非半，不可䉕也。

此條卽證明「偏去莫加少」之義。半卽是偏，不必定為全體中之一半，只是全體中一部分耳。猶云一，只是二中之一部分，不必定認一為二之半。斮木者必斮去其部分，非斮去其全體。所云斮者，既非全斮，卽猶無斮。亦非不斮，卽非半之斮。故云：「無與非半，不可斮也。」所云「斮」既是部分，則其全體必仍遺留。故云「不動」。譬如尺棰，斮去其九寸，猶存一寸，仍為棰體，因其斮去者非全體而係部分之故。墨家此論，與其「大一」、「小一」之說，正相通貫。苟有其體，必可分斮。斮既非全，必有遺留。至於遺留之量，為多為少，自常識視之為不同，自墨者言之為無異。何者？「大一」、「小一」、「異而俱於之一」也。云「說在端」者，經中別有論「端」一條，曰：

〔經上〕端，體之無（句），序而最前者也。

〔說〕端：是無同也。

「端」者，略如幾何學中所謂「點」。「體」乃「體分於兼」之「體」，與幾何學中之「體」不同。經下云：「體分於兼，說若二之一，尺之端。」（引見前。）故端是尺之體。（「尺」略如幾何學中之「線」。）何謂「體之無」？端雖尺之一體，而實等於無也。今設斮去尺之一端，而尺仍有兩端如故。今設前後兩端俱為斮去，而此尺之仍有前後兩端猶如故。（按：此卽上引一條所云「不動」。）則端之於尺，不幾等於無乎？以其去而不加少也。故曰「體之無」，又曰「是無同」。「是無同」者，同於無也。「序而最前」

者，端在尺之兩首，以序言之，居最先也。然則集眾無之部分可以成一有之全體乎？

〔經上〕厚：有所大也。

〔說〕厚：惟無所大。

惠施亦云：「無厚不可積也，其大千里。」墨家若未嘗言積「無所大」以成「有所大」，僅謂自此方面觀之為「有所大」者，自彼方面觀之則為「無所大」耳。今總括上述，則體分於兼，即異於兼，其與兼之關係等於零。兼必有體，方其體去，兼亦仍自為兼而無變。故兼愛人類，則盜亦在兼愛之中，而兼愛者可以殺盜。

墨家此論，猶有其補足之附義。

〔經上〕損：偏去也。

〔說〕損：偏也者，兼之體也。其體或去或存，謂其存者損。

墨家雖言「偏去莫加少」，亦復謂「其存者損」。顧墨家之意，以謂損者，非惟無害，抑又有益。

〔經下〕無欲惡之為益損也。說在宜。

〔說〕若識麋與魚之數，惟所利，無欲惡。傷生損壽，說以少連。（孫校：「連」疑當作「適」。）是誰愛也？嘗多粟，或者欲不有，能傷也。若酒之於人也。且恕人利人，愛也。則唯恕弗治也。

此條經說多未詳，然大意可得而言。「無欲惡之為益」，即是以損而為益。人能損其欲惡至於無欲惡，豈不於人轉有益？如麋、魚、酒、粟，可以養生，然亦以少而適可為佳，多進反以傷生損壽。智者損人酒肉，正是愛人、利人之意。其意亦若為兼愛者殺盜而發。又：

〔經下〕損而不害，說在餘。

〔說〕損：飽者去餘，適足不害。能害飽，若傷麋之無脾也。且有損而後益。

此條經說，亦難盡解。然謂損而不害，則甚明顯。「能害飽」三字，猶云能害者飽，飽則有害也。綜上三條會其大意，則墨家謂兼中去體，可以謂之有減損，而不得謂之是缺少。惟其無所缺少，故仍為一完整之全體。而減損則對於全體為無害，且時亦有益。經說雖舉養生飲食為例，然其立論本意所在，則決不盡於養生飲食。故余謂其為墨家兼愛者殺盜人之補足義也。

今更綜觀本章所引，則墨家所謂「萬物一體論」者，實建築其基礎於「名」、「數」的理論之上。彼所謂「大一」、「小一」，亦惟可於「名」、「數」的觀念中求之。而其論此最透徹者，則如：

〔經下〕數（句）：物一體也。說在俱一，惟是。（「數」字舊本作「歐」。張以「歐物」連讀，孫云：「疑當為『數物』之誤」，而不得其解。今按：「數」字當斷句，其說詳下。）

〔說〕俱：俱一，若牛馬四足。惟是，當牛馬。數牛數馬則牛馬二，數牛馬則牛馬一。若數指，指五而五一。

此條乃言物可分數，而實只一體也。如數牛馬之足，則牛馬各四足。儻數牛數馬，則牛馬各一。儻合數牛馬，則牛馬為二。四足已包在一馬之內，猶如五指已包在一手之內。莊子齊物論云：「天地一指也，萬物一馬也。」天地可以分析，如一手之五指。萬物可以合併，如百體之一馬。（莊子又云：「立百體而謂之馬。」）此不過因是乘宜，暫為名數，而天地則一體也。然精而察之，墨家所謂萬物一體者，正亦由名數之分合證成之耳。故墨家之萬物一體論，可以稱之為「唯名的萬物一體論」，或「名數的萬物一體論」。道家所持，則為「唯氣的萬物一體論」，或「陰陽的萬物一體論」。此則莊周與惠施之所異。其說別詳。（以上成於十二年春間，以下新續。）

## 中篇　兼愛學説在認識論上之根據

### 丙　墨經中論知識

墨家初言兼愛，本於天志。既不足以折服人心，乃轉而為「名數的萬物一體論」，略如上述。然而辯難之來，猶未已也。今試問：墨家何從而得此萬物一體之知識？亦何以知人類之盡可愛？今墨經中解答此項問題者，略當於近世哲學中之認識論。試更約述如次：

〔經上〕見：體，盡。

〔説〕見：特者，體也。二者，盡也。

此言見有二種：

一、體見。

二、盡見。

特者，猶云一也。「盡者，莫不然也。」（經上）蓋一為部分之見，而一為全體之見也。人類本自有見全體之可能。然而按之人類知識之實際，則若有不然。有所見，必有所不見。有所聞，必有所不聞。寧有所謂「盡見」哉？墨家之言曰：

〔經下〕不可偏去而二，說在見與俱，一與二，廣與修。

〔說〕見不見離。一二不相盈，廣修，堅白。

物有可以偏去其一者，有不可偏去而二者，此墨家「名」、「實」之辨也。如有一石，擊而碎之則為二，是若可以偏去。然一石既碎，仍俱是石，卽上引所謂「俱一無變」也。如一石之堅白，此為不可偏去而二。今我見石，所見者白，所不見者堅，堅之於白，不可偏去。又如見一物之修與廣，亦不可偏去。而人之目則見白不見堅，此謂之「見不見離」。而謂「一二不相盈」者：

〔經下〕於一有知焉，有不知焉。說在存。

〔說〕於石一也。堅白二也，而在石。故有知焉，有不知焉，可。

此條「一」、「二」義解與前舉正似。石者一也，堅白二也，二為全體，一為部分，此是經中貫通大例。然則堅白是全體，而石是部分也。故公孫龍子云：「物白焉不定其所白，物堅焉不定其所堅。不定者兼，惡乎其石也？」（堅白論）又曰：「且指者，天下之所兼。」（指物論）此皆以堅白為「兼」即全體，以石為「體」即部分之證。（說詳余著公孫龍之學說。）余又謂是名實之辨者，石是其「名」，堅白其「實」。堅通萬物之堅以為堅，白通萬物之白以為白。試搗一石，成為齏粉，其間粒粒堅白，亦復各無少缺。至於石之名號，則因宜乘便而立。故公孫龍謂「堅白石可二而不可三」，明只有堅白二實，石是虛名，不成三也。此即「一二不相盈」之義。謂堅之與白相盈則可，謂石與堅白相盈則不可。然而人之見石，見其白不見其堅，則見固不可以盡歟？曰：否，不然。人見石之白而不知其堅者，特以初見不習之故。其後時與石遇，目視而得其白，手拊而得其堅，習之既久，則以目視者，不徒見白，亦且知堅。則為「盡見」矣。

〔經下〕知而不以五路，說在久。

〔說〕知者，若瘧病之於瘧也。知以目見，而目以火見，而火不見。惟以五路知。久不當以目見，若以火見。

此條乃言盡見由經驗而得之理。久者，即經驗也。人之病瘧者，非有前日經驗，何知今日之為瘧？又如人初遇火，目覩見光，手炙知熱，是知以五路也。（「五路」，猶云五官。）其後既有經驗，久則見火即知其熱，無須手觸而後知。故初見見其光，久見見其熱。熱非吾目可見。目見其光而又見其熱者，徒以見光而知其為火，又知火之為物熱。然則彼物熱者，非以吾目為見，乃以彼火之名為見。故曰：「知以目見，而目以火見。」然火之為名云何能見？正以吾往日五路之經驗見耳。故今見光而知熱者，非目能見，亦非火名能見，乃吾從昔手觸之見。故曰：「而火不見，惟以五路知。」五路何以能不觸物而知？是在經驗。有經驗則聞其名而知矣。故曰：「久不當以目見，若以火見。」吾人聞火之名而想見其光與熱者，此見若含於火名之內，而實非在火名之內，乃在吾人五官之經驗；積之既久，乃可以不當於五官而亦有見耳。此墨家說明盡見之來歷也。

〔經下〕火熱，說在頓。

〔說〕火：謂火熱也，非以火之熱我，有若視白。

此與前條一意。見火而知其熱，不必由火之熱我也。如視白而知其堅，亦不必由石之觸我也。其說在「頓」，頓者，積也。猶前條之「久」，皆吾人之經驗也。

〔經下〕聞所不知，若所知，則兩知之。說在告。

〔說〕聞：在外者所知也。在室者（此六字係梁校補。）所不知也。或曰：「在室者之色，若是其色」，是所不知若所知也。……夫名，以所明正所不知，不以所不知疑所明。若以尺度所不知長。外，親知也。室中，說知也。

此條墨家在知識論中明白提出「名」字之地位。名者，人類經驗之共同標幟也。人之知識，決不能盡恃一己之經驗，而貴乎借助於他人之經驗；則有賴於名。人類自有名，而「所知」與「所不知」可以兩知，如聞石之名而知堅白之實也。故經上之說云：「告，以文名舉彼實也。」

〔經下〕知其所不知，說在以名取。

〔說〕知：雜所知與所不知而問之，則必曰：「是所知也，是所不知也。」取去俱能之，是兩知之也。

此條亦言有名則可以知其所不知。夫人類知識，其起源本由於經驗，而名則自有知識而起。然逮其有名，乃可以知其不曾經驗之知，夫而後知識乃不為經驗所限。故知識起於經驗，而不限於經驗。

〔經上〕知：聞，說，親，名實合，為。

〔說〕知：傳受之，聞也。方不庫，說也。身觀焉，親也。所以謂，名也。所謂，實也。名實耦，合也。志行，為也。

此條墨家論知識最詳密。知識不能盡靠親知，即當身之經驗，而又有俟夫傳受。傳受者，他人之經驗，而我接受之也。又不止於此，而有待於推說。推說者，本此而推諸彼，而空間、時間不足以為我之隔閡也。而傳聞、推說，其事均有賴於名。名實合乃為知，否則如瞽者之言鉅白而黔黑，而不能合於取舍之實，則傳聞、推說非知也。知不發源於經驗者非眞知，知而不歸宿於行為者亦非眞知，故以行為為知識之殿焉。今不能一一詳論，而特論其知識不必限於身觀之親知之一事。夫人類無窮，何可一一親知，而始見人類之可以兼愛？墨家於此乃提出推知之為重要而可信。

〔經下〕擢慮不疑，說在有無。

〔說〕擢疑，無謂也。臧也今死，而春也，謂之人（舊作「文文」，均以形近而譌。）死也可。

此條卽言推知（即說知。）之足信也。說文：「擢，引也。」卽推論之義。又按：說文：「春，推也。」（此字自來未得其解。）以臧之死，推而慮之，逕謂凡人有死可也。苟有人焉，疑及推慮之不足信，而必待夫親證，則豈不無謂之甚乎？經文「說在有無」，「有無」二字，乃承上條所論而來。

〔經下〕無不待有，說在所謂。

〔說〕無：若無馬，則有之而後無。無天陷，則無之而無。

此亦論推知之要也。人類知識，若徒恃親知，或前人之聞見，（卽傳聞之知。）則僅足以知「有」，而不足以知「無」。無者，有有而後無，有未始有之無。譬如天陷，古來曾無見者，然人知有所謂天陷；其事能否且勿問，然因有推知，而人類知識，遂可以及於耳目見聞之外、天地未有之事也。故人類有確知其事而又不能實指者。

〔經下〕所知而不能指，說在春也。逃臣狗犬遺者。（「遺」本作「貴」，王校非攻下云：「『𡗗』，隸書與『貴』相似。」疑「遺」損泐成「𡗗」，遂譌為「貴」。）

〔說〕所春也，其執固不可指也。逃臣不知其處，狗犬不知其名，遺（舊本作「遺」，今以意改。）者巧弗能兩也。

此條「春」字亦訓推。逃臣定有居處，而不能指出其居處何在。畜狗馬者，錫之以名，（今人亦然。）知其有名而不知其名是何。人類親知，祇限於當身近處。至於異地異時，隔絕遼遠，雖有巧者，不能兩知。則人類知識之有貴於推也明矣。推知者，卽「以所明正所不知，不以所不知疑所明」（引見前。）是也。

〔經下〕不知其數而知其盡也，說在明者。

〔說〕不一一知其數，惡知愛民之盡之也？或者遺乎其明也？（「明」，舊作「問」。孫據說改經文「明」字，梁校依之，非也。當據經文改說為是。）盡愛人則盡愛其所明，（此「明」字舊亦作「問」。）若不知其數而知愛之盡之也，無難。

此條乃正言兼愛不必盡知人而愛之之理。如人見火即避，知其焦膚炙骨，不必盡火而試之者，明也。避火者，避吾之所明。愛人者，亦愛吾之所明。豈必盡人而知其可愛與否，乃始為兼愛之說耶？疇昔之火炙人，吾知之所明也。今昔之火炙人與否，吾知之所不知也。今將以所明正所不知而避之乎？抑將以所不知疑所明，而姑近試之乎？墨家之兼愛，則亦在夫以所明正所不知而已。經上：「說所以明也」，則明正自推知而來。

〔經下〕知狗而自謂不知犬，過也。說在重。

〔說〕知：知狗者重知犬則過，不重則不過。

二名一實為「重」（經上），知狗而自謂不知犬者，是不能推也。人盡知己之可愛，己之父母妻子之可愛，而不知人盡己也，人亦盡為人之父母妻子，而謂不知人類之可以兼愛與否，是亦知狗不知犬之類也。其他經中論及知識問題者尚多，取顯吾意，不復盡舉。

# 下篇　兼愛學說在人生論上之根據

## 丁　墨經中論行爲

最後當略述經中論及行為之部，而先觀其論行為與知識之關係。

〔經上〕為：窮知而縣於欲也。

〔說〕欲䕨其指，（孫校：「䕨」為「斱」字。）智不知其害，是智之罪也。若智之慎之也，無遺於其害也，而猶欲䕨之，則離之。（孫校：「離」即「罹」。）是猶食脯也。騷之利害，未可知也。欲而得（依孫校增。）騷，是不以所疑止所欲也。廧外之利害，未可知也，趨之而得力，（孫校：「力」疑作「刀」。）則弗趨也，是以所疑止所欲也。觀為窮知而縣於欲之理，䕨脯（孫校：當是「斱脯」之誤。）而非恕也，䕨指而非愚也，所為與所不為（依張校改如此。）相疑也，非謀也。

此條多疑字，未可盡解。然循察大意，則甚為明白。墨家謂人類行為不係於其「知」而係於其「欲」。對於一事之利害，知之已盡，猶未足以決定其行為之趨向。凡決定其行為之趨向者則在於欲。其所舉「𩠖指」、「食脯」、「廧外」三例，今不能確曉其為何事。然觀上下文意，則其意可得略說者：

一、𩠖指本有害，其人已盡知之而猶欲𩠖，是行為不決於知識而決於欲望之證一。

二、食脯之利害猶未盡知，而其人竟欲食脯，是行為不決於知識而決於欲望之證二。

三、廧外之利害猶未盡知，而其人不肯趨至廧外，是行為不決於知識而決於欲望之證三。

綜觀三例：

一、爲明知其害而爲之。

二、為不知其利害而為之。

三、為不知其利害而不為。

而總之曰：「食脯非由其智，𩠖指非由其愚。」行為與知識無關，而縣於欲望。此墨家論行為之大意也。墨家所以為此議者，蓋緣時人與墨者詰難，多問何由知人類當兼愛云云；墨家既答其疑，（見前篇。）又謂人之愛人與否，不關其知識。苟誠欲兼愛人者，亦不在其必欲知兼愛人之利害是非也。

〔經下〕不知其所處，不害愛之。說在喪子者。

無〔說〕。

此條證明愛不必俟知之理。人果愛其子，何必知其已死之子或已亡之子究在何處。則人以兼愛之利害是非來相詰難者，墨家可以謂：君自不欲兼愛，否則豈必盡知之而後兼愛之哉？

〔經上〕知：聞，說，親。名實合，為。

〔說〕……志行，為也。

此條以行為歸入知識之最後一步，而曰「志行，為也」，此即為「窮知而縣於欲」之義。墨家論行為既以「志」、「欲」為言，自不得不帶有偏於動機論之傾向。此蓋墨經本出惠、公孫之際，其間已受儒家孟子一派學說之影響也。今欲發明墨家對於人生論之精義，則不可不首及其對於「仁」「義」之辨：

〔經上〕仁：體愛也。

〔說〕仁：愛己者，非為用己也。不若愛馬者。

〔經上〕義：利也。

〔說〕義，志以天下為愛而能能利之，不必周。（「周」，本作「用」，疑形近而誤。）

仁、義相比而論，自受儒家影響。惟辨仁義即辨愛利，而主愛無盡利有盡，亦為兼愛論辯護，而與其先常言「兼相愛」、「交相利」者有別矣。仁者「體愛」，經上：「體，分於兼也。」兼愛下篇云：「別而非兼。」人非無愛，而皆為「別愛」，此墨家所深惡。何謂別愛？各愛其親，不愛人之親，是別愛也。體愛者，乃於人類中別出其親以為愛，是亦別愛，非兼愛也。兼愛必盡人類而愛。小取篇云：「獲，人也。愛獲，愛人也。臧，人也。愛臧，愛人也。」彼非別有愛於臧、獲。彼之愛臧、獲，即其兼愛之心之流露。愛其親者，亦當本於兼愛以為愛，不當為體愛，即別於人之外以為愛也。小取篇又云：「獲之親，人也。獲事其親，非事人也。其弟，美人也。愛弟，非愛美人也。」此則為體愛矣。故儒家要人推廣愛親愛弟之心以愛人，而墨家則謂此心即不愛人之心也。故一以己為本，推己以及人。一以人為本，由人以及己。其愛同，其所以愛者不同。其曰：「愛己者，非為用己也。不若愛馬者。」愛馬之愛與愛己之愛何以異？曰：愛馬者為其有用於馬，其愛止於其馬。愛己者，非為有用於己而愛。己為人類之一體，人自有兼愛人之心，因亦愛及於己也。是其愛雖在己，而愛之心不止於己。大取篇云：「為天下厚禹，厚禹也。為天下厚愛禹，乃為禹之人愛也。厚禹之加於天下，而厚禹不加於天下。若惡盜之為加於天下，而惡盜不加於天下。」厚禹乃屬功利之事，厚愛禹則屬愛人類之心，故曰「為禹之人而愛」，此乃為兼愛也。故又曰：「愛人不外己，己在所愛之中。一是兼愛者不害於為己。儒家言仁，終為體愛，非墨者所取。但愛而不及用，則為二者所同。是墨經此處釋仁字只言愛己，已為對儒家遠有讓步矣。仁只言愛，而義則兼及於利，此為仁與義之別。但利亦視其力之所能及，故曰：「不必周。」

> 巫馬子謂子墨子曰：「子兼愛天下，未云利也。我不愛天下，未云賊也。功皆未至，子何獨自是而非我哉？」子墨子曰：「今有燎者於此，一人奉水將灌之，一人摻火將益之，功皆未至，子何貴於二人？」巫馬子曰：「我是彼奉水者之意，而非夫摻火者之意。」子墨子曰：「吾亦是吾意而非子之意也。」

此即墨家愛利之辨也。愛之事不必周，而愛之心必周。愛之功不必周，而愛之志必周。故大取篇云：

> 志功為辨。

當時之詰難於墨家之兼愛者，蓋多不辨於志功也。故小取篇云：

愛人，待周愛人，而後為愛人。不愛人，不待周不愛人。不周愛，因為不愛人矣。

此愛之心必周之說也。

〔經上〕孝，利親也。

〔說〕孝：以親為愛而能利，利親不必得。

愛親者必求利之，然親不必得利。此條所云，即志功之辨也。又大取篇曰：

藉臧也死而天下害，吾持養臧也萬倍，吾愛臧也不加厚。

此又志功之辨之最透徹者也。我愛親而吾之親不必得其利，然不害我之愛。此重在志，不在功。我之持養臧也萬倍，然我之愛之者不加厚。我之志固在天下，不在臧。

〔經下〕仁義之為外內也內，說在仵顏。（按：此疑當作「仁義之為外內也仵，說在顏」。下一「內」字由「仵」字誤移在下而衍。）

〔說〕仁：仁，愛也。義，利也。愛利，此也。所愛利，彼也。愛利不相為內外，所愛利亦不相為內外。其謂仁內也，義外也，舉愛與所利也，是狂舉也。若左目出右目入。

此條辨仁內義外，亦即辨志功之意。誠愛之（仁）而求有以利之（義）者在我，受我之愛與得我之利者在彼，故曰：「愛利，此也。所愛利，彼也。」經云「說在顏」者，即說「若左目出右目入」。愛利相為用，如兩目之相為視，有相濟，非相反也。孟子亦有仁內義外之辨，墨經出世，當較後於孟子。仁內義外，想是當時一種普通意見也。志功之辨，孟子亦有之。此皆墨辯思想受儒家影響之顯見者。當時儒家議論，殆以愛之為志，而以利之為功。墨家乃以愛之、利之皆是志。同時亦皆是功。志可盡，功不可盡。較於本初所論「兼愛」，議論入細矣。大凡一派學說，常與其反對一派交相影響，遞為進變。細加爬剔，昭然可見。觀於墨辯所論仁義諸條，即可以知其非出於墨子之當時也。

今為綜述大意，則墨家認為周利人之事有不可必，而周愛人之心非不能有。故墨家之言「兼愛」，乃以周愛人之心，行周利人之事。而人之周受其利與否，則於墨家之兼愛理論無妨也。此為墨家建立其兼愛學說於行為論上之大概。然循此立論，已與儒家論仁孝無大別。儒家以孝弟為仁之本，而仁者亦未能「博施於民而濟眾」，「雖堯、舜其猶病之」，則與墨經此處之辯，復亦何異？故後人終取儒家之仁，而不再主墨家之兼愛也。

（本篇刊載於民國十三年四月東方雜誌第二十一卷第八期）

# 墨辯碎詁

余草墨辯探源，尚有賸義，續為碎詁一篇。惟此稿已遺失不全，今就其僅存者附刊於此。

## 一 經下春字解

經下之下（五一）：

〔經〕擢慮不疑，說在有無。

〔說〕擢疑，無謂也。瘧也今死，而春也，得文文死也可。

按：說文：「擢，引也。」此與小取篇「援」字同義。（胡適說，見哲學史大綱第三章。）即推論之意。又按：說文：「春，推也。」（胡氏謂「春」是人名，誤。）「得」當為「謂」字，草書形近而誤。「文文」當為「之人」之譌。今改定其文如下：

擢疑，無謂也。臧也今死，而春也，謂之人死也可。

此謂以臧之死推而慮之，雖謂凡人有死可也，使於此而疑之，則無謂也。

經下之上（四〇）：

〔經〕所知而勿能指，說在春也，逃臣狗犬貴者。

〔說〕所春也，其埶固不可指也。逃臣不知其處，狗犬不知其名也。遺者，巧弗能兩也。

「埶」與「勢」同。舊作「執」，依張皋文說改。「知」舊作「智」，依梁任公校釋改。

按：說文：「春，推也。」「說在春」，即推論之意。事有雖屬所知而弗能確指者，則可以推論知也。故說云：「所春也，其勢固不可指也。」梁釋謂：「明明知之而無從指之，如知有逃臣而不能指其逃在何處，知有狗犬而不能指出其名。」皆是。惟釋末句未憭。今按：經文「貴者」當作「遺者」。王校非攻下云：「『賚』，隸書與『貴』相似。」說中「遺者」亦「遺者」之誤。「巧弗能兩」之

「兩」，謂同時兼知也。荀子解蔽：「心生而有知，知而有異。異也者，同時兼知之。兼知之，兩也。」「兩」字義與此同。本經下行亦有「取去俱能之，是兩智之也」，均可證。此謂我惟知當今近處而已，推而至於遼遠，則雖巧固不能兼而知也。「兩」，孫校作「罔」，謂卽網羅之網，梁釋從之，殊非是。

## 二　經下⿰月鬼字解

經下之下（五五）：

〔經〕狗，犬也，而殺狗非殺犬也，可，說在重。

〔說〕狗：狗，犬也，而殺狗謂之殺犬，不可，若兩⿰月鬼。

梁釋：「狗不過犬之一種，故殺狗可謂之非殺犬。狗為犬之一種，故殺狗可謂之殺犬。兩⿰月鬼，義未詳。」今按：「⿰月鬼」當作「螝」。莊子：「螝二首。」韓非子曰：「蟲有螝者，一身兩口，爭食相齕，遂相殺也。」古今字詁：「螝，古之蚖字。」引見顏氏家訓卷三。管子水地：「蟡者，一頭而兩身，其形若蛇。」「蟡」恐卽「螝」字而異說。狗是犬而殺狗非殺犬，反正相滅，如「螝」之兩首爭食相殺也，故曰：「若兩魄。」

## 三　經下荆沈解

經下之下（五七）：

〔經〕荆之大，其沈淺也，說在具。

〔說〕沈，荆之貝也，則沈淺非荆淺也。

此條張、梁皆云「未詳」。孫校：「沈」，當為「沆」，沆，謂大澤也。經「具」、說「貝」，並當為「有」。今按：「具」字不誤。說中「貝」字亦當作「具」。「荆」，疑「刑」字之誤。周禮注：「鉶，羹器也。」詩閟宮：「毛炰胾羹」，傳：「羹，大羹、鉶羹也。」則鉶自盛羹之器。「荆」、「刑」並「鉶」借字。孫校「沈」作「沆」，是也。「沆」為「羹」字借音，非大澤義。以今字寫之，當云：

鉶之大，其沆淺也，說在具。

淺深論其所具，不論為具之器，故曰：「羹淺，非鉶淺也。」

## 四　經上庫字解

經上之上（四八）：

〔經〕庫，易也。

〔說〕庫，區穴若斯，貌常。

孫從盧校「庫」為「㢓」，梁校釋從之；其實非也。釋名：「庫，舍也，物所在之舍也。」說云：「庫，區穴若斯（句），貌常。」謂區穴未變，外貌猶常，而實非故物矣，故曰「易」。莊子所謂「藏舟於壑，藏山於澤，夜半有力者負之而走，昧者不知」也。此與經下「宇或徙，說在久」一條意略相似。梁謂：「經下『宇或徙』一條與此條下『動或徙』一條文義皆同。」亦非也。下條經說云：「動，偏際徙，若戶樞免瑟。」今按：「偏際徙」者，謂徙其區穴位置，故曰「動」。如矢之過楹，人之過橋，是域徙之動也。如「南北之在旦又在莫」，若未變而實已變者，是域徙之宇也。兩條似不可混。戶樞，戶之所以轉動開閉之機。樞主其運轉，故曰樞機。免，逃逸義。瑟，弦樂。皆有「動」義。惟「免瑟」連用必有誤，未詳。張純一閒詁箋此條，較為得之。

## 五　經下粺字解

經下之下（七〇）：

〔經〕唱和同患，說在功。

〔說〕唱無遇，無所周，若粺。和無遇，使也，不得已。唱而不和，是不學也。智少而不學，功必寡。和而不唱，是不教也。智多而不教，功適息。使人奪人衣，罪或輕或重。使人予人酒，功或厚或薄。

「遇」，舊作「過」，從孫校改。「智少而不學，功必寡」，「功」字；「智多而不教」，「多」字，從孫校增。「功或厚或薄」，「功」字從梁校。

梁云：「此條義未詳。」今按：此條義甚顯白，惟「𤸱」字不可解，當作「痹」。說文：「痹，濕病也。」為麻痹風痹，素問所謂「時痛而皮不仁」者也。孫校作「𤸱」，未是。唱無和，和無唱，皆無功，故曰「同患」。唱者不遇和，若人身痹，心不使身，是「不周」也。孫疑「周」當為「用」，亦非。和者不遇唱，則所行逼於使令，不得已耳。使人奪衣，唱者罪輕，奪者罪重。使人予酒，唱者德厚，予者薄。何者？奪衣之事成於和者，予酒之實出自使者也。故曰「說在功」。功，成事之所始也。

## 六　經上合字解

經上之下（八三）：

〔經〕合，正宜必。

〔說〕合，兵立反中，志工正也，臧之為宜也。非彼必不有，必也。聖者用而勿必，必也者可勿疑，仗者兩而勿偏。

「合」，舊作「古」，依梁校改。此條諸家均不得其解。今按：合有三義：一、正。二、宜。三、必。說文：「合，合口也。」兩器相合，一仰一覆，區位相反，而各向其中，合也。「兵立反中」四字，正釋此義。「兵立」當是「丘位」二字之譌，「位」字人傍移上誤為「兵」也。古語「丘」、「區」音同而義通，謂區位相反而各向中也。「志工」二字當移「正也」之下。「正也」一語，卽釋上「丘位反中」之合也。「工」當從孫校作「功」。臧僕之為，志功以從事，宜也，所以求合其主也。「志功」卽孟子「志功志食」之辨，亦卽大取篇所謂「志功為辯」者也。「合」必有「彼」與「此」。徒此無彼，必不成合，故曰「必」也。通人知合之權不盡在我，而有在彼，故勿必於合也。「用而勿必」者，「用」卽經說上「諸不一利用」之「用」，莊子齊物論所謂「用也者，通也」，皆是也。夫至於彼此相合，此必彼此深信，乃可勿疑而合也。「仗者，兩而勿偏」，「仗」字亦當為「必」字形近而譌。言必然之合，出於彼此兩方，勿可以偏面強也。今重寫定經說文句如下：

合，丘位反中，正也。志功，臧之為，宜也。非彼必不有，必也。聖者用而勿必，必也者可勿疑，必者兩而勿偏。

又按：「兵立反中」，「兵」字或當作「弁」，以形近而誤。孫校節用中云：「弁，變之叚字。」「立」，古通「位」，春秋桓二年「公卽位」，石經春秋作「公卽立」，是其例。則「兵立反中」或

「弁位反中」之誤，即謂變其位而反向中也。義亦通，並存再考。

（本篇刊載於民國十七年蘇州中學校刊十一期）

# 評譚著墨經易解

墨經之校釋，清儒自張、王、俞、孫以來，迄乎近茲，無慮數十百家；可說者大抵說盡，所遺則往往不可說。最近武漢大學教授譚戒甫，有墨經易解，自稱用力前後垂二十年，稿已三易。其書不憚於人人難說處一一說之，精思眇慮亦時有超諸家外者，誠近來一艱劬之著作也！惟粗一繙讀，覺有可商者數事：

一、治墨經首重校讀。校讀果得，說義自當，否則或不免郢、燕之誚。本書校讀另附卷末，而本文則徑就著者校定文寫之；然讀者仍當先看校讀，再覈說義，殊覺費事。似當仍依以前諸家舊例，先校讀、後解說為當也。

二、自來治墨經者，諸說紛如。今譚書晚出，最好將其扶同前賢者一一標明，則讀者易於較覆；而譚書對墨經之新貢獻何在，讀者亦易尋得。今著者自云：「學問乃舉世公物，後先印合，固可並存。」此論自高，然非熟治諸家義說者，驟讀譚書，必感不便。

三、考釋古籍，闕疑之事，常所不免，而墨經尤難盡瞭。今譚書逐條解說，用力固勤；然不如遇不自安處姑闕數事，不僅表示考釋者之謹嚴，亦足開示學者一良好之模楷也。其有自創新解，未見為十分之見者，亦當兼采舊說，以資比觀。

即如經上31條：「舉，擬實也。」32條：「言，出舉也。」兩「舉」字本相承而來。今譚書竟改32條為「言出故也」，下面即根據校定文施解說；讀者若不先看附卷之校讀，則不知此條原文尚有問題。而譚氏校改此條，只據小取篇「以說出故」一語，以意定之，別無他本；其所下解說，亦未臻自然朗暢。果譚書能先列校讀，次下義說，則讀者較易定其信達矣。

又如經下16條：「景不從，說在改為。」王校作「景不徙」，解者多以莊子「飛鳥之影未嘗動也」說之，本已無疑。著者因認公孫龍諸人說與墨經根本相異，遂竟改此條為「景徙」。然列子仲尼篇載公孫龍有「影不移者，說在改也。」張湛註引墨子：「影不移，說在改為也。」此乃本條應為「影不徙」最堅確之明證。而譚云：「此句『不』字，疑衍之極早，乃漢晉學者照莊、列諸書增不字。」不悟若是「影徙」，則前影即後影，何得云「改為」？張湛註列子云：「景改而更生，非向之影。」豈不甚明？譚氏必作「景徙，說在改為」，殊屬牽強。然讀者若不先看校讀，則幾疑墨經原文自作「景徙」也。

又如經上92條：「諾不一利用，服執說（音利），巧轉則求其故大益。」三語皆無說，治墨經者遇此等處，均感棘手。今讀譚書，一一依自己校定文逕下說義，令讀者全不見困難所在；幸譚解亦未臻明暢，否則豈不將認為墨經原文固如是乎？

又如經下14條：「宇久不堅白」五字，亦須先看校讀，始知著者自從兩處移來合成，並非墨經原樣也。

又如經上17條：「廉作非也」，譚解引釋名：「非，排也，人所惡排去也。」而云：「作非者，言己作之而惡者排去之也，卽自檢歛之義。」「作非」二字，豈能增出如許字說之？且卽就譚氏語，亦覺難瞭。

又經上89條說：「難宿，成未也。」譚解：「『難宿成未』，皆卽『儺蹜盛昧』之省文。詩小雅：『其葉有難』，注：『難，盛貌。』又衛風：『佩玉之儺』，注：『儺，行有節度。』論語：『足縮縮如有循』，疏：『言舉足狹數。』漢書律歷志：『昧薆於未』，釋名：『未，昧也。』說文：『昧，闇也。』綜觀諸義，其語甚明。蓋謂君子之道，行有節度而日以盛也；小人之道，舉足狹數而日以闇也。」此處將「難宿成未」四字，完全破讀，又加上如許曲折，而云其語甚明；竊謂如此訓說，不如仍以闕疑為是。

又如經上12說：「忠，不利弱子，亥足將入，止容。」譚解：「『亥』，假為『其』，……其足將入止容者，『入』，猶大禹『三過其門而不入』之『入』。墨子法禹，形勞天下，突不得黔，故足將入室而有止容。……禮玉藻篇：『足容重』，鄭玄註：『舉欲遲也。』蓋過門將入，舉足欲遲，言不顧家也。不利子，不顧家，以利天下，所以為忠。」此等解法，其果為得古人之眞乎？竊謂卽不欲闕疑，下語亦當云「疑是如此」云云，庶使讀者知考釋古書之應有分寸也。

亦有前人校釋，大抵已臻明暢，而譚書轉守原文遂又失之者。如經下1條：「止類以行之。」「之」，舊作「人」，孫校作「之」，極是。譚仍作「人」，解云：「行人，『行』者，猶言變遷。人有變遷性，如一類雖主故常，而一類之人則必流動不息，故曰行人。」以行人為性喜變遷之人，恐未確。況「止類以行人」一語更難解。竊謂此等處，縱在作者自謂別有創見，亦應先列前人校釋，則讀者可以知異同，審別擇也。

又如經上62條：「有間，中也。」引畢云：「間隙是二者之中。」其義已瞭。又引梁啟超說亦是。而著者自謂：「畢說未盡其義。蓋此『中』即由二間所成，易言之，猶云有二間必有一中也。」則轉嫌支離矣。惟幸並列他說，則讀者可自向背耳。

又如經上59條：「方，柱隅四讙也。」譚謂「讙」乃「權」之假字，引大取篇「權，正也」為說。然此「正」乃「正變」之「正」，非「方圓斜正」之「正」，則亦仍不如舊說較得也。今譚書於舊解惟言其不甚諦，而未引其說，則讀者未知優劣所在。

上舉數例，特於譚書為體例上之商榷。如論大義，亦有數點可討論者：

一、首當考定墨經之成書年代也：譚書屢以公孫龍說與墨經對比，似墨經多數均為駁正公孫龍說而發；然公孫龍年代已及長平戰後，在戰國晚世，豈墨經之作成尚在其後乎？又譚書一六五頁，論及五行，亦謂「五行相生，大抵自鄒衍後逐漸滋生，故墨者得以援義遮撥」云云。鄒衍亦與公孫龍同時，其卒年猶當稍後；今墨經尚得遮撥衍後逐漸滋生之義，其成書年代之晚可知；然證之莊子天下篇「俱誦墨經」一節，則又扞格難通矣。

二、宜辨名墨異同也：莊子天下篇：「俱誦墨經，而倍譎不同，相謂別墨，以堅白同異之辯相訾，以觭偶不仵之辭相應，以巨子為聖人。」是謂諸墨間自有不同，非謂墨與名之不同也。近賢創為「名墨訾應」之論，已為誤讀莊書；今譚氏更以墨經歸之名家，而另以公孫龍為形名家，謂名家與形名家持論相乖；遍搜先秦古籍，無此說也。又譚氏以惠施為墨家後學（二〇三頁），然則惠施、公孫龍與墨經三者間之異同，又將如何說之乎？若墨經誠多駁詰公孫龍之說，豈惠施承墨立說，公孫龍駁惠施，墨經又駁公孫龍乎？

此兩點皆所關至大，譚書義據未堅，遽本以立說，即如經下4 14 37 38 39 43 46 47 60 61 66 67 68諸條，實皆有重新討論之必要也。

又經下第16至29凡十四條，皆言光力諸事。昔梁任公為校釋，自云：「學力不足，故不強為釋。所校亦未精，僅采舊說。世有達者，疏通證明，實愜所望！」今譚書一一說之，無留碍，良為快事！愧非專門，亦不敢妄議是否，當以待世之習光力之學者。惟一學術之興，必與當時事境相洽；墨經中所云，是否全可以近世西人所得說之？且當時明得爾許光力學上之智識，必有所用，其在當時之應用狀態果若何？亦尚可推論一二否？此亦主以西學證墨經者所當著眼也。

上述以西學光力諸科說墨經，及分別名家與形名異點兩事，最為譚書用意所在，故率誌所感如此。譚氏自云：「中有極難者，每窮神殫智，私心尚在疑信間；蓋已恍然吾才之既竭。」蓋斯事只可如此而止，欲求竟體通明，躊躇滿意，恐所難能也。

## 〔附〕答譚戒甫先生書

著書難，評書更不易。墨經夙號難治，尊著旣眞積力久而成，拙評瑣瑣，宜其無當。然拙評亦非毛舉小節，輕相掎摭。所欲於尊著為芻蕘之獻者，一盼尊著能先列校讀而後釋義；二遇義解未臻十分之見而前說差可存者，不妨多存異說；三能多留缺疑，如是而已。缺疑一項，幸蒙俯納，前兩義亦幸與尊意無大違迕。則拙評羅舉諸端，不過為上述三項作例，尊意視為無當，一笑置之可也。今辱蒙逐條解答，自信之篤，引辭之謙，高情雅度，彌增佩仰。雖所示各節，容有愚固一時仍未領憭者；然此如吾儕讀王、張、俞、孫諸家書，雖莫不持之有故，言之成理，而未臻十分之見；吾儕非不佩其鑽研之深，用力之劬，而未敢遽信其說之必是。此種意味，專精是經如先生，當尤十分領略透切也。今亦不須多為往復，而有一意仍當略事剖辨者。前評經上92條，「諸不一利用」云云，來書謂：「此三條自信費功殊久，用思至細，措辭極圓。今謂全不見困難所在，又云未臻明暢，頗用為疑。」夫謂「未臻明暢」，此或下劣自短悟解；至云「全不見困難所在」者，不佞亦稍治此經，豈不知著者遇此等處之費力？特謂此等極有問題、極費討論處，以尊著體裁出之，將使初學者對此，全不見困難所在耳。尊著固是教本，又稱易解，然教射必志於彀，大匠誨人必以規矩；方今士不悅學，愈欲以極難解之書令人若為易解，正恐愈索解人不得。凡鄙意所欲備左右商榷者，曰必先校讀，曰多列異議，曰寧付缺疑，正為欲令學者知治此經必有如許層累，如許繁重，而猶未遽成定論。今轉謂鄙見有為學者益惰之嫌，則鄙意亦謂尊著正可犯此病耳。然因此又深幸鄙見之仍無大違於左右也。至論形名家與名家一節，在尊見則謂可質鬼神，在愚固則尚無徵不信。蒙許賜以大文，開其閉塞，固所欣盼。至詢及賤名，自念幕燕鼎魚，尚為此不急之閒文字，殊自愧憾；筆名「與忘」，正求「與世相忘」之意。左右若一時不能忘，亦知有其人者，曾從頭一讀尊著，不欲浪貢諛辭，而妄期為塵山霧海之效，斯可矣。

（刊載於民國二十四年十一月十日天津大公報圖書副刊，筆名與忘。）

# 與顧頡剛童書業論墨子姓氏辨書

丕繩先生文席：

蒙示足下與頡剛先生合作墨子姓氏辨，拜讀甚佩！承囑略述鄙見，附刊文後，誼當如命。墨子不姓墨，其說由江氏發之，而江書實多可議，誠如尊論。拙著諸子繫年稱引前人陳說，必提要删繁，略具首尾，獨本條只云：「墨翟非姓墨，江瑔讀子巵言論之已詳。」絕不稱引其文者，亦為此。然江說「墨」為學派名稱一義，實為精卓，故鄙文亦徑從墨家名「墨」由來加以闡發也。足下舉「楊、墨」、「愼、墨」獻難，竊謂此等處頗難嚴格。即如孟子「禹、稷」並稱，禹是人名，稷非人名也。史引逸詩：「神農、虞、夏」，「虞、夏」是代名，「神農」非代名也。漢有「絳、灌」，「灌」是姓，「絳」即非姓。即就足下等文反說之，「楊、墨」之「楊」是學派名，不成「愼、墨、季、惠」之「愼、季、惠」盡是學派名也？鄙意「楊、墨、曾、史、愼、墨、季、惠」與其說是學派名，自不如說是學者之姓氏為妥；若莊子齊物、韓非顯學之「儒、墨」，則確是學派名矣。儒墨為先秦顯學，韓非有「相里氏之墨，相夫氏之墨，鄧陵氏之墨」，「三墨」、「八儒」並稱，此等「墨」字甚難說其不與「儒」字同樣有特種之意義也。「墨」既為學派名，何以又稱「楊、墨」、「愼、墨」?則如「絳、灌」、「禹、稷」之類，古人容有此等例，不能由後人盡為解說耳。（即如「儒、墨、楊、秉」之「秉」字，舊說為公孫龍名，是否有據不可知；若有據，則此四字有姓、有名、有學派，豈非不倫不類之甚乎？）弟所取於江文者在此。弟聞「墨家」字義，實從江文啟悟，故於江文其他疏漏置未詳辨，亦私致愛重之意。今讀大作，將江文謬處痛駁無遺，庶江書不致再誤他人，甚快事也！

弟論「墨學」字義，亦荷駁正，更為感切！惟尊文似有誤會鄙意處，敬加疏說：

尊文謂墨者常自居為士君子，並舉所染、耕柱兩證；其實與鄙意不相妨也。鄙文疑「墨者」之稱，其名號殆由儒者之徒所加。（即「儒」名鄙意亦墨徒所加，均詳繫年。）在當時墨家，一面為一種勞工學派之提倡，一面自認為學者與士君子，此兩義並不甚妨害。（且亦行文偶爾，並不如論語處處討論如何方成為士君子。）蓋墨家心目中、理想中所謂學者與士君子之生活及行為，實與儒家大異，此層則斷不可忽略耳！

尊文又舉墨家不主仕之反證多條，弟繫年考辨第六二墨子弟子通考亦復言之，謂：

> 墨子雖非禮樂，力斥貴族生活；其為學立說，雖若務於為平民化，力與儒異趣；而顧汲汲遊揚其弟子，為之謀祿仕。……故覬仕為心理之同，游仕為世風之變，雖大師無如何。

足下所舉，正是繫年考辨第六二篇之所舉。惟鄙意所以仍謂墨家乃一種反對貴族生活、代表下層社會之學說者，其論證詳考辨第三二；必兩文合讀，庶可得鄙意之詳也。墨子為宋大夫，鄙意頗疑其不實，詳考辨第四四；然即謂墨子仕宋，亦與拙論墨家大義無妨。鄙意初期墨家似乎只反對當時貴族的生活（即禮樂），而並不絕對反對政治的事業與活動（即求仕與做官）。至明白提出不仕主義者，似當在孟子時；而此等不仕主義，鄙意則謂從墨家演化而來。拙著國學概論先秦諸子章已發此意，曰：

> 墨子之反對禮樂，僅求王公大人之強力聽治，一意政事，未嘗明白反對政治之生活也。（按：此處「政治生活」與上云「貴族生活」不同，勿誤會。）至許行「倉廩厲民」，與陳仲「不恃人食」之議，乃始確論人類當普遍勞作，而不認有專賴政治為生活之一級。然人類既不能無治，則政治生活亦不可遽廢。孟子即以此難許、陳，許、陳無以解釋也。莊周、老子書倡無治之論，乃更為許、陳進一解矣。故道家之論實源於墨。此非深辨先秦諸子學說流變之眞相者不能知也。

此意至今未變。繫年考辨三二分別儒、墨宗旨，正文就初期說，故並無仕、不仕之辨；小注中有此語，則承許行說下，故措辭有歧。不如概論說此為詳。概論云：

> 諸子可分三期：孔、墨之興為初期。當時所討論者，質言之，即貴族階級之生活究當若何而始

得謂之正當而已。陳、許、孟、莊為第二期。當時所討論者，質言之，即士階級自身對於貴族階級究應抱若何之態度是已。……故初期之問題中心為「禮」，中期之問題中心為「仕」。

又云：

囊括而言，先秦學派不出兩流：其傾向於貴族化者曰「儒」，其傾向於平民化者曰「墨」。儒者偏重政治，墨者偏重民生；一主禮，一非禮；一主仕進，一主隱退；（按：「隱退」二字須再斟酌。）一尚文學，一主勞作。此當時學術界分野之所在也。

此兩處下語亦自不同。今足下等據乙糾甲，是鄙文分晰未透徹也。抑下概括語，求其審的恰當，亦殊不易。如惠施、公孫龍並不主勞作，惠則仕宦甚顯，然不害二人之為墨徒，亦不害墨家教義之實近於平民化、勞工化也。

尊文又引魯問篇子墨子告吳慮語，證許行學說與墨不同。弟十年前舊稿孟子要略論許行一節，正與卓論全同。（該書前年在上海大華書局出版。）①惟弟所以謂許行學說為墨子之流派者，緣每一學派之傳

---

① 編者按：孟子要略後已編入作者四書釋義一書中。

授，率有其遞演遞進而未流異於起源之勢。若如墨子言，「不事耕織，而功賢於耕織」，推而廣之，即生孟子「後車數十乘，不足為泰」之結論，而墨子之尚儉約、非禮樂之主張破矣。故推極墨子兼愛、尚儉之論，勢必至於如許行之所持而後圓滿。此正墨子學說之進化也。（此節即鈔孟子要略。）

此雖十年前舊說，弟至今大體仍持夙見，故繫年仍以許行歸之墨徒。至楊朱「為我」，「拔一毛而利天下不為」，繩以孟子所記許行言行，去絕甚遠；尊意顧比而同之，何也？（晨報思辨大作未見。）

大作又舉墨子不廢書，又自云「下無耕農之難」，謂其與儒者同為坐食階級；此則以馬克思不入煤井鐵廠，努力著書，譏之為小資產階級之市民也。墨家生活之詳，今誠不可知，然禽滑釐事墨子，明云「手足胼胝，面目黧黑，役身給使」矣。墨者自稱得於禹道；禹雖為古帝王，究不與文、武、周公同類。儒之與墨，到底應有一界線也。

大作謂鄙說「墨家之起居、動作、言論為奴隸之起居、動作、言論，說更難通」。鄙人豈不知墨翟為大賢，墨家為顯學？然足下等若循誦鄙作全文，不截取一語，當可識鄙語所指之眞際。若足下謂墨子本人即為戰國遊士之首選，則試讀莊子天下篇論墨家一節，其與戰國遊士精神上、生活上、學說上種種絕殊，端可見矣。論學派異同，當從大處著眼，若只就一點說，則孔子歷聘，已是戰國遊士樣子矣。先秦學人本自有其大同，分儒分墨，不盡為多事乎！

足下等又謂：「墨家盛稱三代聖王堯、舜、禹、湯、文、武，引徵詩、書，尤與儒家觀念同條共貫；蓋既為同一階級，自有相類之思想。」駁鄙說分別儒、墨非事實。竊謂儒、墨皆稱道堯、舜，此特其時代相同之徵，（如近人論學、論政必引西籍也。）非其思想之相同也。故韓非子云：「儒、墨皆道堯、舜，誰為得堯、舜之眞？」此後儒家終不脫稱古道昔之風，而墨家流變全不然，則由兩家起始精神即有異耳。

又弟近年深感某某學者係某某階級之說，含義甚混，流弊甚大，故不敢輕用此等語；繫年曾親校，不知有無此等失檢處？足下述鄙意屢用「階級」字樣，謂「曾謂役夫刑徒階級而有此乎」云云，弟心中實絕不認墨子為「刑徒階級」也。（亦未主張墨子必受過墨刑。）

墨子是否姓墨，弟不敢堅持，因無徵不信，今日實無一堅明證據可以十分確定墨子決不姓墨也。墨家字義是否如弟說，亦不敢堅持，因亦無一堅明證據可以十分證實我說也。惟弟覺論先秦學術，儒、墨究不失為一大分野；弟向來對兩家學術之分辨，亦不失為一種看法，或尚有足供研討之處，故未肯即此放棄。惟恨鄙意盡於舊作，近來別無長進，故不免多引舊說自加申辨；護前之誚，所不敢辭。幸足下與顧先生皆知我者，可以藉此再得教益也。

謹復，順頌

著祺！頡剛先生並此候安！

弟錢穆上。九月二十四日。

（本篇原載民國二十五年十月國立北平研究院史學集刊第二期顧頡剛、童書業墨子姓氏辨一文之後，原題錢賓四先生來函。）

# 推止篇（先秦思想界之一分野）

關於先秦求知對象及思想方法之爭辨，可謂有「推」、「止」對立之一分野。尤其討論名、墨兩家思想之轉變異同，此一分野更值注意。此篇旁涉儒、道，舉要綜述之如次。

## 一　初期儒墨

儒家言求知方法率主推。論語不見「推」字，然曰：「告諸往而知來者。」又曰：「溫故而知新。」「雖百世可知。」又曰：「聞一以知二」，「聞一以知十」。又曰：「能近取譬。」又曰：「舉一隅不以三隅反則不復。」又曰：「恕，己所不欲，勿施於人。」後人以「推己及人」解「恕」字。此皆孔子言求知制行主推之證。

墨子尚賢、尚同、兼愛、非攻、節用、節葬、天志、明鬼、非命、非儒諸篇，其運思持論，大率多推此以及彼。如曰：「今王公大人，有一牛羊不能殺，必索良宰。有一衣裳不能制，必索良工。有一罷馬不能治，必索良醫。有一危弓不能張，必索良工。逮至其國家則不然。」（尚賢）又曰：「今有人於此，少見黑曰黑，多見黑曰白。少嘗苦曰苦，多嘗苦曰甘。小為非，則知而非之；大為非，攻國，則不知非。」（非攻）此皆以推論立說。如此之例，隨處可舉，不煩詳引。

## 二　孟子

孟子始明言「推」字，並確奉以為立義制行之主要原則。故曰：「推恩足以保四海，不推恩無以保妻子。古之人所以大過人者，無他焉，善推其所為而已矣。」孟子又喜用「擴充」字，如曰：「凡有四端於我者，知皆擴而充之矣，若火之始然，泉之始達。苟能充之，足以保四海。苟不充之，不足以事父母。」既言擴充，又言「達」。如曰：「親親，仁也。敬長，義也。無他，達之天下也。」又曰：「人皆有所不忍，達之於其所忍，仁也。人皆有所不為，達之於其所為，義也。人能充無欲害人之心，而仁不可勝用也。人能充無穿窬之心，而義不可勝用也。人能充無受爾汝之實，無所往而不為義也。」凡其言擴充、言達，皆與其言推之義相一貫。

上引孟子言，似偏重於立心行事。然立心行事必歸於義理，而所以求知於義理者則貴推。故其評陳仲子則曰：「是尚為能充其類也乎？」又曰：「充類至義之盡。」此孟子言推，本主推求義理可知。

孔、墨與孟子，其運思持論既同主於推，然墨子非儒，孟子則願學孔子而距楊、墨。孟子曰：「楊子取為我，是無君也。墨子兼愛，是無父也。能言距楊、墨者，聖人之徒也。」可見儒、墨立論雖皆主推，而所以為推之道有不同。於是其推論所及，乃達於絕相反之兩極端。即此可見推之可恃而不可恃。有可推，有不可推，不可推則貴能「止」。止者，此而不推之義。首先提出此推與止之辨論者似亦為墨家。後起墨家演變而成辯者，辯者源出於墨，其證即在墨子書。今墨子書中有經上下、經說上下及大取、小取篇，皆墨家言，亦皆是辯者言也。故後人即謂之墨辯。墨家何以流變而為辯者，余舊作墨辯探源一文闡其意，此篇於此不復詳，特專就墨辯中大取、小取兩篇以明其所論推止之涵義。

## 三　墨子大取篇

墨子貴義篇：「子墨子曰：『今瞽者曰：「鉅者白也，黔者黑也。」雖明目者無以易之。兼白黑，使瞽取焉，不能知也。故我曰瞽不知白黑者，非以其名也，以其取也。』」孟子曰：「楊子取為我。」又曰：「魚與熊掌不可得兼，捨魚而取熊掌。生與義不可得兼，捨生而取義。」此諸「取」字，皆言別擇取捨。遇有不可得兼，始有取。孟子用此「兼」「取」二字，正承墨家來。墨家主兼愛，遇愛有不可得兼，乃不得不有所取，而所取又有大小不同。大取、小取命篇，義即在此。有取大，有取小，此大取、小取之所由分篇也。

大取篇云：

天之愛人也，薄於聖人之愛人也。其利人也，厚於聖人之利人也。大人之愛小人也，薄於小人之愛大人也。其利小人也，厚於小人之利大人也。

此節實已提出墨家兼愛論之新義。以人與天相比，天之於人，乃愛薄而利厚。以大人與小人相比，大人之於人，亦是愛薄而利厚。如此言之，則兼愛乃不如兼利之更為重要，而薄愛亦無傷於其為兼愛。此一大前提確立，則遇有所別擇時，自必以取利捨愛為原則可知。主兼愛而又有取於薄愛與捨愛，此不得不謂是墨家之新義矣。

大取篇又云：

於所體之中而權輕重之謂權。斷指以存腕，利之中取大，害之中取小也。害之中取小，非取害也，取利也。

斷指者非不愛指，而卒取於斷指，此非捨愛乎？然此非取害，乃於利之中取大，故寧取存腕之利也。淮南說山訓有云：「人之情，於利之中則爭取大，於害之中則爭取小。」孟子亦曰：「魚與熊掌不可得兼，則捨魚而取熊掌。」今指與腕皆所愛，兩愛不可得兼，則取其愛之大者，故主斷指以存腕也。孟子亦言「權」，是知墨家新義乃時有取於儒家言，而多與儒義相通；此尤宜注意也。

大取篇又云：

殺一人以存天下，非殺一人以利天下也。殺己以存天下，是殺己以利天下。於事為之中而權輕重之謂求。求非為之也。害之中取小，求為義，非為義也。

此辨「求」之與「為」有不同。殺一人，非一獨立行為，僅是一手段，此手段亦僅以求利天下而已。利天下是義，故殺一人乃以求為義，非謂以殺一人為義也。然殺己則與殺人不同。人而至於殺己自殺，斯不得不認為是一獨立行為，而不可復認其僅為一手段。此即孟子所謂「捨生取義」，此一行為之本身即是義。今墨家亦採此說，則已明白提高了「己」之地位，明認己之與人有不同；此乃後起墨家援受儒家義而有此新論，與墨家初起時立論意態不同矣。

大取篇又云：

利之中取大，非不得已也。害之中取小，是不得已也。所未有而取焉，是利之中取大也。於所既有而棄焉，是害之中取小也。

「利之中取大」，乃為一種自由主動之取，故曰「非不得已」。「害之中取小」，乃為一種迫逼被動之取，故曰「是不得已」。自由主動之取，乃為一種積極向前，於所未有之中而取焉，如墨家主兼愛、兼利天下，是本所未有，而擇取以為義以求其實有也。迫逼被動之取，乃屬一種消極而退屈之行為，於所既有之中而棄，如斷指以求存腕、殺一人以求存天下。斷指、殺人皆是害，不得已而取之，蓋於既存事實中有所不獲俱全，故不能不有所棄也。取斷指，即是棄指。有取於棄指者，非取棄指之害，乃以取存腕之利也。是棄小利以求存大利，取小害以求免大害也。

大取篇又曰：

義可厚，厚之。義可薄，薄之。謂倫列。為長厚，不為幼薄。親厚厚，親薄薄。親至薄不至。義厚親，不稱行而類行。

墨者主兼相愛、交相利，然其實所愛利於人者，亦有厚薄之分。此皆不得不然。不得不然者，凡以求為義也。抑且厚於長者，不卽是薄於幼者。雖有至親，亦非謂卽有至薄。是則愛有厚薄，亦非卽是不兼愛。惟義應於親厚而因厚其親，此亦不得以厚親為一單獨行為；然此亦非一種不得已，故曰「不稱行而類行」，僅是類於行而已。此節提出「倫列」之愛，愛可以有厚薄，亦是墨家後起新義也。若由此再推衍之，則墨家之主「兼愛」，豈不與儒家之言「仁」更無甚大之區別乎？故曰此乃墨家之後起新義也。

大取篇又曰：

為天下厚禹，為禹也。為天下愛禹，乃為禹之人愛也。厚禹之為加於天下，而厚禹不加於天下。若惡盜之為加於天下，而惡盜不加於天下。

為天下而厚禹，此即所謂義可厚而厚之也。所為厚其人者，固不是為其人而厚之，然所厚者則其人也。至於為天下而愛禹，則必兼因於禹之為人可愛，以及我之眞愛其人。愛與厚之不同，即是愛與利之不同也。可以厚其人，未必即愛其人。所為厚禹者，其意兼及於天下。然厚禹之實際所為，則惟禹一人受之，未必能天下之人皆兼受其厚也。此猶惡一盜，其意乃為天下而惡此盜；然惡盜之實際所為，不能謂其為惡天下，因天下固非兼受此惡也。然則以名言之，則曰兼愛；以實際所取言之，則不妨於人有厚有愛、於人有惡有棄矣。此亦墨家後起新義，顯為墨家初起主張兼愛時所未及。惟言愛其人，則為人之當愛而愛，此猶最先言兼愛義；惟不本以天志，斯又更見其近於人情，近於儒家言矣。

大取篇又曰：

愛人不外己，己在所愛之中。己在所愛，愛加於己，倫列之愛己，愛人也。

上言「義可厚厚之，義可薄薄之，謂倫列」；今言兼愛，己亦當在所愛之內，而己又於凡所愛之人中為最親而當厚者，則由倫列之愛而愛己，豈非卽是愛人乎？若循此推之，又焉見墨家言之必如莊子天下篇所譏「反天下之心而天下不堪」乎？此又墨家新義所大異於其初之顯而易見之一例也。

大取篇又曰：

聖人之法，死亡親，為天下也。厚親，分也。以死亡之體渴興利。有厚薄而毋倫列之興利為己。

親亡而有葬祭之禮，是為「死亡親」，卽所謂「生事之以禮，死葬之以禮」也。聖人之法，死亡親乃為天下，此卽論語「愼終追遠，民德歸厚」之義。是墨家後起義，乃一同於儒家也。因人各有親，厚其親，乃人人分內事。親已死，若以為其死而薄葬之，而渴於興利，是其厚薄乃無倫列。旣無倫列，則其興利，亦僅為己而已。若知厚於人而首當厚者非其親莫屬，則死亡親非為己也。此一節原文義旨有難明處，姑為約略說之如此。若所說果於原旨有得，則後起墨家亦主愛己厚親，亦主以葬祭之禮厚其親矣。

大取篇又云：

> 愛眾世與愛寡世相若。兼愛之又相若。愛尚世與愛後世，一若今之人也。鬼非人也，兄之鬼，兄也。

如愛一家、愛一邑，推及於愛邦國，愛天下，所愛有大小，自兼愛之義言之，皆不相害，各得謂之為兼愛。由愛今世推及於上世、後世，亦不相害，要之皆是兼愛。蓋愛於寡，非卽不愛於眾。愛於今世；非卽不愛於上世與後世。葬祭之禮，卽是愛及上世也。人死為鬼，鬼已非人，可不在所愛之列；然若為其兄之鬼，則仍不妨對之有愛。此乃愛其兄，非愛及於鬼、愛及非人也。如是推言之，兄之鬼尚當愛，豈可謂父母既死為鬼，卽非其父母，不當愛乎？更推此而言之，尚世之古人皆已亡，後世之人皆未生，宜若不列於所愛；然主兼愛者，不害於愛上世、愛後世，正如其愛今世也。此皆證後起墨家義取圓宏，雖亦仍言兼愛，而與其初起時之主張，則顯有甚大之變通矣。

大取篇又云：

小圜之圜，與大圜之圜同。

圜有大小，不害其同為圜。如愛寡世，此小圜。愛眾世，此大圜。所愛範圍有大小，然不害其同所愛，並同為兼愛。然則愛一家，亦卽已是兼愛。愛一國，亦卽已是兼愛。非必愛天下而始得謂之為兼愛。此卽「小圜之圜與大圜之圜同」之說也。兼愛者，乃是一種全體愛。一家亦一全體，一國亦一全體，與天下同為一全體，惟大小不同而已。其為一全體之愛則一也。此亦墨家後起新義，與最先主張兼愛之立論有不同。蓋事有不得而兼者，則惟求取其大。如僅愛一己，則不如兼愛一家，更不如兼愛一國；然亦何必求其能盡愛一世乃始謂之是兼愛乎？此乃墨家後起兼愛新義之力求圓通，所為與原始兼愛論有別也。

大取篇又云：

知是世之有盜也，盡愛是世。知是室之有盜也，不盡惡是室也。知其一人之盜也，不盡惡是二人。雖其一人之盜，苟不知其所在，不盡惡其朋也。

知此世有盜，不害於兼愛者之盡愛此世。若知此室中有盜，卽不能盡愛此室中之人矣。然雖不能盡愛此室中之人，亦不能因此而盡惡此室中之人也。卽如於二人中，明知其中一人為盜，亦不能盡惡此二人。何以故？愛可泛類而推，惡則必當嚴止於其所當惡。故明知此二人中有一盜，不得已而不盡愛此二人則可，乃萬不可盡惡此二人也。又如知其一人為盜，而不知其人之所在，則亦必不能盡惡其人之朋。凡此皆以見惡必有限，惟愛乃可以無限。亦可謂為愛而可以有惡，然不能為惡而可以無愛。故不害於兼愛者之有時亦取於惡盜，然不能因惡盜而不取於兼愛也。

大取篇又云：

> 苟是石也白，敗是石也，盡與白同。是石也大，不與大同。

石之白，破是石而盡白也。石之大，破是石，則失其大矣。人之可愛，若石之白。故寡可愛，眾亦可愛。惟愛眾之道與愛寡之道則不能不有別。如知此世有盜，不害於盡愛此世。知此室有盜，則不盡愛此室矣。此猶石之破而有大小之異也。然則以愛言，則大圜之圜與小圜之圜同。以惡言，則大圜之圜與小圜之圜不同矣。故以愛言，則愛寡世可與愛眾世同。以惡言，則惡一盜非卽是惡天下也。

大取篇又云：

> 仁而無利愛，利愛生於慮。昔者之慮也，非今日之慮也。昔者之利人也，非今之利人也。愛獲之愛人也，生於慮獲之利，非慮臧之利也。而愛臧之愛人也，乃愛獲之愛人也。去其愛而天下

利，弗能不去也。

此節辨利愛與仁之不同。徒有仁心，不加以慮求，則無愛利之實矣。而愛之與利亦有辨。蓋所謂慮者，必隨時地、隨事宜而變。如今日慮有以利於臧，與昔日之慮有以利於臧者，可以異而變，而所愛於臧者則今昔無變也。昔也臧為我僕，我乃愛於臧而慮有以利於臧。今也獲為我僕，我乃愛於獲而慮有以利於獲。所慮以利於臧者與所慮以利於獲者可不同，然其愛於臧之與愛於獲則同是一愛，無不同也。且愛必慮其利。於彼有利，乃見於我有愛。故自此一端言之，則由仁生愛，由愛生利。若由彼一端言之，則有仁無愛，不如去仁存愛；有愛無利，不如去愛存利矣。論語：「子罕言利，與命與仁。」故儒家重言「仁」而輕言「利」。墨家不然，乃輕言「仁」而重言「利」。此與儒義正相反。抑且後起墨家又由「兼愛」而轉重於「兼利」。若其人而為盜，無利於天下，抑且於天下不利，我斯去其愛。不愛盜非即不愛人。若必使我不愛人而始得利人者，我斯不愛於人矣。此不可不謂是墨家兼愛理論中一大轉變。今試問世固可有不愛之而始能利之之具體事證否？於此問題，大取篇作者早已解答在前。彼固謂「天之愛人，薄於人之愛人；而天之利人，則厚於人之利人」也。人固當法天，則不得不有取於「薄愛之而厚利之」之一途矣。老聃承其後而益進，乃曰：「天地不仁，以萬物為芻狗。」此一轉變，宜非墨家初期提倡兼愛之說時之所能逆料。而思想轉變之轍迹，則顯然有如此。至是而墨家兼愛之主張，乃終不得不趨於衰退無力矣。

大取篇又云：

貴為天子，其利人不厚於匹夫。二子事親，或遇熟，或遇凶，其事親也相若。非彼其行益加也，外勢無能厚吾利者。藉臧也死而天下害，吾持養臧也萬倍，吾愛臧也不加厚。

此節重申愛與利之辨，而又改從另一面言之。所利有厚薄，非愛有厚薄也。愛之斯必求有以利之矣，然而有外勢之限焉。天子之利人，則必厚於匹夫；遇歲熟之子之事其父，必厚於遇歲凶之子；然而有不然者，則外勢限之也。抑且天子之愛人，非必厚於匹夫；遇歲熟之子之愛其父，非必厚於遇歲凶之子。愛既同，則為利雖有厚薄，等於無厚薄。此如厚養一臧，雖加於養常人者萬倍，然我愛臧之心則非有加。此皆愛與利之當分別而論也。

大取篇又云：

長人之與短人，其貌同者也，故同。人之指也與人之首也異，人之體非一貌者也，故異。將劍與挺劍異，劍以形貌命者也，其形不一，故異。楊木之木與桃木之木也同。諸非以舉量數命者，敗之盡是也。故一人之指，非一人也。方之一面，非方也。方木之面，方也。

此節中同異之辨。人有長短之異，然其為人之貌則同。首與指同屬於人之一體，然首貌與指貌則異。且不能謂人之一指為人，如不能謂方之一面為方也。必合人之全體而始謂之人，如必合方之四面而始謂之方也。故兼愛者，乃兼愛人之為類。人中有盜，不愛盜，不得謂是不愛人。凡以量數舉者，敗之盡是。「敗」乃破義，分散義。如言人，一世人與一人均是人，故兼愛人者不必能盡愛人始謂之兼愛人，愛一人亦不害其為兼愛人。然人之中有盜，有臧與獲，有我之父母，此皆異於類，非以量數舉。故盜之與臧獲之與我之父母，雖同為人中之一人，然猶如人首與人指之有別；不得謂愛父母則必愛臧獲又必愛盜，始得為愛人也。此則同異之辨也。不因人中有盜而仍主兼愛人，此固利之中取其大，亦是於其類而辨之也。

大取篇又云：

> 夫辭，以類行者也。立辭而不明於其類，則必困矣。

今曰兼愛人，則是以人為類也。曰必兼愛我之父母與臧獲與盜，而不知我之父母之與臧獲之與盜則不相為類。若斥人之不愛盜而謂其乃不愛人，則亦不明於其立辭之類矣。此處提出一「類」字極重要。墨子公輸篇：「義不殺少而殺眾，不可謂知類。」今必以殺一人謂非兼愛，亦是不知類也。此處提出一「行」字亦極重要。辭以類行，若非其類，則必不可行而止。「行」即「推」也。持論固貴於能類推，然遇非其類，則必「止」而不推矣。當止而不止，則必困。故大取篇之立論乃是推至於極而轉尚於知止焉。

大取篇有文句難解者，今皆棄不列，僅列其文句之較可解者。然卽如上引，亦多譌字、脫字、衍字，及上下倒置字。姑依前人校勘，又加己意，約略定如上文，不復一一詳加以說明，姑就此以推說其大意。就於上之所說，則篇名大取，乃是於利之中取其大，故曰「大取」也。曰「兼」，則必全取之，然有時不獲全取，則惟求能取其大。讀者取此篇以與墨子書中兼愛上、中、下三篇之所論列，卽墨家初期所倡兼愛之說相較，則見其遠為細密，然亦於原義遠有流失矣。故知大取乃墨家後起之說也。

墨家初倡兼愛，由今推想，其說必遭多方之疑辨與反駁。後起墨家乃針對此等疑辨與反駁而為辯護。其為說益精益密，然其所陳義乃亦不得不與最先倡議時有甚大之轉變。舉其要者，如辨天與人之分際，如辨愛與利之輕重，此顯與先所持論有不同。因最先立論，人惟一本天志，兼相愛，交相利，而不顧事實之有不可能；故必擇取焉而始可也。於是言兼愛而仍有取於倫列之愛，仍有取於愛有厚薄之分，仍有取於愛親、愛家、愛己之愛，然亦仍主愛之與仁有不同。而更要者，乃為求利而可以捨愛；苟可捨愛，則兼愛之論豈不將根本破敗乎？蓋此乃後起墨家不得不接受儒家以及並世各方之諍議而變其先說。惟其尚功利，則為墨家一大要端，斯則始終無變而已。此觀於上引大取篇諸節而可見者。

由墨家漸轉為辯者，亦可於大取篇得其梗概。大取篇之為辨，本為墨家辯護其兼愛之主張，此已申述如前。今就其後起之演變言，則所辨不外兩大項：一曰「大」與「小」，一曰「同」與「異」。墨家主兼愛，他人之攻擊之，亦不以其名而以其取，曰：「既主兼愛，何以亦愛其父？」墨家答之曰：「父愛不害於兼愛，是卽大圜、小圜同也。」然或曰：「既主兼愛，何以亦殺盜？」墨家又答之曰：「殺盜非殺人，是大圜與小圜異矣。」今列兩圖如次：

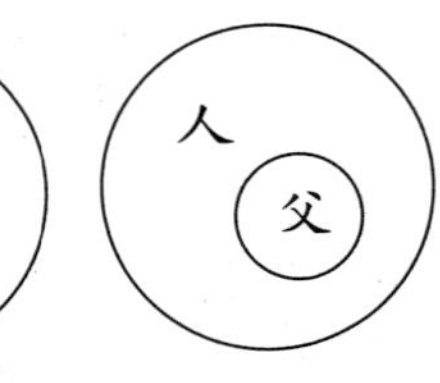


兼愛者亦愛其父，父在所愛之列，是大圜與小圜同。取其大，是愛父不害於為兼愛也。

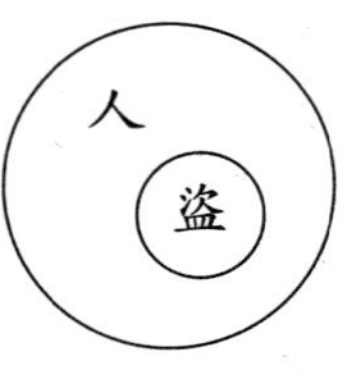


兼愛者亦殺盜，是大圜與小圜異。取其小，則殺盜非殺人，不愛盜非卽不愛人也。

大要後起之辨，不出此兩項。大取篇以申述前項，卽「大圜與小圜同」者為其主要之論點。小取篇所辨，則主要在後一項，卽「大圜與小圜異」者為其主要之論點。惟其大圜與小圜同，故可推。惟其大圜與小圜異，故不可推。不可推則止而不推。大取、小取分篇之主要意義卽在此。今試再就小取篇加闡繹焉。

## 四　墨子小取篇

小取篇有云：

凡辯者，將以明是非之分，審治亂之紀，明同異之處，察名實之理。處利害，決嫌疑焉，摹略萬物之然，論求羣言之比。以名舉實，以辭抒意，以說出故，以類取，以類予。有諸己，不非諸人。無諸己，不求諸人。或也者，不盡也。假者，今不然也。效者，為之法也。所效者，所以為之法也。故中效，則是也。不中效，則非也。此效也。譬也者，舉他物以明之也。侔也者，比辭而俱行也。援也者，曰子然，我奚獨不可以然也。推也者，以其所不取者同於其所取者予之也。是猶謂彼者同也，我豈謂彼者異也。夫物有以同而不率遂同，辭之侔也，有所至而止。其然也，有所以然也。其然同，其所以然不必同。其取之也，有所以取之。其取之也同，其所以取之不必同。是故辟、侔、援、推之辭，行而異，轉而危，遠而失，流而離本，則不可不審也，不可常用也。

此節明白指出有以同而不率遂同，故譬、侔、援、推之辭不可不審，不可常用。此即主「止」不主「推」之所由來也。何以「有以同而不率遂同」？蓋名以舉實，而辭以抒意。如云「盜，人也」，是名以舉實也。「殺盜非殺人」，則辭以抒意也。在殺盜者之意，固不為殺人也。若僅以名推，則譬、侔、援、推之辭可以行而異，轉而危，遠而失，流而離本，故不可以不知其有所至而止。小取篇首先提出此一主要分別，故篇中所辨，即在孰可推與孰不可推而當止也。

小取篇又云：

> 故言多方殊類異故，則不可偏觀也。夫物，或乃是而然，或是而不然。或一周而一不周，或一是而一不是也。不可常用也。故言多方殊類異故，則不可偏觀也。

此「類」字極關重要，然而亦必分別言之。如孟子曰：「凡同類者舉相似，何獨至於人而疑之？聖人與我同類者。」故充類至義之盡，而曰：「人皆可以為堯舜。」然其斥告子則曰：「犬之性猶牛之性，牛之性猶人之性與？」蓋孟子言人之性善，乃就於人之為類而言之。孟子固不言犬牛之性皆善，故孟子之為推，亦就於人之為類而推之；至於與人異類者，則止而不推矣。物有類，言亦有類。明於言之多方殊類異故，故能有諸己者不以非諸人，無諸己者不以求諸人。不以此一言之是，而盡非他言以為不是也。此下荀子尤好言類。至於中庸則曰：「道並行而不相背。」老子則曰：「道可道，非常道。名可名，非常名。」亦知一名一道之不可常用，不可普遍應用於多方殊類也。此一義甚為重要。此一「類」字，或為孟子所首先提出，或為後起墨家所首先提出，今已不可詳論。要之此一觀念所貢獻於當時之思想界者，實不可不重視。而在同一時期中，雖屬思想界之相對方，仍不能不各有取於某一同一觀念以為持論相辯之基本，此亦治思想史者所常見之一例也。

小取篇又曰：

白馬，馬也。乘白馬，乘馬也。驪馬，馬也。乘驪馬，乘馬也。獲，人也。愛獲，愛人也。臧，人也。愛臧，愛人也。此乃是而然者也。獲之親，人也。獲事其親，非事人也。其弟，美人也。愛弟，非愛美人也。車，木也。乘車，非乘木也。船，木也。入船，非入木也。盜人，人也。多盜，非多人也。無盜，非無人也。奚以明之？惡多盜，非惡多人也。欲無盜，非欲無人也。世相與共是之。若若是，則雖盜人人也，愛盜非愛人也；不愛盜非不愛人也，殺盜人非殺人也，無難矣。此與彼同類，世有彼而不自非也，墨者有此而非之，無他故焉，所謂內膠外閉，其心無空乎？此乃是而不然者也。

此節即說明大圜有與小圜同，亦有與小圜異者。如愛臧、愛獲同為愛人，而殺盜則不得謂是殺人是也。其謂「墨者有此而非之」，蓋指墨者亦不能不事其親、不愛其弟，亦不能不惡盜、不殺盜，而世人爭非之，謂其有背於其所主張之兼愛。小取篇針對此等誹議為辯護，謂此與彼同類，世有彼而不自非，墨者有此而非之；此等處，正是運用譬、侔、援、推之辭也。可知譬、侔、援、推之辭非不可用，惟用之當審，當知其所宜止耳。

小取篇又云：

> 且好讀書，非好書，好讀書也。好鬬鷄，非好鷄，好鬬鷄也。且入井，非入井也。止且入井，止入井也。且出門，非出門也。止且出門，止出門也。若若是，夭非夭也，壽夭也。非命，有命也。非執有命，非命也。無難矣。此與彼同類，世有彼而不自非也，墨者有此而非之，無他故焉，所謂內膠外閉，其心無空乎？此乃是而不然者也。

此節字句多誤，今以意更定，亦不復一一詳說之，固不知其果是否，然大意當約略如所更定也。墨者主非命，此非命之說，世亦必多非之；此處乃後起墨家之自辯。謂墨家主非命，非言有命之非，乃謂堅執有命之非也。所謂非命，非言其誠無命，乃僅以非夫人之堅執有命而一切諉之於命而不務於人力也。如言夭，乃因壽而謂之夭。夭者亦有生，惟較壽為夭，非以無生為夭也。則非命者，乃因人之執有命而非之，非謂無命也。如此為辯，乃可緩外來之爭議。然初期墨家之極端主張，則亦因是而消失矣。

小取篇又曰：

愛人待周愛人而後為愛人。不愛人不待周不愛人。不周愛，因為不愛人矣。乘馬，不待周乘馬然後為乘馬也。有乘於馬，因為乘馬矣。逮至不乘馬，待周不乘馬，而後為不乘馬。此一周而一不周者也。居於國則為居國，有一宅於國而不為有國。桃之實，桃也。棘之實，非棘也。問人之病，問人也。惡人之病，非惡人也。人之鬼，非人也。兄之鬼，兄也。祭人之鬼，非祭人也。祭兄之鬼，乃祭兄也。之馬之目眇，則謂之馬眇。之馬之目大，而不謂之馬大。之牛之毛黃，則謂之牛黃。之牛之毛衆，而不謂之牛衆。一馬，馬也。二馬，馬也。馬四足者，一馬而四足也。馬或白者，二馬而或白也，非一馬而或白。此乃一是而一非者也。

此言「周」與「不周」之辨，卽大圜與小圜有異有同之辨也。惟其如此，故一切名辭言說有可推，有不可推。不可推，則止而不推。止而不推，其所取也小。本篇重在申說此義，故以小取名篇也。

觀於大取、小取兩文，知墨家先後持義已多變，已多採納多方反對者之爭論而漸趨於和順；然亦因此而漸流為辯者言。此後所謂辯者，其淵源實始於墨家，惟更偏向於名辭辨說方面之發展，後人乃別目之曰「名家」，其實名家卽墨之支流與裔也。

## 五　惠施

惠施為名家之尤著者。其實惠施乃墨者徒，亦一辯者也。與莊周友好，其緒言多見於莊周之書。莊周稱之曰「辯者」，當其時本亦無所謂「名家」也。莊子天下篇引惠施歷物之意曰：

至大無外，謂之大一。至小無內，謂之小一。無厚不可積也，其大千里。天與地卑，山與澤平。日方中方睨，物方生方死。大同而與小同異，此之謂小同異。萬物畢同、畢異，此之謂大同異。南方無窮而有窮，今日適越而昔來。連環可解也。我知天下之中央，燕之北、越之南是也。汜愛萬物，天地一體也。

施言汜愛萬物，猶墨家言兼愛天下。惟墨家言兼愛，乃主兼愛人，乃就於人之為類而言之；施則由人推及萬物，推而益廣，泯人物之分；此非小取篇所謂「遠而失，流而離本」矣乎？抑且墨家言兼愛，乃上本之於「天志」。其後墨辯繼起，如上引大取、小取諸篇，皆頗不言「天」。此見墨家前後持論運思之變。而惠施乃改言「天地一體」，此所言之「天地」，乃與墨家之言天志、天鬼大不同。亦可謂惠施之兼言天地，乃旁通於莊周，非上承於墨翟也。惟其言天地萬物本為一體，故當汎愛，此又與墨家初期本天志而言兼愛者大不同。惠施何以知天地之一體？乃本其大一、小一之畢同而言之。大一、小一，猶大取篇之言大圜、小圜。大圜、小圜同一「圜」，大一、小一亦同一「一」。惠施言大同與小同之「小同異」，即「類」之不同也。大圜、小圜同一「圜」，大一、小一亦同一「一」。惠施言大同與小同之「小同異」，

類。大一畢同，則無不同類。抑且同體，是亦無所為類矣。故惠施之言，其實乃是破類以為言，亦可謂是不知類之言，皆小取篇之所斥也。惠施又曰：「日方中方睨，物方生方死，今日適越而昔來。」此就時間先後言，亦猶大取篇之言尚世、後世猶今世也。惠施之為辯，主要在於會通時間、空間之一切相異而歸納之為一同，遂以成其天地一體之論。此乃純從名言立論，故後世稱之曰「名家」。此由初期墨家天志之主張不為時人所接受，故墨家後起為辨，乃改途而另取立場；惠施乃專從名言異同而別創天地萬物一體之新論耳。

## 六　莊周

莊周與惠施相友好，兩人之思想言論亦頗多相通。莊周亦曰：

> 天下莫大於秋毫之末而太山為小，莫壽乎殤子而彭祖為夭。天地與我並存，而萬物與我為一。（齊物論）

又曰：

> 自其異者視之，肝膽楚越也。自其同者視之，萬物皆一也。（德充符）

是莊周亦主萬物一體，與惠施相同也。然兩人之人生觀則大相異。莊周僅主自適，不言氾愛，其意態似偏於消極。此為道家與名、墨之相異。

莊、惠相異，又可觀於其濠梁之辯而得之。莊子秋水篇云：

> 莊子與惠子遊於濠梁之上。莊子曰：「儵魚出游從容，是魚樂也。」惠子曰：「子非魚，安知魚之樂？」莊子曰：「子非我，安知我不知魚之樂？」惠子曰：「我非子，固不知子矣。子固非魚也，子之不知魚之樂全矣。」莊子曰：「請循其本。子曰『女安知魚樂』云者，既已知吾知之，而問我，我知之濠上也。」

觀於上引之所辯，惠施雖主天地一體，而萬物在此一體之內，乃可以各不相知。不惟人不知魚，抑且我不知汝。同體而不相知，此種意見，亦可謂淵源於墨氏。何者？墨子倡兼愛，其所持論，一本天志。故曰：「我有天志，譬若輪人之有規，匠人之有矩。」又曰：「兼相愛則交相利。」又曰：「皆若信鬼神，天下豈亂？」又謂：「言必有三表：一者上本之於古者聖王之事，二則原察百姓耳目之實，三則發以為刑政。」要而言之，其信天鬼、尚功利、重現實，莫不偏於外傾唯物，而於人類內部自有之心知與情慧則極少注重。後起墨家，雖於初期墨家持論過偏之說頗加矯正，然於其唯物外傾之基本態度，則未能稍有所變也。今惠施不言天鬼，而改言天地萬物；不本之於三表，而惟重名辭言辯，專求以己之所持論說服人；而於人之心知情慧，則亦漫不加察；此非墨氏唯物外傾之傳統之變相而益甚焉者乎？故莊子譏之曰：「辯者之徒，飾人之心，易人之意，能勝人之口，不能服人之心，辯者之囿也。」惠施既主汜愛萬物，而又謂其互不相知，則試問既不相知，何能相愛？在墨家初期，則曰：上本天志，則當相愛。在惠施則曰：就於名言之畢同而成為大一，則當相愛而已。固不計及於人之心知也。

莊子則頗重知。彼言「大年、小年」，因言「大知、小知」。又曰：「井蛙不可以語於海者，拘於墟也。夏蟲不可以語於冰者，篤於時也。曲士不可以語於道者，束於教也。」民之與鰌與蝯猴三者之知於處者各不同。民之與麋鹿與蝍且、鴟鴉四者之知於味者又不同。民之與蝯猵狙與麋鹿與鰌魚四者之知於色者又不同。夢中之知與覺不同。髑髏之知與生人不同。此亦皆其不相知也。然莊子正為物有不相知，故尤重言知。知必貴於能會異類、通異情，乃始可以達於大方，而免拘於一曲。至少亦當知其所不知。此莊、惠兩人立論大不同所在，亦即道家與名、墨兩家所不同一要端也。

莊子又稱惠施「以堅白之昧終」，是知惠施亦持堅白之論。大取篇有云：「苟是石也白，敗是石也，盡與白同。」白既如此，堅亦宜然。是謂一石之堅與白，如粉散之而仍同此堅與白。此即大取篇所謂「小圜之圜與大圜之圜同」也。此就其畢同者言之也。告子曾接聞緒言於墨氏，故告子之持論亦尚同。其言曰：「生之謂性。」是謂凡有生則性相同。不惟人與人無別，抑且人與其他生物亦無別。故孟子質之曰：「生之謂性，猶白之謂白歟？」告子曰：「然。」孟子又曰：「白羽之白，猶白雪之白、白玉之白歟？」告子又曰：「然。」孟子乃曰：「然則犬之性猶牛之性，牛之性猶人之性歟？」此下不見告子答語。其實告子既主「生之謂性」，則犬牛有生，人亦有生，其性亦不能大異。此由墨家持論，於人之心知情慧之有相異本不加察，而專從外面功利觀點立說，乃欲人之「視人之父若其父」，而不悟人之心知情慧之不能然也。惠施言同異，亦專就名物言。如人既非魚，則人魚相異，自可不相知。我既非汝，則我、汝亦可不相知。不相知而可相愛，此與初期墨家之言兼愛，可謂異蔽而同病。莊周之為說則不然。莊子蓋能深察於人之與我之與萬物，其心知情慧既各相異，不能同一，故雖曰一體並生，而實難相愛；故不如相忘而各期於自適也。

今若專就此一端言之，則莊子立論較近孟子，而惠施則較與告子為近。孟子主推，乃由人之心知情慧推，亦推極之於同類之人而止。惠施之為推，乃由名辭言辯推，乃推而及於天地萬物，而於人與人間之心知情慧之可以各異則置之不論，而不悟其不可以不論也。故莊子譏之曰：「唯其好之也，以異於彼其好之也，欲以明之彼。非所明而明之，故以堅白之昧終。」此謂惠施自好於為堅白之辨，而不悟他人之不能盡好於此堅白之辨。因欲以非彼之所能好者而明之於彼，是猶民食芻豢，而欲明之於麋鹿、蝍且與鴟鴉，而不悟麋鹿、蝍且、鴟鴉之各有所食所甘、所嗜所好。既非同類，即難相明。自非大知，何能知此心知情慧之各相異而不易於相明乎？

然而此大知不易遇。故莊子又曰：「萬世之後而一遇大聖，知其解者，是旦暮遇之也。」於是莊子又曰：

> 然則我與若與人，俱不能相知也。

又曰：

> 故知止其所不知，至矣。

孔子曰：「知之為知之，不知為不知。」惟大知始能知其不相知。莊子在濠梁之上，固言人可以知魚樂。然人與魚與萬物之如何各適其適，各樂其樂，固可各不相知。既不相知，則縱能兼相愛，不能交相利。故不如「相忘於道術」兼「相忘於江湖」也。

莊子又曰：

天地與我並生，而萬物與我為一。既已為一矣，且得有言乎？既已謂之一矣，且得無言乎？一與言為二，二與一為三，自此以往，巧歷不能得，而況其凡乎？故自無適有以至於三，而況自有適有乎？無適焉，因是已。

「適」即「推」也，「已」即「止」也。莊子之意，既不能由名辭言說為推以相明，則不如各自止於彼我之定分，各求能自適而已。故惠施主推，莊周主止，此兩人之態度相異也。

## 七　公孫龍

公孫龍承惠施名辯之學，亦墨徒也。然公孫龍又接聞於莊周晚年之緒論。故公孫龍之言論頗亦與惠施有異。其名實論有曰：

> 天地與其所產焉，物也。物以物其所物而不過焉，實也。實以實其所實而不曠焉，位也。出其所位，非位。位其所位焉，正也。其正者，正其所實也。正其所實也，正其名也。其名正，則唯乎其彼此焉。謂彼而彼不唯乎彼，則彼謂不行。謂此而此不唯乎此，則此謂不行。其以當，不當也。不當而當，亂也。故彼彼當乎彼，則唯乎彼，其謂行彼。此此當乎此，則唯乎此，其謂行此。其以當而當，正也。故彼彼止於彼，此此止於此，可。彼此而彼且此，此彼而此且彼，不可。夫名，實謂也。知此之非此也，知此之不在此也，則不謂也。知彼之非彼也，知彼之不在彼也，則不謂也。至矣哉！古之明王。審其名實，愼其所謂。至矣哉！古之明王。

龍之此文，首當注意者，乃謂實在名先。故曰：「名，實謂也。」又曰：「正其所實，正其名也。」因有此實，始有此名；無此實，則不復有此名矣。故正名必先正實，定實始能定名也。此說顯與惠施不同。惠施歷物，乃因大一、小一之名而遽以定萬物之為一體，此則近於因名而定實矣。此兩人一極大不同點也。

然細究公孫龍之所謂「實」，亦有甚堪詫異者。公孫龍有告魏王七說，見於列子仲尼篇。其第一說曰「有意不心」。墨家與辯者，皆重言名物，少言心知情慧，此乃其共同大傳統所在。公孫龍亦不能自逃於外也。然龍之言曰「有意不心」，則雖抹去心之內層，置一切心知情慧於不談，而固已注意及於言者之「意」。此則又其不同也。

之。故乃有「白馬非馬」之論。公孫龍白馬論有曰：

小取篇以名舉實，以辭抒意，分「名」與「辭」而兩之，而公孫龍則似並「名」與「辭」而一之。故乃有「白馬非馬」之論。公孫龍白馬論有曰：

> 求馬，黃、黑馬皆可致。求白馬，黃、黑馬不可致。使白馬乃馬也，是所求一也。所求一者，白者不異馬也。所求不異，如黃、黑馬有可、有不可，何也？可與不可，其相非明。故黃、黑馬一也，而可以應有馬，而不可以應有白馬，是白馬之非馬審矣。

蓋一名之立，在外所以指物，在內所以明意，公孫龍則偏重其內在者。故公孫龍之所謂「實」，「實」指「意」言，不指「物」言。若意在求馬，或意在求白馬，因人意所求有不同，故其出言用名亦不同。故求馬，可以黃、黑馬應。求白馬，則不可以黃、黑馬應。此「可」與「不可」之別定在求者之「意」。公孫龍主辨名之異同，必顧及人之用此名者之意。意之所在，卽名之所當。不可離其名之內在所當之意，而一任於馬之為名而推之。則白馬馬也，誠無以非；然以白馬應求黃、黑馬者，則必違逆無當於求馬者之本意矣。

公孫龍此之所辨，其實小取篇已言之。曰：「獲之親，人也。獲事其親，非事人也。」又曰：「盜人，人也。惡多盜，非惡多人也。欲無盜，非欲無人也。」故曰「以辭抒意」。今公孫龍乃進而以意辨名也。

公孫龍告魏王第七說，又曰：「孤犢未嘗有母。」驟視之，無不認其為詭辯。何者？孤犢雖無母，然不當謂之未嘗有母。然公孫龍之持此辨也亦有說。夫孤犢之必嘗有母，此人所盡知，可不待言。公孫龍之意，乃據言者之意而云也。夫孤者，無母之稱。因此犢無母，故稱之曰「孤犢」。在言者之意，僅言此犢無母，非言此犢之嘗有母。試為設譬，如言「老人」，言者之意，僅言此人年老，必非言此人之亦嘗有少年時。此非極明白易知乎？公孫龍既主正實以正名，而彼之所謂實者，所重乃在言者之意。此人言「孤犢」一名，此一名中，並不涵此犢嘗有母之意，此所謂「彼彼止於彼，此此止於此」也。莊子曰：「言非吹也，言者有言。」所言緊何？卽言者其人之意也。雖言者之意固必及物，然公孫龍則重「意」不重「物」。故曰孤犢嘗有母，乃專指外面此犢言，非指言此孤犢者當時內在之意言。今若捨言者當時內在之意，而僅就其所言之外面之物言，此只成為一「自然名」，一「科學名」，或「邏輯名」，與社會日常人生所通用之「人文名」有不同。公孫龍之所重，則在此日常人生所運用之人文名，而不重在自然名、科學名，與邏輯名。故惠施言萬物一體，而公孫龍則僅主「彼彼止於彼，此此止於此」而已也。

公孫龍有堅白論，亦闡此意。曰：

> 視不得其所堅而得其所白者，無堅也。拊不得其所白而得其所堅者，無白也。

此亦專就人之心知之接於外物者而言。視石而知其白，不知其堅也。拊石而知其堅，不知其白也。就石之為物言，則堅白不相離。就言此堅白者之人之內存之「意」言，則意指在白，不必兼堅。意指在堅，不必兼白。於是而有「離堅白」之論。若就離堅白之辨而推言之，則是手拊不知有目視，目視不知有手拊，手之與目，亦是同在一體，則豈非同在一體而可各不相知乎？此則公孫龍之所以終與惠施同列為名家也。

堅白篇又曰：

> 離也者因是，力與知果不若因是。

又曰：

> 離也者，天下故獨而正。

曰「因是」，曰「獨而正」，語皆見於莊子書。故知公孫龍之持論，乃有聞於莊周之緒言，故其立說，亦主「止」不主「推」也。

今再論惠施、公孫龍與墨家之關係。墨家初起，本為一力行團體，同時亦為一說教團體。惟其說教之內容，則不免趨於極端與過激。因其專就外在之物質功利言，而於人之內在之心知情慧，乃一切置於不顧也。嗣經各方之懷疑駁難，而使墨家之說教者，不得不逐步退讓，漸趨和順。此於大取、小取篇中之所答辯而可見其大概矣。在大取、小取篇中之所答辯，主要在提出一論題之立辭，有可推，有不可推。不可推則當止於此一辭之本意，而不為離題之推論。今已不知大取、小取篇之作者及其成篇時期。然觀其內容，初期墨家說教成份已見沖淡，斯其力行精神亦必減弱；此為墨家集團兼愛苦行之風漸趨低潮之證。至於惠施，雖亦淵源墨說，迹其生平，墨家初期一種強力苦行之風已不復見，乃使其轉成一辯者，而為此後名家開宗。然論其所辯說，則較之初期墨家範圍益有推擴。初期墨家主「兼愛」，乃專對社會人羣言；而惠施則改說「天地一體」而主「汜愛萬物」，此已成為一種名理之辯論。汜愛萬物，僅可能懸為一口號。若求實踐，眞欲建立為一項人生力行之標準，則其事甚難。而惠施亦未見於此方面眞有所努力也。公孫龍承惠施而起，乃並「汜愛萬物」之官面話而亦屏棄之，並不復提。其主要用意，乃專在探究名理。大取、小取言立辭有不可推，而公孫龍乃由此而益進，主張一「名」止於一「實」，一「實」定於一「意」，意各相異，斯名亦不可推。於是「馬」之一名則必止於其為「馬」而非「白馬」，「白馬」之一名則必止於其為「白馬」而非「馬」。甚至於「白」之一名則止於白，「堅」之一名則止於堅，「石」之一名則止於石；至於石之為物，其同時是否兼涵有堅、白之二者，此一事實亦可置之不論。此乃一種名理探討之趨於極端，較之初期墨家之說教精神離去益遠。由公孫龍之說轉落於人事，乃不得不由說教轉而向立法。故曰：「審其名實，愼其所謂，至矣哉！古之明王。」公孫龍乃一名家，而稱道及於「古之明王」，斯知名家精神亦必淹沒消失於後起法家之樊籬而不復能自振矣。

## 八　老子

繼此再言老聃與荀卿。老聃之書，斷當後於莊周而略前於荀子。老、荀二家之陳義，所以見其為深厚而博大者，亦由其能會通當時運思持論之「推」與「止」之兩分野而交融幷包之。若不究於上述諸家持論運思之遞相衍進，則亦無可瞭解於老、荀兩家立言之由來。老子之書，乃主能止於道，而由道以為推也。故曰：

> 道常無名。始制有名，侯王若能守之，萬物將自賓。

又曰：

> 道隱無名。道可道，非常道；名可名，非常名。

此數語中，「道」之地位顯然高出於「名」之上，而惠施、公孫龍名理之說絀矣。

又曰：

> 有物混成，先天地生。
>
> 吾不知其誰之子，象帝之先。

此皆指「道」言。舉出此道之一觀念，而初期墨家天志、天鬼之論，亦復可棄置不問矣。

又曰：

> 處無為之事，行不言之教。

則墨、名兩家力行強教、博辯善談之風亦將由此而熄。此皆顯見老子思想之後來居上。蓋老子言乃承先起墨、名諸家而益進也。

又曰：

聖人抱一為天下式。昔之得一者，天得一以清，地得一以寧，神得一以靈，谷得一以盈，萬物得一以生，侯王得一以為天下貞。

此「一」即「道」也。

又曰：

自古及今，其名不去，以閱衆甫。吾何以知衆甫之然哉？以此。

又曰：

執古之道，以御今之有。能知古始，是謂道紀。

又曰：

天下有始以為天下母。既得其母，以知其子；既知其子，復守其母。致虛極，守靜篤，萬物並作，吾以觀復。

又曰：

不出户，知天下。不闚牖，見天道。其出彌遠，其知彌少。

此皆本於道以為推，而可以有深知大用於天下；以此較之莊周之悲觀而自止於消極者，亦異矣。

## 九 荀子

荀子為儒家言，其言曰：

墨子蔽於用而不知文。惠子蔽於辭而不知實。莊子蔽於天而不知人。（解蔽）

又曰：

老子有見於詘，無見於伸。墨子有見於齊，無見於畸。

荀子評諸家之所失，洵為深允。而荀子最喜言「統類」，其言曰：

以人度人，以情度情，以類度類。以說度功。以道觀盡。古今，一度也。類不悖，雖久同理。（非相）

大率墨、名、道諸家所言，或偏重天，或偏重物，皆不能「以人度人，以情度情」，而又漫於分類之觀念。就思想方法言，正由其不知「以類度類」，故亦不能「以人度人，以情度情」也。

荀子又曰：

聖人之辯，成文而類。聽其言則辭辯而無統者，夫是之謂姦人之雄。（非十二子）

蓋知「類」斯有「統」。統者，即就其類而見其有統也。故荀子書每「統類」並言，如言「壹統類」是也。

又曰：

以淺持博，以古持今，以一持萬。奇物怪變，所未嘗聞也，所未嘗見也，卒然起一方，則舉統類而應之，無有疑怍，是大儒者也。（儒效）

又曰：

以類行雜，以一行萬。（王制）

又曰：

凡人之患，蔽於一曲，而闇於大理。（解蔽）

「闇於大理」者，由其不知類。「蔽於一曲」則無統。此所謂「倫類不通」（勸學）也。

荀子曰：

荀子旣言「君子必辯」（非相），又特著正名篇，蓋名不正則辯無所施矣。正名仍必重於知類。荀

> 制名以指實，然則何緣而以同異？曰緣天官。凡同類同情者，其天官之意物也同，故比方之疑似而通，是所以共其約名以相期也。

又曰：

> 心有徵知，徵知必將待天官之當簿其類然後可也。

惠施以大一小一、萬物畢同畢異之辨而謂天地一體，是漫其同異，亂其分類，外緣之於名辭言說而不先緣之以天官也。此則於人之心知為無徵。徵者，驗也。今謂萬物與我一體，此必徵之於人之心知；而人之心知所憑以為徵驗者，又必待其耳目視聽天官之當簿於在外之實物，一一點驗，然後知其果為類與不類也。故曰：

> 五官簿之而不知，心徵之而無說，則莫不然，謂之不知。

此可見知必緣於天官，必直接親徵於外面之物而後始有知，不得僅憑名言推說以為知。莊子譏惠施，謂其「飾人之心，易人之意，能勝人之口，不能服人之心」，「非所明而明之，而以堅白之昧終」，是卽誤於憑名言推說以為知，而不知有心之徵知也。

荀子內本心知，外據實物，而指出「名」之所由起，乃又重為規定其可推與不可推之界限。其言曰：

（待天官之當簿其類，）此所緣而以同異也。然後隨而命之。同則同之，異則異之。單足以喻則單，單不足以喻則兼。單與兼無所相避則共。雖共，不為害矣。知異實者之異名也，故使異實者莫不異名也。不可亂也。猶使同實者莫不同名也。故萬物雖衆，有時而欲徧舉之，故謂之物。物也者，大共名也。推而共之，共則有共，至於無共，然後止。有時而欲徧舉之，故謂之鳥獸。鳥獸也者，大別名也。推而別之，別則有別，至於無別，然後止。名無固宜，約之以命。約定俗成，謂之宜。異於約，則謂之不宜。名無固實，約之以命實。約定俗成，謂之實名。名之固善，徑易而不拂，謂之善名。物有同狀而異所者，有異狀而同所者，可別也。狀同而為異所者，雖可合，謂之二實。狀變而實無別而為異者，謂之化。有化而無別，謂之一實。此事之所以稽實定數也。此制名之樞要也。（正名）

凡名家之為辨，不論於惠施之為推，與夫公孫龍之主止，上引荀子之言，皆足以破之而有餘。蓋荀子能指出名言之緣起而見其無獨立性。約定俗成，僅為一彼我共喻之工具。斯其為說，較之老子之道、名並舉，尤為確當。若如老子之說，則「道」亦一名，其所異於「名言」之「名」者亦有限矣。

今再就推與止之立場而言，則荀子亦與老聃不同。蓋就於名言之辨而論其當推與當止，其事易。就於行事之實，禮義之辨，而論其當推與當止，則其事難。老子之論「道」，其實仍無異於一「名」，其弊將流於空洞無實。而荀子不然。其辨道與名，皆本於人事之實然以為說，故荀子每主止，不主推。非其不主推，乃因深知夫善為推之不易，故不如先求其知有所止也。荀子曰：

> 凡以知，人之性也。可以知，物之理也。以可以知人之性，求可以知物之理，而無所疑止之，則沒世窮年不能徧。

此猶莊子言「以有涯隨無涯」也。荀子舉物以為知之對象，知之範圍當擴及於天地萬物，此與儒家初起，孔孟言知皆側重於人文道德範圍以內者，大異矣。此因荀子承墨、名、道家之後，其為說亦不得不變。此種變而遞進，不得謂非先秦晚期儒家思想一大進境。所惜者，荀子似尚未深瞭於物理之難知，而僅以不可徧知為患，乃急求其有所止；此則荀子之失，所謂猶未達夫一間也。

於是荀子曰：

> 學也者，固學止之也。惡乎止之？曰：止諸至足。曷謂至足？曰：聖也。聖者，盡倫者也。

王者，盡制者也。故學者以聖王為師，乃以聖王之制為法，法其法以求其統類，以務象效其人。嚮是而務，士也。類是而幾，君子也。知之，聖人也。（解蔽）

是則荀子言知，雖其對象已遠見宏擴，推而及於天地萬物，然其立論之主要中心，則仍不出人文倫理範圍；此荀子之所以仍不失為儒家傳統也。至於如何綰合此兩者，使天地萬物之知與人文倫理道德之知可以相融而無間，相得而益彰，此固猶為荀子所未逮。

荀子又曰：

多言而類，聖人也。少言而法，君子也。多言無法而流湎然，雖辯，小人也。（大略）

蓋惟聖人為能知統類。惟其知能統類，故行能盡倫，法能盡制也。其為辯無法而流湎然，此猶小取篇所謂「譬、侔、援、推之辭，行而異，轉而危，遠而失，流而離本」也。

荀子與孟子異者，孟子主性善，故主各本己心以為推。荀子主性惡，故主能先止於前人所已見、已得之善，而奉聖王為師法也。是則孟、荀兩家，正可代表儒家傳統下一主止、一主推之兩分野之對立矣。

# 一〇　墨經與經說

繼此當略論墨子書中經上下、經說上下諸篇。此諸篇決不出於墨子之當年，抑且就墨家思想之流變言，此諸篇當特為晚出。以今考之，當尚在大取、小取篇之後。何以知其然？大取、小取篇之大義，已論如前。自此兩篇以下，墨家多流而為「辯者」。然大取、小取之為辯，其為初期墨家主張「兼愛」作辯護之痕迹尚易見。而經上下、經說上下，則其為辯，若已漸趨於獨立發展之階段，離初期墨家之言論主張已益遠。又其辯論之題目與範圍，亦已遠為恢擴。凡其用字造句，乃及其陳義內容，並頗有與公孫龍子、荀子以及莊子外、雜諸篇相涉者。故知此四篇尚應在大取、小取篇之後也。此諸篇當已入墨家之晚期，莊子天下篇所謂：「相里勤之弟子五侯之徒，南方之墨者苦獲、已齒、鄧陵子之屬，俱誦墨經而倍譎不同，相謂別墨。以堅白同異之辯相訾，以觭偶不仵之辭相應。」此見墨經蓋屬「墨分為三」時之作品。此諸篇，當並不成於一時一人之手，疑必遞有增集與改動，而始歸納成此諸篇。此輩並謂「別墨」，各誦墨經而相訾應，此必於其所誦，殆亦各有其足成之功焉。惟今已無可深論。然就當時思想之進程言，則此諸篇之為晚出，蓋無可疑。

今姑舉墨經中一、兩端約略言之。首當舉其言「止」與「推」者。經下云：

止，類以行之，說在同。〔說〕：彼以此其然也，說是其然也；我以此其不然也，疑是其然也。此然是必然，則俱。

又曰：

止，因以別道。〔說〕：彼舉然者，以為此其然也，則舉不然者而問之。

大取云：「言以類行。」小取云：「以類取，以類予。」故得其類則行，是可推而知其然者。失其類則止，則不可推。道不同而類異則別，此宜各止其所而不可妄以相通也。又曰：

推類之難，說在名之大小。〔說〕：謂四足獸與牛馬異。物盡異，大小也。

此卽惠施「萬物畢同畢異」，荀子正名篇以萬物為「大共名」、鳥獸為「大別名」之辨也。惟惠施言「畢同畢異」，而墨經此條僅言「盡異」，不言「盡同」；蓋由其知推類之難，其為思也益進，所以異乎惠施，遂亦不輕言天地之一體也。故又曰：

異類不仳，說在量。〔說〕：木與夜孰長？智與粟孰多？爵、親、行、價，四者孰貴？麋與虎孰高？蚓與蠶孰脩？

異類不相比，斯不可推、不可行，而宜止。就於名家言，此則偏近於公孫龍之言止，而與惠施之尚推異。就上所引，知墨經作者當不出惠施以前也。

墨經中有一事尤當鄭重指出者，乃為其言「知」。儒家言知，重在人文範圍，故曰「以人度人，以情度情，以類度類」。人與人同類，斯其一切倫理道德之所當，皆可推而知。墨家初期言兼愛，亦就人文範圍言；惟推至於言天鬼，與儒家言已稍有不同。至於大取、小取始言及凡物，然以取譬相喻，非舉以為求知之對象。惠施歷物，乃始擴開人文境界，推言及於天地萬物；然惠施僅就於名之大小同異而推論之，而不知名之非所以為知。故惠施主論亦重在「名」，不重在知。莊子始重知，其所舉以為知之對象者又偏及於天地萬物而盛言「大知」；此誠儒、墨以來所未有。然莊子又曰：「吾生也有涯，而知也無涯，以有涯隨無涯，殆已。已而為知者，殆而已矣。」故莊子言知之對象，雖已偏及於天地萬物，然實不欲追隨於天地萬物以為知。莊子之言知，僅欲人不拘於一時、一地、一己之「小知」，以求擴開「大知」，逍遙乘化而止。公孫龍言「意」不言知，故曰：「彼彼止於彼，此此止於此。」惟求一名止於一實。而言「白馬非馬」，其意欲以正名，非在求知。此亦與惠施同失。惟墨經則重言知，又以凡物為人求知之對象，不限於人文範圍；又深言及於為知之方，即人之所以求知者；此可謂繼莊子而益進矣。若以墨經與惠施、公孫龍相比，惠、公孫皆僅重言名，不重言知，而墨經則重知。故雖可同屬於辯者言，而一屬墨家，一屬名家，顯自不同。此蓋由其意趣之相異也。

茲略舉墨經論「知」諸條申述之如次：

經上云：

知，材也。〔說〕：知也者，所以知也，而不必知，若目。

慮，求也。〔說〕：慮也者，以其知有求也，而不必得之，若睨。

知，接也。（此語亦見莊子庚桑楚。）〔說〕：知也者，以其知遇物而能貌之，若見。

恕，明也。〔說〕：恕也者，以其恕論物而其知之也著，若明。

此處明白舉出物為知之對象，「知」、「物」連言；此為先秦諸子言知一絕大重要之進展，所當鄭重指出，深切注意，而決非驟然而得至於此者。夫人之有知於物，則必憑五官，此屬常識，似無可多論。墨子亦以「原察百姓耳目之實」為立言之一三表」。然必如此處所提出：乃見討論知識成為一獨立之問題，實為以前所未有。人類知識之完成，可分四階段：凡知，首先必憑五官，而五官不必能知，如有目不必能見，是為知之第一階段。繼此乃有追索尋求。追索尋求由於思慮，若運目以睨視，是為第二階段。然睨視仍不必遽有見，必待與外物相接而後可有見，此為第三階段。然有見仍不必遽得為知，又必其見達於「著」與「明」之一境，乃始成知，是為知之第四階段。凡此諸分辨，雖若無甚深奧義，然就思想史之進程言，不僅孔、墨初期言不及此，即孟軻、莊周、惠施、公孫龍時代，亦復未言及此。卽老聃、荀況亦尚未言及此。此必為一種晚出之說，似無可疑。

又曰：

> 生，形與知處也。
>
> 為，窮智而傒於欲也。

此言人之生命，必其身之形與其神之知相處，乃得為生。若僅具身形，而無神知，卽不得為有生。則知之重要可知。然人之行為，則不必決定於其所知。其所知已盡，而仍待其人之欲望為其行為作最後之抉擇。此一分辨，似與荀子意見正相反對。荀子曰：

> 欲不待可得，而求者從所可。欲不待可得，所受乎天也。求者從所可，受乎心也。所受乎天之一欲，制於所受乎心之多計，固難類所受乎天也。（正名）

是謂人之欲望必受制乎心之智慮，而墨經則謂人之智慮已盡，而其最後之判決則有待於其人之欲望。此兩家意見之不同。然就其提出同樣問題而加以精密之討論，則正見墨經與荀子當路同時。必至此時期，乃始有此項思想之出現也。

又經上曰：

知：聞、說、親。名實合，為。〔說〕：傳受之，聞也。方不庫，說也。身觀焉，親也。所以謂，名也。所謂，實也。名實耦，合也。志行，為也。

此言知分三種：有傳聞之知，有推說之知，有親接之知。傳聞之與推說，是由名言而有知也。然由名言而有知，又必求名實之合，又必由所知而繼之以行，始成為行為。徒依於名，不必盡合乎實。徒有於知，不必盡成為行。此其重實尚行之意，猶不失為墨家之傳統，所由異於惠施、公孫龍之徒務言辯而成為名家也。

又經下曰：

知而不以五路，說在久。〔說〕：知以目見，而目以火見，而火不見。惟以五路知。久不當以目見，若以火見。

火熱，說在視。〔說〕：謂火熱也，非以火之熱我。見，若視白。

知必以五路，此與荀子言五官同。五官乃人之知識所從得之必當經由之道路，故亦謂之五路也。然亦有不經五路而知者，如目見火，識其明；手觸火，覺其熱；待經驗積久，不待手觸，僅憑目見，知其為火，斯知其有熱矣。此如目見石，知其白；手觸石，知其堅；待經驗積久，則目視石，不僅知其白，亦得知其堅矣。此說正以破名家「離堅白」之辨也。

又曰：

聞所不知，若所知，則兩知之。說在告。〔說〕：在外者，所知也。在室者，所不知也。或曰：在室者之色若是其色，是所不知若所知也。夫名以所明正所不知，不以所不知疑所明。若以尺度所不知長。室外，親知也。室中，說知也。

此條申闡「親知」與「說知」之辨。苟非親知，何從憑以為說知？一也。又謂名者貴能以所明正所不知，不貴以所不知疑所明。名家大病正犯此。如「石堅白」為所明，「堅白盈離」之辨是以所不知疑所明也。「白馬為馬」是所明，「白馬非馬」則又是以所不知疑所明矣。此又墨經之為辨，所由與名家異也。

以上略舉經上、下言「知」者若干條，其字句間，亦有參各家校勘而以己意酌定者，此不一一詳論。墨經其他言知諸條亦不盡錄，卽此可以見墨經論知之大概。要而言之，墨經言知以「物」為對象，不專限於人文範圍，一也。又重親知，卽謂直接觀察觸及於物而得之知，二也。親知憑藉五官，三也。積久有經驗，乃可不憑五官而知，四也。有親知，有積久之知，又可有聞人告說之知，此始是由言而知，五也。必求名與實合，六也。如是求知，然後始能憑其知求而有所得，七也。故知、行必相配合，八也。知之終極境界曰「明」，九也。然亦有知之所無奈何者則曰「欲」，十也。

據此知墨經中言知，大體近荀子，而與惠施、公孫龍以及莊周之所言為遠。言「知」而兼及於「慮」與「得」，「明」與「欲」，凡所討論之問題，皆見於荀子書。雖儒、墨兩家見解主張有不同，然其所討論之問題則不害於相同。故知墨經時代，宜與荀子相先後也。

## 一一 大學

荀子之後有大學。何以知大學後於荀子？卽就本篇所討論之線索言，大學重言「止」，顯承荀子來。就思想歷程言，不能先有曾子門人作為大學重言「止」，而孟子繼之始重言「推」；此就本文上所論列之線索而可見其不然矣。大學之言曰：

大學之道，在明明德，在親民，在止於至善。

又曰：

知止而後有定，定而後能靜，靜而後能安，安而後能慮，慮而後能得。

必知止而後能慮，斯卽荀子教法也。墨經亦言慮與得，可知其時代相近，皆當出先秦之晚期，故其思想線索與其討論問題多相通也。

又曰：

詩云：「邦畿千里，惟民所止。」詩云：「緡蠻黃鳥，止於丘隅。」子曰：「於止，知其所止，可以人而不如鳥乎？」詩云：「穆穆文王，於緝熙敬止！」為人君，止於仁。為人臣，止於敬。為人子，止於孝。為人父，止於慈。與國人交，止於信。

所引詩辭言「止」者三，皆非大學所主張言止之本義。又與國人交，豈「止於信」而卽已乎？此尤其牽強之迹。故知大學為晚出書，決不能在孟子前。其言「止」，卽猶荀子之言「師法」也。

而大學書中尤可注意者，則在其言「格物致知」。此卽上引墨經之言「親知」、荀子之言「天官當簿」之類，此皆以「物」為知之對象，又貴於直接觸及於物之「知」；此乃孟子以前儒家所不言，故知大學之為晚出也。

## 一二 中庸

後世與大學並稱者有中庸。此二篇皆收入小戴記，宋以後取以與論語、孟子同列為四書。若以本篇所論當時思想分野言，則大學重言「止」，而中庸重言「推」。兩書皆當出荀子後。以當時思想先後衍進之歷程言，亦不能謂曾子之徒先言止，子思又重言推。且子思之為推，其恢宏又益過於孟子。孟子言性善，主於人之為類而言之。中庸曰：「天命之謂性。」乃已兼「人」與「物」而言。故曰中庸之推益過於孟子。今卽就本篇之所陳而繩之，二書之為晚出，亦可定矣。

中庸之言曰：

致中和，天地位焉，萬物育焉。

又曰：

> 君子之道費而隱。夫婦之愚，可以與知焉。及其至也，雖聖人亦有所不能焉。夫婦之不肖，可以能行焉。及其至也，雖聖人亦有所不能焉。
>
> 君子語大，天下莫能載焉。語小，天下莫能破焉。
>
> 君子之道，譬如行遠，必自邇。譬如登高，必自卑。
>
> 故君子不可以不修身。思修身，不可以不事親。思事親，不可以不知人。思知人，不可以不知天。

此以「修身」而推至於「知天」。又曰：

> 唯天下至誠，為能盡其性。能盡其性，則能盡人之性。能盡人之性，則能盡物之性。能盡物之性，則可以贊天地之化育。可以贊天地之化育，則可以與天地參矣。

此以「盡性」而推至於「與天地參」。皆其尚推之證。

本於上所論列，亦可謂大學與荀子較近，而中庸與孟子較近。是又主推、主止一對立也。綜而觀之，儒、墨、名、道四家，其持論制行，莫不各有重推、重止之異。故曰此乃先秦思想一大分野也。中庸又重言「明」，如「自誠明」、「自明誠」之說。此「明」字，莊子、墨經皆所喜言，而與論語、孟子所言「明」字稍不同。此亦中庸晚出一證也。

## 一三　呂氏春秋

先秦諸子中呂氏春秋最為晚出。其書成於眾手，折衷諸家，而先秦遺言亦頗有存者。故其書中有主「止」，有主「推」。茲各引一則以見例。察今篇云：

先王之所以為法者人也，而己亦人也，故察己可以知人，察今則可以知古。古今一也，人與我同耳。有道之士，貴以近知遠，以今知古，以益所見知所不見。故審堂下之陰，而知日月之行、陰陽之變。見瓶水之冰，而知天下之寒、魚鼈之藏也。嘗一脟肉，而知一鑊之味、一鼎之調。

此頗似於主推。其別類篇云：

知不知，上矣。過者之患，不知而自以為知。物多類然而不然。夫草有莘有藟，獨食之則殺人，合而食之則益壽。萬堇不殺。漆淖水淖，合兩淖則為蹇，濕之則為乾。金柔錫柔，合兩柔則為剛，燔之則為淖。或濕而乾，或燔而淖，類固不必可推知也。小方，大方之類也。小馬，大馬之類也。小智，非大智之類也。魯人有公孫綽者，告人曰：「我能起死人。」人問其故，對曰：「我固能治偏枯。今吾倍所以為偏枯之藥，則可以起死人矣。」物固有可以為小，不可以為大；可以為半，不可以為全者也。相劍者曰：「白所以為堅也，黃所以為牣也。黃白雜，則堅且牣，良劍也。」難者曰：「白所以為不牣也，黃所以為不堅也。黃白雜，則不堅且不牣也。又柔則錈，堅則折，劍折且錈，焉得為利劍？」劍之情未革，而或以為良，或以為惡，說使之也。義，小為之則小有福，大為之則大有福。於禍則不然，小有之不如其無也。射招者，欲其中小也。射獸者，欲其中大也。物固不必，安可推也？高陽應將為室，家匠對曰：「未可也。木尚生，加塗其上，必將撓。以生為室，今雖善，後將必敗。」高陽應曰：「緣子之言，則室不敗也。木益枯則勁，塗益乾則輕，以益勁任益輕，則不敗。」匠人無辭而對，受令而為之。室之始成也善，其後果敗。高陽應好小察而不通乎大理也。驥驁綠耳，背日而西走，至乎夕，則日在其前矣。目固有不見也，智固有不知也，數固有不及也。不知其說所以然而然，聖人因而興制，不事心焉。

此言事物之理多有不可推以為知者也。惟其所舉例，都屬自然物理範圍，甚少關於人文倫理範圍者。在自然物理範圍之內，多有不可推而知，故於此求知，則必貴於親知與實驗。此一思想線索，從墨經、荀子以來，實為先秦晚期之一派新思潮。惠施、莊周以前，絕無此種思路；惠施、莊周雖亦多言天地萬物而辨其可知與不可知，然亦甚少此境界。就此觀之，大學「致知在格物」五字，正可與上引呂氏此篇作同一解釋，以其同屬先秦末期出品也。若此一闡釋無大謬，則不可不謂凡上所陳，自墨經、荀子以下論知，乃晚周思想系統一新開展。而其關於儒家思想系統方面則更屬重要。初期儒家凡言求知立行之大原則，與其所取用之方法與途徑，大體不過如荀卿所謂「以人度人，以情度情，以類度類」而已。此乃偏以人文社會為中心，而於天地萬物自然外境則顯見有所忽。墨、名、道三家，較於外物注意為多。後起儒家因迭與此三家爭長，而亦引起其對外物方面之關切。荀卿開其端，大學「格物致知」之說即承此而來，而中庸言「盡物性」、「贊化育」，亦顯為軼出儒家人文傳統，有異於孟子以前之為說。其他如易繫辭亦然，如云「知周乎萬物，而道濟天下」之類是也。凡此皆當認為是晚周儒家之新觀點，新創闢。惜此下遽經劇變，列國分峙轉而為天下一統，學者興趣又多集中於政事實際之應用。先秦學術，至此面目已非，精氣不屬，乃不能對於上述對物求知之一途繼續發揮，以漸達於圓密成熟之境。而陰陽家言「天人相應」之說遂風起雲湧，掩蓋一切。此亦在呂氏書與中庸書中可微窺其端倪矣。而大學「格物致知」一義乃終陷於黯晦不彰，此亦至可惋惜之事也。

直至南宋朱子大學格物補傳，始重窺斯意。而朱子平生論學，於此方面實亦較少發揮。陽明乃以孟子「良知」釋大學「知」字，其非大學正解，無待詳辨。而王學流傳，於大學「格物」二字言人人殊，終無愜解。清儒轉入訓詁考據，於此問題遂不復理。繼自今，儻復有儒學新興，如何會通天人，綰人文與自然而一之，內而心知情慧，外而物理事變，不偏不倚，兼顧並重；並可使西方科學新知與中國儒家人文舊統獲得調和，以為人類求知立行建一新原則，創一新體系；此事牽涉甚大，則非本篇之所能深論矣。

又按：呂氏愛類篇有曰：

> 仁於他物，不仁於人，不得為仁。不仁於他物，獨仁於人，猶若為仁。仁也者，仁乎其類者也。

此說仍守儒家舊統。即大學言「格物致知」，亦極乎「治國、平天下」而止，與呂氏此文立意不相妨。中庸乃始務於致廣大而言「盡物性」，又言「贊化育」。雖言之若恢遠，而未有親切之指示，則豈不易之乎其為推矣！朱子定論、孟、學、庸為四書，而謂大學開示學者為學次第，首當先誦。次論語，次孟子，最後始及中庸。以其陳義深遠，天人性命之淵微，非初學所能驟解也。此項分別，深可體味。

呂氏離謂篇又曰：

言者以諭意。言意相離，凶也。亂國之俗，甚多流言而不顧其實。鄭國多相縣以書者，子產令無縣書，鄧析致之。子產令無致書，鄧析倚之。令無窮，鄧析應之亦無窮。洧水甚大，鄭之富人有溺者。人得其死者，富人請贖之，其人求金甚多。以告鄧析。鄧析曰：「安之。人必莫之賣矣。」得死者患之，以告鄧析。鄧析又答之曰：「安之。此必無所更買矣。」子產治鄭，而鄧析務難之。與民之有獄者約，大獄一衣，小獄襦袴；民之獻衣襦袴而學訟者不可勝數。以非為是，以是為非，是非無度，而可與不可日變。所欲勝因勝，所欲罪因罪。鄭國大亂，民口讙譁。子產殺鄧析而戮之，民心乃服，是非乃定，法律乃行。今世之人，多欲治其國而莫之誅鄧析之類，此所以欲治而愈亂也。

當春秋子產之世，宜無此等詭辯。殆是戰國晚世，辯者言流行，乃傳說有此。故公孫龍期有明王之審名實，荀子乃言聖王之所先誅，而呂氏承之。此可藉以想見當時辯者言流行社會影響之一斑，故以並著於此焉。

呂氏又有淫辭篇，其言曰：

非辭無以相期，從辭則亂。亂辭之中又有辭焉，心之謂也。凡言以諭心也。言心相離，則多所言非所行，所行非所言。言行相詭，不祥莫大焉。

此下遂歷引公孫龍兩事說之。故知公孫龍所論雖主止，雖求有如古明王之審名實，而其人其書所以終不免歸入於淫辭詭辯之列也。余昔年曾為惠施公孫龍一書，頗論兩家異同，而未縱言及此。本篇彙列兩家先後思想之與兩家相關者，明其流變異同，庶治名家言者於惠、公孫兩家之說，可得一更較正確之認識，更較平允之評價也。

（本篇作於一九六三年，刊載於一九六四年二月新亞學報六卷一期。）

# 中國古代散文——從西周至戰國

今天我的講題是「中國古代散文」，其年代上斷自西周，下迄戰國晚年。講中國文學，必先講到「韻文」和「散文」之別。韻文始自詩經，散文始自尚書，詩、書為中國古經籍兩大要典。此下自孔子春秋下迄戰國諸子，此一時代之著作，普通都認為應屬於經、子、史三部門；只有楚辭，始作文學看。我今天乃以文學觀點來講，立場不同，故講法亦不同。但我今天只講散文，故楚辭反不在所講之列。

講中國文學，也必遠溯自詩、書。我曾有西周書文體辨一文，大意說尚書應起自西周。今文尚書中如堯典、舜典、禹貢諸篇，盡出戰國晚年。盤庚篇當可認為是商代作品，但商代作品流傳極少。故講中國古代散文，主要應起於西周。惟余此文所辨，並不根據經、史學立論，獨就文學史觀點，由文體演進之新角度着眼；自謂乃余此文別開生面之處。余又論今傳西周書中大部分頗多與周公有關，尤如金縢、大誥、多士、無逸、君奭諸篇，即或非周公親作，亦必由周公手下人所撰。此諸篇在西周書中，更感得文從字順，平直易讀。可見周公與中國古代散文有重大關係。此諸篇，凡屬與周公有關者，其對後世文學影響尤較大。所謂影響較大者，因後代散文章法、句法、字法有許多從此諸篇衍變遞化而來。我又另有一文討論詩經，主要有兩論點：一是詩之興起，應在西周之初年；二是西周初年之最先詩篇，亦多與周公有關；有的是周公親作，有的是周公從者所為。根據此兩文所討論，我認為不論韻文、散文，中國古代最早對後代文學有影響之作者應是周公，周公可謂是中國文學史上第一重要人物。

周公以後，要講到孔子的春秋。

春秋一向歸入經、史範圍，似與文學無關。其實從文學史眼光看，春秋亦有其重要的地位。所謂重要，亦指其對後世之影響言。所謂其對後世之影響，乃指其文字運用之法度言。自西周書下及鐘鼎文，其用字、造句，終不失為一種「上古文」之面目。但春秋的用字、造句，則面目一新，驟看直與後代人之用字造句無大區別。亦可說春秋文法已是「後代化」了。因此，我們可以說，春秋已開了後代中國散文用字、造句之先河。自春秋以下，中國散文用字、造句更無大變化；中國散文學上之字句結構及其運用，已由春秋肇其端，亦可說已由春秋定了體。即此一端，春秋在中國散文史上之價值便可想見。

太史公說：

春秋約其文辭而指博。

又說：

孔子在位聽訟，文辭有可與人共者，弗獨有也。至於春秋，筆則筆，削則削，子夏之徒不能贊一辭。

此所謂「辭」，後人或說為「文辭」，或說為「辭句」，乃指文中之完成為一句之結構者而言。成一辭句，必有敍述，又兼判斷，故聽訟之判亦稱「辭」。春秋與尚書同屬古史，所謂「左史記事，右史記言」，尚書為記言之史，春秋為記事之史；記事亦必有判斷。如春秋開端：

魯隱公元年夏五月，鄭伯克段于鄢。

此一句即是一「辭」，有敍述，有判斷。我們試看此條句法，豈不已與現代句法一樣？這不是說孔子在二千五百多年前已能學做現代人句法，乃是他在二千五百多年前已開創了此下的現代句法了。這不是春秋在中國文學史上之地位和價值之重要證明嗎？

「鄭伯克段於鄢」此一句中，「鄭伯」與「段」是人名，「鄢」是地名，「于」是介詞，不用細講，故此句中衹一「克」字特別重要。何以孔子春秋在此特用一「克」字？此中涵義，大有講究。在此方面講究的，有公羊、穀梁兩傳。我們若細讀公、穀兩傳，便易知春秋在文學上之價值。從前講經學，都說「公、穀重義，左氏重事」。但經學家所講之「義」是義理，現在我們轉換目光，從文學上着眼，來從公、穀研究春秋，便可識得「文從字順各識職」的句法與字法之「義」。公羊釋此「克」字云：

克之者，殺之也。殺之則曷為謂之克？大鄭伯之惡也。

穀梁則謂：

克者何？能也。何能也？能殺也。何以不言殺？見段之有徒眾也。

本來國君殺一大夫，用「殺」字即可；此處用「克」字，便見孔子特有用意。研究春秋書中此等用意，即所謂「屬辭比事」之教。公羊認為用「克」字乃「大鄭伯之惡」，這是公羊的講法。穀梁則說「見段之有徒眾」。叔段有了徒眾，雖是大夫，卻如敵國，殺他不易，故用「克」字。此見此事之不是乃在段一邊。究竟公、穀兩家講法誰對、誰不對，此刻暫不論。要之春秋每一辭中用字俱有深義，即此可知。

但若眞要判斷鄭伯、叔段兩人誰是、誰不是，還得要明白此事之詳細經過；於是又得讀左傳。史學家重視左傳，正因左傳詳其實事。但我此刻所講，把春秋比如一部國文教科書，公羊、穀梁便都是國文老師，他們把教科書中一字一句之涵義，逐一分析細講。縱說是「褒貶大義」，但此等褒貶大義亦必表現在句法、字義上。若我們從此着眼來讀春秋與公、穀兩傳，便知孔子春秋確是中國古代散文中一部劃時代的大著作。

上面講孔子春秋鄭伯克段一事，用「克」字，不用「殺」字，在一字上見斤兩，此一傳統直到現代。如大陸淪陷了，我們跑來香港，在我們說是「淪陷」，有人則說是「解放」。說「淪陷」的，便知道他反共。說「解放」的，便知道他是共黨一邊人。可知孔子春秋義法，還在現社會活用，並不能認為已過時，沒意義。

下面再舉一例。如「趙盾弒其君」，「崔杼弒其君」兩條，其中「弒」字易知，特別重要的卻是兩個「其」字。倘我們改為「趙盾弒晉君」「崔杼弒齊君」，則意義轉黯晦，究不知趙盾、崔杼與晉君、齊君之名分關係，而二人弒君之罪也不顯豁。「其」字是一個代名詞，確切說明了趙盾、崔杼所弒是「他們自己的君」。用一個「其」字，便能指出趙、崔兩人為臣弒君不可饒恕的罪狀。而「其」字用意尚不止此。從記下的此辭言，趙盾、崔杼弒君之罪是客觀地評定了；從記此辭者之身分言，不說趙盾、崔杼「弒吾君」，而說「弒其君」，此見古代史官地位超然於列國政治權力之外；他們乃由周天子委派，所以說「弒其君」，不說「弒吾君」。

由於上面的幾個例，可見孔子春秋每一辭中，有些字下得十分謹嚴；於此可見史法，同樣也見文法。我們實在不能不認春秋在中國古代散文史上有其重要地位。

我們也知孔子春秋有所根據，有些則經過孔子修訂。如「鄭伯克段于鄢」一辭中，此「克」字可能是經孔子斟酌改定。如「趙盾、崔杼弒其君」兩「其」字，應是晉、齊兩國史官原筆，孔子沒有修改過；所以孔子要說「董狐，古之良史」了。

由此說來，在孔子以前，中國散文文法已逐漸地在進步。春秋因於魯史，今春秋中必然有許多魯史舊文；只把來和西周書以及鐘鼎文等相比，可知此一段期間，中國文法已在逐步現代化。只是到了孔子手裏，進步更顯著，而且已到了決定的階段了。因此我們又可說：周公和孔子，都在中國文學史上有其崇高地位。中國古代文學，應可說是周公創之，而孔子成之了。

孟子書中說：

> 詩亡而後春秋作。

此語在中國古代文學演變上，也透露了一番十分重要的消息。因西周書雖可說是一部歷史書，但大體乃是一部記言之史，而詩經卻轉是一部韻文的記事詩。此一層，我在讀詩經一文中，已詳細發揮過，此處不再說。詩經先有雅、頌，後有變雅。頌揚之辭變而為諷刺，於是詩亦隨之而亡了。詩亡之後，繼之以春秋，這是由韻文的記事詩變為散文的記事史。比事大體遠從周宣王以後已開始，到了孔子時而大成。春秋亦文亦史。我說孔子在中國文學史上有極重要之地位，正因其創出或完成了此下二千五百多年來的文法與句法、字法，直到今天，仍不能有所大改變。司馬遷所謂「春秋約其文辭而指博」，亦可說是司馬遷對孔子春秋文學的讚辭了。

上面所舉「鄭伯克段于鄢」及「趙盾、崔杼弒其君」，雖可從文學方面講，但到底是一種歷史記載，寓有史法褒貶。此下再舉一例，確實專屬文字、文法方面者。

僖公十六年春王正月戊申朔，隕石于宋五，是月，六鷁退飛過宋都。

此兩句，在歷史上無關重要，沒有什麼可講，但公羊、穀梁兩傳卻把此兩句大講特講一番。公羊說：

曷為先言「賈」而後言「石」？賈石記聞。聞其磌然，視之則石，察之則五。曷為先言「六」而後言「鷁」？六鷁退飛，記見也。視之則六，察之則鷁，徐而察之則退飛。

穀梁說：

先「隕」而後「石」，何也？隕而後石也。後數，散辭也，耳治也。六鷁退飛過宋都，先數，聚辭也，目治也。石、鷁猶且盡其辭，而況於人乎？

其實此處討論的，只是有關文法的問題。為何第一句把形容詞「五」放在名詞「石」之後？而第二句卻把形容詞「六」放在名詞「鷁」之前？又「隕」和「飛」都是動詞，為何第一句動詞在名詞前？第二句動詞在名詞下？這是一種句法上的比較分析。公羊說：「隕石者，記聞也。」聽見了聲音，纔跑去看，看後纔知是石，再查點乃知有五石。這是先聞聲，看後才點數。第二句是記眼所見，看見六隻鳥在天空飛翔，細辨始知是鷁，再看才知是倒飛。因此，第一句是寫耳聽，第二句寫目見。公羊家如此比較分析，從見聞行事轉到內心活動之經過，也不能說其牽強無理。從這裏，我們卻可看出孔子乃至儒家後學，他們都已注意到我們今天所謂的「修辭」之學了。若我們想把這兩句中每一字的位置掉換一下，卻甚不易。幾乎是無法掉換。勉強掉換了，也總不能比上原來的。由此更可說明春秋文法已是現代化，和現代語法差不多，或說是一樣。這不是說孔子在學現代人作文造句，只說現代人作文造句依然遵依著孔子規範。孔子作春秋時，子夏不能贊一辭，可見孔子作春秋是下過一番工夫的。

孔子曾說：

在每一句中，每一個字下得恰切與否，影響到作者所要表達的意思。究竟能表達得恰切否，公、穀兩家對「隕石於宋」、「六鷁退飛」兩條之辨釋，亦只是辨釋這一點。

因此我們可以說，從尚書到春秋，是中國古代散文演變一大進步。所謂進步，指其愈能接近今天語法而言。所謂接近，又是指我們今天的語法，乃接近於當時所寫。換言之，乃是當時所寫的已能影響到今天。

上面從文學觀點來講春秋中之字法與句法。但春秋在文學上之偉大處，尚不止此。春秋記二百四十年事，所謂「所見異辭」、「所聞異辭」，與「所傳聞異辭」，也可說「所傳聞」是春秋之「上古」，「所聞」是春秋之「中古」，「所見」是春秋之「近古」。孔子記此三時期事，寫法各不同。我們須能將全部春秋二百四十二年事，從其記載所用辭之不同處來研究孔子著作之深意所在。因此說：「屬辭比事，春秋之教。」換言之，孔子春秋是前後一體有嚴密組織及深細用心的。

姑舉最顯明的一例來說。春秋按年月先後記事，但每年開始有「春王正月」、「春王二月」和「春王三月」之三種不同。此一不同，引起後人許多誤解。公羊家說：孔子春秋共有三個「三統」，因此有「王正月」、「王二月」、「王三月」之異。其實不然。只是那一年若正月有事，則記「春王正月」。倘正月無事，則從「春王二月」開始。若二月亦無事，則從「春王三月」開始。又若正、二、三月整個春季均無事可記，則僅書「春王正月」四字，下面即接寫「夏四月」或「夏五月」等。所以必要加上此「春王正月」四字者，因春秋必從春到夏，按季節寫下。一春無事可記，但不能缺了此一春，故僅寫「春王正月」四字。

由於上面所說，可見孔子春秋並不是從一句句地來寫出此整部書，而是在寫此整部書中而寫出此一句一句來。因此，我們讀春秋，固要逐字、逐句讀，也該懂得全部讀。能懂它全部，始能眞的懂它的各字與各句。如此說來，孔子春秋，不僅在造句、用字上有研究，並亦在全部書的結構與組織上有研究。這怎能不把孔子也當為一偉大的文學家來看呢？

以上是講周公以後的偉大文學家——孔子。孔子自身在中國文學史上有大貢獻，上面已講過。孔門四科中有「文學」，最著者為子游、子夏。子夏傳春秋，公、穀二傳都從子夏學派開始。子游傳禮，今小戴禮記中有檀弓篇，相傳為子游弟子魯人檀弓所寫。檀弓與論語，同為中國古代散文中無上絕妙之小品文。我曾講過論語中的小品文一題，也是從文學方面來講論語的。講論語，也可逐字、逐句講，也可從全書篇章之組織上來講。我近著論語新解，在論語篇章纂輯先後、分合之間，也多講及，今天不擬再提。

說到檀弓，後人認為是子游弟子所寫；正如論語，後人認為是曾子、有子門人所寫。此兩書既均被認為是古代散文中之絕妙上乘小品，則可見孔門後學對古代文學上之貢獻亦甚偉大。若論兩書內容，論語記言而兼及事，檀弓記事而兼及言，要之均自史學中演變而出。尚書、春秋記載國家大事，論語、檀弓則記載私人與社會罰事。這也可算是史學上一進步。

顧亭林日知錄有一段討論及論語、檀弓的年代問題，他就爾雅所說「茲，斯，此也」一語，統計論語用「斯」字凡七十次，但不用「此」字。檀弓用「斯」字五十三次，用「此」字只一次。大學用「此」字十九次。即據顧氏此一統計，可見論語和檀弓年代相近，大學則成書較晚。若說大學成於曾子、有子之門人，則對顧氏日知錄這一番統計便說不通。

論語中有一節文字和檀弓相同。檀弓說：

> 賓客至，無所館。夫子曰：「生於我乎館，死於我乎殯。」

論語鄉黨篇則云：

> 朋友死，無所歸，曰：「於我殯。」

此兩處記載，約略推斷，可認是檀弓在前，論語鄉黨在後。檀弓記賓客至，無所館，當必是其病了，所以孔子由「生於我乎館」連說到「死於我乎殯」。此處可見當時句法本已與後代無異，只是古人語簡，後代語詳，稍見不同而已。鄉黨篇比檀弓更節省。就事而論，斷無死了始招到家來殯之禮。論語亦同是七十子後學者所記，但鄉黨此節，則不能認為在檀弓前。只恐是鄉黨此節乃承襲檀弓而把來省節了。

檀弓文字又有可與左傳、國語相比的。如檀弓記晉獻公將殺世子申生，與左傳大同小異。檀弓記晉獻公之喪，秦穆公使人弔公子重耳，與國語大同小異。由此可見，孔門後起儒家，除注意記錄孔子一人之言行外，又多注意到記載當時列國君卿大夫之言論行事。中國古代史學文章之漸臻美妙，孔子以下之儒家在此方面有大貢獻。倘說論語和檀弓時代相近，兩書同是短篇小品，我們由此可想像左傳中所載，其先恐怕也多是短篇，漸後再展衍出許多長篇大文章來。此層須詳作考據推論，此處無從多講。但若謂左傳中所載都屬孔子以前列國之原有作品，由孔子同時的左丘明搜集來與孔子春秋相附並行；此層只就文學史之演進步驟觀之，也就像是不足信了。

講到上述此問題，同時又須牽連講到公羊和穀梁。公、穀兩傳，大體是子夏弟子或其再傳弟子等所撰寫。檀弓又是子游弟子所作。則公、穀初起，其年代應與檀弓相差不太遠。若我們拿左傳來和公、穀相比，有許多三傳同記一事，而大體上則可說是左傳抄襲了公、穀。如「晉師假道於虞以伐虢」一事，三傳皆有。從文字演變上看，似乎應該公、穀同出一源，而穀梁乃就公羊所記而再加以修飾之痕迹，亦終不可掩。至於左傳，則又似翦裁公、穀而成。又如宣公十五年，「宋華元夜入楚軍」事，公羊、左傳皆有。公羊詳盡，左傳簡略，又像是左傳後起，從公羊為翦裁。若把三傳年代就其文字衍進上細細相較，應該是公羊最在先，穀梁次之，左傳最在後。此乃專就文學眼光作探究，絕無經學傳統對此三傳有所軒輊之意。

此刻再論到左傳與國語。如魯語、晉語，與檀弓、公、穀等儒家言比較像是同出一時，而左氏所採用的則並不多。齊語則全不採，吳、越語亦採用極少。但如「申胥諫許越成」，吳語所載遠較左傳哀元年文切實近情理。左傳引述夏少康中興故事，簡直如在課室中講上古史，子胥當時斷無閒情如此作諫。又如左傳好用格言，此條中有云：「樹德莫如滋，去疾莫如盡。」較之吳語云：「為虺弗摧，為蛇將若何？」大體可說吳語較近當時語氣。故大體論之，左氏成書應較公、穀與國語為晚。而且左傳中如云：「王貳于虢」、「王叛王孫蘇」之類，此等文字，顯然近似戰國人口吻，斷不能認為是孔子前的原始材料。

如上所述，中國古代散文，到今仍留存可資研討者，最先是西周書，此與周公有大關係。繼之是孔子春秋。又繼之是孔門弟子後學所記，如論語、檀弓，又如公羊、穀梁、國語。再後始是左傳。我常想作一文，指出左傳與公、穀、國語年代上之比較，主要只想從文學觀點上立論。當然此事較之顧亭林日知錄統計「斯」字、「此」字使用多少來定年代先後，雙方方法不同，難易亦別。但我認為此事也非終難下筆。只是直到此時，並不曾真化工夫去做。

論語以後，儒家繼起有孟子。雖然他每章也多冠以「孟子曰」三字，體裁近似論語，但論、孟文章顯然不同。論語多屬短品，孟子儘有長篇，洋洋灑灑，雄奇瑰麗，在散文史進展上，可說又跨進了一大步。其中如「曾子居武城，有越寇」章前一節，補申「曾子、子思同道」之義，「逢蒙學射於羿」章後一節，發揮「惡得無罪」之義；皆有從口語記述轉入行文作論之痕迹，故甚見恣肆，再不像口語之平直。更如「齊人有一妻一妾」章，章首並無「孟子曰」字樣，則顯然已超脫了口語束縛。此等文字，已甚與戰國策相近。

孟子雄辯，墨子精鍊，而墨子更見有從口語記述轉變為行文作論之痕迹。墨子諸篇已不再從「子墨子曰」開端，只在篇中夾入「子墨子曰」、「子墨子言曰」，以及「故子墨子言曰」等語。而如非攻上篇，通體無「子墨子曰」字樣，遂極似後代一論文。而且孟子行文儘是縱恣闊肆，然還是古人記言之體，最多是在記言中夾進記事，仍可說是論語、檀弓之舊格套；只是文字開展，局度恢張，較前有進，而並不曾在每章之首放上一個議論題目。墨子書如尚賢、尚同、非攻、兼愛、天志、明鬼、非儒、非樂等篇，顯然是後世一篇議論文之體裁，與記言、記事大大有別。我們也可說，上面所述儒家著述，仍還在舊有體例、經史範圍之內；自有墨子，而後子學地位始確立。這又可說是中國古代散文一大進步。

墨子以後有莊子。墨子精鍊，莊子恢奇，莊子在文學上之境界與趣味更見充分流露。既非記言、記事，又非立論、立議，簡直可說是有意為文。但莊子多用寓言體，到底仍是沿襲著古代記言、記事的舊體裁，並無其言、其事而假造之如此。可見文體衍進，自有步驟，中間必經時間醞釀。文學上一種新體裁之出現，並不容易，並非可以突然而來。諸位認識得此一點，自然可以信我從文體衍進來辨別古書眞偽及其成書年代先後之一點，決非純憑主觀臆測，而實是確切有據。

從莊子到老子，就文學觀點言，更是大大一進步。全部道德經，寥寥五千言，但一開始便把「道可道，非常道，名可名，非常名」十二個字，扼要提綱標出；這又是文體上一大進步。不懂孟子不知此新體，即莊子亦並不懂此一訣巧，洋洋灑灑長篇大論，總是從故事寓言開始，叫人摸不着頭腦。中庸一開始即說「天命之謂性，率性之謂道，修道之謂教」；大學一開始即說「大學之道，在明明德，在新民，在止於至善」；可說同樣懂得此道理，但學、庸則應較老子更晚出了。

老子玄虛，而荀子平實。若把後代散文立論建議之法度來講，荀子文體在戰國時可算是最進步，最接近後世之法度。荀子後，有韓非與呂覽。韓非乃荀子門人，呂覽亦應多有荀子門人之手筆。韓非奇宕，呂覽平實。下到兩漢人為文，多承接荀、韓、呂三家。亦可說，中國古代散文，到此三家已走上了極峯，更近於後代的論文了。

以上所說，是有關諸子的。在此須附帶說到戰國策。戰國策文體雖極縱橫奇肆，到底仍還是記言、記事。我們也可說，左傳文體類荀子，戰國策則近孟子。又如太史公書中有杵臼、程嬰故事，及陶朱公故事諸節；此等文字，應亦是戰國人所作，與戰國策文體較近，只是未收入左傳與國策中而已。

以上僅是扼要地講，其他古代著述暫不提及。現在我將中國古代散文約略為之分期。

西周是第一期。

孔子春秋與孔門記述是第二期。其中論語、檀弓在先，公、穀、國語次之，左傳最在後。國策則不限於儒家言。

再說戰國諸子。孟、墨、莊是一期。老、荀下及韓、呂又是一期。若把地域分，大體可分為東方、中原、南方三大區域。東方包括鄒、魯、燕、齊，中原主要是三晉，南方則包括楚、越。最早從孔子以下，學術思想全在東方。孔子是魯人。墨子或也是魯人。東方鄒、魯地區，是儒、墨兩家之發祥地，亦可說之為儒、墨之原始學派。

後來逐漸發展至齊及三晉。子夏最先去到魏，為三晉開發宗風。公羊有齊人言，檀弓、國語多涉及三晉事。

再後，楚國有吳起下至屈原，兩人都和儒家有關係，且對上古史都極熟悉，行文都用雅言，屈原只加上些地方色彩。吳起自魏去楚，與左傳有密切關係。屈原離騷則承詩經後，為古代韻文一大宗。荀子曾遊楚，喜為賦。莊、老生地近楚，其行文亦頗喜用韻。此處不深講。

若以國語來分，則國語中魯語、齊語應屬東方，晉語屬中原，吳語、越語屬南方。大抵魯語文尚典雅，喜歡稱誦有關道德仁義的教訓，這是孔門儒家傳統所在。但到戰國後，鄒、魯地區不占重要，那些老守家法的儒生，未免有抱殘守缺、拘牽敷衍之病。晉語好講歷史，把道義教訓寄放在記事中，每篇是一歷史故事；但顯然也有關於孔門所傳的道德教訓。此後左傳文體益繁複，修辭益富麗，用力渲染，當是在原始材料上有荀子學派所加入的編輯潤色之功而始成。

韓非顯學篇說：「墨分為三，有相里氏之墨，有相夫氏之墨，有鄧陵氏之墨」，並有所謂「南方之墨」。我疑墨學開始在東方，而相里氏之墨則顯屬三晉。鄧陵氏之墨應亦是南方之墨。則墨家流衍，顯亦可分為東方、中原與南方之三區域。

大體言，原始學派卽初期學派之文學，多可歸屬於「道義派」或「說教派」。新興學派卽中期學派之文字，則多近於「雄辯派」。後期學派之文字，則多近於「綜合派」。荀子最可為例。不僅其年代較在後，其生平足迹，生在趙，年輕時在齊，又曾西至秦，南至楚，晚年居蘭陵近魯，由他來作戰國晚期綜合派之代表最適合。左傳與小戴記中，有許多是荀卿門下之手筆。韓非、呂不韋亦承荀卿。呂氏賓客，大概以荀卿門下人為多。如韓非說難、五蠹，李斯諫逐客書，以及前此樂毅報燕王書等，從後代人觀點衡量，這些都是最好的散文，體格局度都完成了，幾與後代散文無別。荀子固不同於孟子，他所寫都是大文章，不再用「荀子曰」字樣，並標出勸學、強國、非十二子、正論等篇名，顯然都已是成體的論文了。

因此，我們可以說，中國古代散文最先只是「辭」，如孔子春秋。下面衍進到成「章」，如論語到孟子。下面再衍進到成「篇」；此一階段，由墨子、莊子衍進到荀子。逐步演進，其間確乎不容易。若從這一點來看，老子與中庸之成書，自然不能說遠在春秋之前或是春秋、戰國之際所能有。而左傳中許多長篇記事以及長篇發議，自然也不能在孔子前已有。

若不從設教、雄辯、綜合分派，中國古代散文也可標出四個字來分別：一是「樸」，卽平實文，注重實敍事理。二是「雅」，卽典雅文，注重闡說教訓。三是「辨」，卽縱橫文，注重分析是非。四是「藻」，卽藻麗文，注重矜張藻采。此四體，亦可約略分其時代先後。最先是「樸」，次則歧為「雅」與「辨」，最後乃始尚「藻」。論語以前全是樸。晉語樸，魯語雅，孟子、墨子尚辨，荀子則喜用藻。此外都可斟酌分別歸附。左傳則是雅而兼藻，老子乃是樸而兼辨。

我此篇所講，大題目是「中國古代散文」。題目雖似有一限界，而討論所及，牽涉殊廣。如論古代學術流衍與地域分佈，卽可單獨成一大題目。又如三傳異同先後，或左傳和國語之分合；又如論語、檀弓之文法比較，如小戴記與左傳之文體合闡等。從我此講中，可籀演出許多新問題來引申探究。此等問題，別人或多或少也講到，但似少從文學觀點來講的。這是我此講演中所開展的新方面。

現在再綜括來說。從前人研究古代學術，大約是分着經、子、史三部分，對於其中文學成份的一方面，則頗忽略。其實講此期文學的，大可與講經學、子學、史學相通發揮。尤其是講後代文學，不得不溯源到古代。若能從這裏下功夫，應可開出許多條學問的新路。因此我這一講演，相信其間實寓有開展新的學問路線之一項，這是尤其要請諸位注意的。

（此文刊載於一九六四年六月新亞書院中文系年刊第二期，原名西周至戰國之散文。）

# 道家思想與西方安那其主義

西方近代的安那其主義（Anarchism），有些處很近中國古代的道家思想。此事盡人皆認。但在兩個不同的社會裏，循著不同的歷史，而發展為不同的文化，中間雖有幾許思想與意見驟看好像大致相通，而仔細說之，則往往同不如異，其異者實更重要、更確實。任何學術與任何思想，都各從其特殊的背景裏產生，亦必仍將回歸到各自的背景裏去加以考察與瞭解。本文偶拈此題，聊當舉一反三之例證而已。

茲請先言其同者：疾人類文明之虛偽，而主洗伐蕩滌，重歸樸素，一也。尊重個性自由，進而主張無政府，二也。此最其犖犖大者，繼此則不勝其異。克魯泡特金乃近代西方安那其主義者之殿軍，在其自傳中，對於近代安那其主義者之態度與理想頗有論列。他說：

文明生活中充滿不少習俗的虛偽，虛無主義者最先便和文明社會底習俗之虛偽宣戰。

又說：

虛無主義者之特質，乃絕對的眞摯，唾棄了自己個性所不能承認的風俗習慣、迷信與偏見，除卻理性權威外，決不屈服於任何權威之下。

又說：

虛無主義者常好分析解剖所有的社會制度與社會習慣，又反抗一切虛僞的詭辯。

此處克氏所說習俗虛僞，同為中國道家思想所厭惡。克氏又說眞摯的個性，亦同為中國道家思想所寶貴。此實可謂中國道家與安那其主義出發之共同基點。但由此以往，則二者間的異相便難掩飾。克氏常稱頌大膽，稱頌野蠻精神，又說：

虛無主義者討厭一切虛僞形式的禮節，有時故意要裝出粗暴樣子來反抗那種圓滑的客氣。他反對適合於無理想的生活狀態之溫柔多感。

又說：

虛無主義者，有時高興外貌粗暴的樣子。

在此便可感到安那其主義與道家思想精神上之分歧處。

道家反對現社會之虛偽文明，常主歸眞返樸與反本復始。但若社會人生，果眞能擺脫現文明，回到他較原始的來路，則其態度，無寧較諸現在應該遠為粗野而強力。精細與溫柔，正是人類文明之弱點。但在道家思想裏，很少同情於粗野與強力。老子書中「古之善為士者」一節，描寫其理想人物之體態與意境，此與粗野強力相差甚遠。老子又說：

禮者，忠信之薄而亂之首也。

老子自為一最能看破世故者，然老子卻反更世故了，他並不能從世故中自己解放。同時可以說，老子疾虛偽，而老子不免於更虛偽。就莊子論之，其書中所描寫多樣的理想人物，大抵放浪形骸之外，而非粗暴與強力。此等放浪，只可仍託庇於他們所厭惡的現社會之虛偽文明裏；他們沒有實力擺脫現社會。若果反本復始，苟非粗野強力，何以自存？所以道家思想主張歸眞返樸誠若可取，但他們不主張剛毅強力而走了陰柔的路，這是他們的缺點。魏晉清談派，反抗社會虛偽習俗若更徹底，但他們依然是放浪，不是粗野。

安那其主義者痛恨怯弱與柔軟，而道家則正陷於怯弱與柔軟中。安那其主義者常主「冒險」「敢為」，而道家思想則只有「退嬰」與「柔遜」。這是一個大大的歧點。

克魯泡特金又說：

> 閒惰的生活，養成了種種風俗習慣，思想方法與成見。以及道德的卑劣。

安那其主義者對於閒惰生活痛加申斥，又主肉體勞動與智的勞動之聯合。道家思想則顯見有接近閒惰生活之病。一面常譏笑智的活動，而另一面又不歌頌肉體的活動。在莊老想像中的「反本復始」，其實是一種不切實際而無歷史根據的閒惰生活。所謂「含餔而嬉，鼓腹而遊，帝力於我何有哉」，其實是耽於閒惰生活者之幻想。至於魏晉清談，更是深中閒惰生活之毒，所不待言。

克魯泡特金又說：

> 甚至藝術，亦不免為虛無主義者所否定。美之崇拜，只是一個掩飾極卑俗的荒淫之假面目。

安那其主義者既深惡人生之閒惰，深悵現文明之虛偽，在其愛眞樸的本原之下而不免否定藝術，此亦其理論上應有的態度；但在此又不免與道家思想分歧。老子書裏對於藝術似無明白態度的表示，但莊子則時時流露其對於藝術之愛好，他常有「技」而進於「道」之描寫。藝術為人生中的細膩精美部分，道家雖說歸眞返樸返於自然，實際還是喜歡細膩與精美。他們雖非同情卑俗與荒淫，但亦不願返於鄙野與粗獷。他們想像中的自然，並不鄙野，並不粗獷，早已是藝術化了，早已是精美與細膩的自然。這一種趨勢在魏晉清談中，更顯得清楚。魏晉清談派無不深愛藝術，他們縱非卑俗荒淫，但至少是溫柔多感。循勢所往，則成纖弱與頹廢。

這裏又有一個顯著的異點，則為二者間對於機械之觀感。克魯泡特金深深讚美機械，他說：

> 機械完全而有力，其工作之靈妙，運動之優雅，在其本身便成一愉快之詩境。工作過度與永久單調總是有害，用手工作亦復與機械工作不殊。

安那其主義者只反對現社會之經濟組織，並不反對機械。他們欣賞機械的工作效能。他們本來厭惡閒惰生活，看重工作，只不要因工作而減損了人生的愉快。至於道家思想，則對於機械表示輕蔑與厭惡。漢陰丈人之高論，可為代表。所以近代西方之安那其主義者，無寧是欣賞機械而輕蔑藝術；中國古代的道家思想則正相反對，毋寧是欣賞藝術而輕蔑機械。這種歧點並非偶然，實有他們內部理論邏輯上必然之連鎖。

克魯泡特金又說：

虛無主義者底口號，是到民間去。

這更是安那其主義者與道家思想之歧異處。莊子書中的理想人物，莫非遺世獨立的；老子雖主張歸農，然此乃逃避現世文明之一種說法，並不是現代「到民間去」的精神。魏晉清談派更是終身沉溺迷醉在貴族式的閒惰生活裏，說不上到民間去。

克氏又說：

日常生活裏的一切風俗習慣法律，我們無法加以制裁，只有一個以志在剷除惡根的激烈的社會運動，才能夠改變他。

此乃近代安那其主義者所以要走向民間去的主因，他們志在剷除現社會一切惡根而發動了一個激烈的社會運動。甚至說：

繼續科學家的生活，簡直與加入僞君子的隊伍無異。

他們對於參加社會活動之狂熱可想而知。道家思想，卻走遠了一步。他們並不返到社會，返到民間，他們直是要離棄社會，離棄民眾，而直接返到自然。因此道家思想至多只相當於西方極端個人主義的安那其，雖亦含有徹底批駁現社會的情味，但永不會想去發動一種社會運動。至於魏晉清談派，更與現社會妥協，一面講究個人的虛無主義，一面則安享貴族的特權生活。此與現世安那其主義者的主要精神，更是絕相違異。

安那其主義者主張到民間去，發動社會運動，因此他們雖極端重視個性自由，雖進而主張無政府，但他們到底不忘團體，不忘組織。克魯泡特金說：

「安那其主義」一字從希臘文來，其意是無權力，而非無秩序。

他又說：

虛無主義者之特徵，乃坦白與認眞，他同時備有樸素與民主精神之兩種美德。

他們常說友愛精神與團結精神：

他們的團結只避去了一切手續與章程，而以個人的道德發展為基礎，感動別人，影響別人，但從不支配別人，並亦永無此想。他絕無領導人的野心，事無大小，都讓自己做。理想的社會在能鼓勵個人發意，而對一切傾向於統一與中央集權之趨勢則加以排斥。此社會將為一活的進化的有機體，大家不感有政府之必要。現在政府的種種職務都用自由協意與自由聯合去執行。

在克氏理想中的社會，是相互扶助與個人自由。故說：

個人與一切同伴同為一體。

此為安那其主義者之理想社會。至於道家思想，則只有個人自由，而無相互扶助，無所謂自由協意與自由聯合，無所謂團結與民主精神，又無所謂社會與有機體，更無所謂活的進化，故曰：「魚相忘於江湖。」道家意中，只有個人（魚）與大自然（江湖），個人與個人之間則以「相忘」為主；只有此自然的一氣之化，根本不認有活的機體與進化。這是道家思想與近代西方安那其主義之徹底相異處。克魯泡特金又說過：

人們沒有充分向前進的膽略，常將目光向後看。人們總不想有新的革命，而往往在舊的革命之後太息。

又說：

目光都向過去看，沒有一個膽敢審察將來。

故克氏屢屢要人有大無畏的冒險精神，敢作敢為的大膽精神，又鼓勵人思想的大膽與革命的狂熱；他要安那其主義者都有活潑少壯的新生氣。此一層又與道家不同。道家只是向後看，道家只有批評，沒有革命，沒有克氏所謂行動的力量與創制的力量。

克魯泡特金又說：

一個人走出了那習俗的文明之迷境，他底眞正需要便非常之少。

這一層在莊老書中，可謂已闡發盡致。只可惜莊老都沒有像克氏般抱有一種到民間去的精神，更沒有所謂發動一種激烈的社會運動之熱忱，沒有革命前進之勇氣與大膽。因此隨後的道家，最好的僅如漢文帝般之恭儉；否則玄默深靜，漸漸走上陰謀的路去；再不然則山林枯槁，辟穀求仙，自蘄個人壽命之長生，而成後世所謂之道士。至若張道陵、張角一輩人，則以卻病延年歆動民眾，而陰謀得天下，再從莊子做到老子；雖亦走入民間，鼓動民眾，卻絕非如近代安那其主義者之所謂社會運動。魏晉名士中間，不乏信仰天師道的，只為個人私幸福的期求，何嘗有近代社會運動之意味？

以上姑舉克魯泡特金一人的說話，來把近代的安那其主義和中國古代道家思想作一對比。其他如英國的羅素，他雖不自居為安那其主義者，但其言論思想很多與安那其主義相共鳴；他同時亦盛讚中國莊子老子，常常稱說莊老書中的理論，為他的自由主義張目。但羅素言論實亦與中國道家思想不同。姑舉其到自由之路一書中的話句，拈出數處以為例證。羅素說：

> 沒有孤獨的志願，新思想決不能達到目的。但孤獨而伴以冷淡，新思想亦不能成熟。

道家思想，正是孤獨而伴以冷淡。惟其孤獨，所以主張個性自由。惟其冷淡，所以絕不會形成社會運動。羅素又說：

> 有志改造世界底人，必須遭受孤獨攻擊、貧困嘲笑，必須生活在眞理與愛情之中，而有一種不

可克服的希望；必須正直、賢明、大膽與耐煩；然後再以長久的時間去征服外面的世界。

道家思想沒有愛情，亦不大膽、不耐煩，無所謂征服外面世界的希望。羅素嘗以「希望」與「恐怖」對舉，「創造衝動」鼓起希望，「佔有衝動」則產生恐怖；羅素竭力排斥人類的恐怖心而提倡希望心。此道家思想，一面雖可到達無恐怖的境界，但同時亦不主張有希望。後代的道家，只希望長生不死。此因人心到底不能無希望，對人類社會既乏愛心，遂轉向個人的壽命，寄其無聊不可能之幻想而已。羅素又分人類欲望為兩大型：一曰「創造衝動」，一曰「佔有衝動」。他愛引老子書中「為而不有」、「既以為人己愈有」的話，為「創造衝動」作註腳。但平心而論，莊老書裏，一面固看不起「佔有衝動」，一面也並未提倡「創造衝動」。道家只求人心到達一種無衝動的平衡狀態，因此道家雖不主佔有，亦不尚創造。羅素又說：

離於社會本能的思想和藝術，一般易流於裝飾的玩好的一途。

又說：

思想與藝術，應浸潤於服務人類的本能底意思裏面。應使心性的生活，成為社會生活的重要部分。

道家思想正缺乏服務人類的觀念，正想使其心性生活脫離社會生活而自由。魏晉清談更十足表現出一種僅成為裝飾與玩好的情景。我在此不想多所稱引，只此已足說明中國古代道家思想與近代西方安那其主義之絕不相同處。

繼此我想提出兩個問題來討論：卽何以中國古代道家思想和近代西方安那其主義雖同對當時社會的虛偽文明加以批駁，雖同主發揚個性自由，雖同抱徹底改變現社會而達到理想上無政府的境界；但在其實際的態度與意境上，卻有如此的不同。第二則儻使我們不如目下一般流行思想般，僅主崇拜西方模擬效步，而想在中國固有思想裏，看有何方面的意思與精神可以補救道家的那種缺點。我們試先從第二問題入手，漸次再轉回第一問題。

現在先總括上論，中國古代道家思想雖能透切批駁當時社會文明之虛偽及流弊，他雖主張根據個性自由徹底解放社會而另趨一理想的境界，其思想議論大體上頗有與現代西方安那其主義相似處，而立論之深微精闢時或過之。但他們的缺點，則在無粗猛剛厲的氣象，他們實際上不脫古代貴族社會閒情生活之幻景；他們輕視勞動，輕視社會之團體性；他們缺乏對羣眾的熱忱，因而他們不能由其對當時社會虛偽文明之透視而形成一種切實具體的改造運動；他們並無到民間去的志願，他們最多只是一聰明的自了漢。這是中國古代道家思想之缺點。若求在中國固有思想中加以調劑與補正，則令我們自然的想到墨家精神。墨家精神正是偏在粗厲強力方面，重視團體，重視勞作；具有對人類社會之無上熱忱，確切肯走向民間去推動一種改造社會的運動，而絕無古代貴族社會閒惰生活之氣息。上述道家思想之缺點，恰正是墨家精神之長處。說到這裏，又令我們想到莊子天下篇批評墨子的一番話。道、墨兩家似乎正站在思想的兩極端。但我從前一向說過，道家思想，其實從墨家精神中轉變而來。若許我們將先秦名家學術思想先後遞衍的線索一加細玩，其事不難明白。在墨子稍後，莊子稍前，其間尚有許行與陳仲，他們的言論行事，約略見於孟子書中。他們實有好幾處極像現代西方的安那其主義者。陳仲出身貴族，只因主張一種反貴族生活的社會主義，主張人人勞力自給，遂決意擺棄他的貴族家庭，獨自經營他小家庭的勞工生活。至於許行則隨身帶有一個勞工集團，遍走各國，一面切實踐行他們的生活規律與生活理想，一面又在理論上著意宣傳。這兩人都是當時志行卓絕的人物，我曾經斷定他們都是墨者之徒。他們的社會主義，卽從墨家勞工神聖的理論下脫胎而來。至於莊子的無政府主義，則又是繼許行「君民並耕」之主張而進一步來解消其困難之點而形成。只看孟子駁詰許行的一番話，再注意到莊周無治的理論，便見莊子思想實有補充許行學說之妙處。至於老子書則更屬後起，書中立論，正為針對戰國末年思想混亂之文弊狀況而設。凡此種種見解，曾約略見於舊著先秦諸子繫年及老子辨兩書中，現在不暇詳論。此處只求指出中國積極的社會主義者實為墨家。墨家理論已有不少專為批駁當時社會文明之虛偽不實而發，其精神完全為平民的，而實為道家思想之淵源。道家思想只是墨家理論之末梢處，而尾大不掉，自闢宗門，自成一派，掩其本原。我們若要討論中國的社會主義，應直從墨家一路看下；若徑從道家著眼，則自見其有太無氣力、太不精神處。但卻不是中國人根本不知道社會思想與社會運動。

現在再進一步，則有一令人頗感興味處。近代論者，皆謂墨家有近於西方之耶教。此種比擬，不得謂其全不是。今謂道家淵源墨學，而西方社會運動其實亦由耶穌教精神變來。當羅馬時代，耶教初行，本猶如今日之一種社會運動，不過理論上以宗教為出發而已。今日西方人頗有指目社會主義者與共產黨為新的耶穌教者，安那其主義自非例外。克魯泡特金雖屢有嚴厲呵斥教會的話，但近代西方的教會，本不能代表原始的耶教精神。然則道家源於墨，安那其主義源於耶穌教，其事亦正復相類。

今試再進一步略說西方社會主義者之背後的基本理論與耶穌教之相異處。原先耶教本在宣傳人道主義，以個人自由為出發，而宏闌平等與博愛精神，其理論根據則歸結於上帝的意旨。此等見解，越過中世紀，一到科學發達，理性抬頭，即難存立。現代的西方人，一樣要宣傳人道主義，一樣以個人自由為出發，一樣意在宏闌平等博愛，只不過不肯並亦不能仍站在上帝意旨上發言；於是一轉身便轉到自然，把自然代替上帝，此是近代西方以科學代替宗教之必然趨勢。西方社會主義與社會運動，其大血脈本與法國大革命潮流相匯通。即如盧梭的民約論與民權思想，亦由自然出發，從歷史上來講人類社會的本原處，即其未經後代社會虛偽文明所掩蔽處，來看人權平等。馬克思共產論，亦從歷史看去，亦要剝掉人類社會虛偽文明之外面的皮層而透視其內裏。此種精神，豈不與安那其主義一色，豈不與中國古代道家思想一色，全用的是一種對人類文明之洗伐解剖的工夫。托爾斯泰說：

人當如自然之生存而生存，並無人所獨有底特殊條件。彼等並無其他法則，彼等之法則完全與自然完全一樣。

托爾斯泰的思想，一面是耶教精神，一面是安那其精神；他的看重自然，正可透露出此中的消息來。現在所特要指出者，則為近代西方之社會主義與社會運動實為西方人生一大正統，直與古代耶教精神血脈相通。若不顧實際世俗的政權爭奪等利害關係，而單從純理上研尋，則安那其主義實應為西方一切社會主義與社會運動中之更正統的。最先的耶穌教亦捨棄政治問題，而一意為純理論的宣揚。若偏重如何奪得政權等方面來衡量安那其主義，則未免有為手段而移轉目的之嫌。但說到正統，這裏又有問題。西方文化本不專以耶教為正統，另有一正統則為希臘與羅馬。貴族階級的、藝術的與科學的生活，附之以軍事政治與法律之統制，在此下面形成貧富貴賤之不平等；兩者相衝突，而耶教則轉若偏在反抗方面。嚴格言之，毋寧以耶教精神為外來的，而希臘、羅馬精神則為固有的。再不然，則不妨謂希臘、羅馬為第一正統，而耶教則為第二正統。惟此二者仍有一共通性，則同為個人主義者是已。中世紀耶教得勢，此下文藝復興，第一正統又抬頭，一面是藝術與科學生活之再興，另一面則為古代貴族階級之變相復活；此即今日之商人階級與資本主義。由此看來，自見近代西方社會主義與社會運動，實是一種新耶教與新正統。故安那其主義之在西方，一面帶有宗教性，一面又帶有革命性；二者相兼，而又為西方文化上之一種正統的傳派，其地位之尊嚴與性質之莊重，由此可想。若論道家思想之在中國，不過是墨家一別派，而墨家又非中國文化之正統。道家思想在中國整個文化體系上所佔地位，本不能與安那其主義在西方文化裏的地位相比；故見中國道家思想若有種種缺點，不能與安那其主義相提並論。

繼此則要說到中國文化的正統，自然應該以儒家思想為主體。墨、道兩家的理論，都曾為儒家所糾彈。孟子書裏批評墨翟、許行與陳仲，荀子書裏批評莊子、老子，皆極深刻中肯，此處不詳說。此處所欲說者，則為儒家之吸收墨、道兩家思想以自己彌補與自己擴充之處。則試姑舉禮運一篇論之。禮為墨、道兩家共同反對的一大節目，他們都認為禮是人類虛偽文明之結晶；但儒家最看重禮，儒家的理想社會與理想人生都要用禮來支撐。禮運篇的價值，正在其儘可能地採納墨、道兩家批斥禮的短處，再用來重新建立禮的體系。或說禮運思想出於道家，或說禮運思想出於墨家，其實禮運依然是儒家精神，只不過吸收了墨、道兩家的精華以自廣。大凡兩家思想正相對立的不能相吸收，若果吸收對立的思想，便無異於自己移轉。一家思想較狹較小的，也不能吸收較大較廣的別一家的思想；若果吸收較他自身廣大的思想，便必然為較大的別一家所吞滅。耶教思想與希臘、羅馬的古典思想，正是恰相對立的。羅馬晚期，只為容許了希臘思想，便漸移轉向耶教方面去。中世紀以下的耶教世界，只為容許了希臘、羅馬的古典思想，便漸移轉向希臘、羅馬的古典方面去。繼此以往，若果西方再容許耶教思想，勢必又要移轉向耶教方面去。近來他們風起雲湧的社會主義和社會運動，深求其底裏，其實只是耶教精神與耶教思想。此派得勢，西方社會勢必移轉。社會主義者對科學與藝術的態度，已不認其為最高眞理之光明，而只認其為社會人羣服務之一種工具。在此種意態下，現代西方人生勢必再轉回頭向中古耶教的路上去。只因耶教與希臘、羅馬古典精神勢成對立，因此誰也不能吸收誰，只有相互移轉，更迭為主。這是西方文化演進的路徑。至於中國，墨、道兩家針對儒家與為敵立，但儒家並不針對墨、道而為敵立。因此墨、道兩家不能吸收儒說，若果吸收儒說，便無異自己取消；而儒家卻儘可吸收墨、道兩家以自廣。因此中國思想始終以儒家為惟一正統，而西方思想則以耶教與希臘、羅馬為兩個正統。這兩個正統相互成為反抗的與革命的，而中國墨、道兩家思想雖對儒家思想為反抗的與革命的，但儒家思想並不對墨、道兩家為反抗與革命。儒家儘可容許墨、道思想，吸收其精英，使墨、道失卻其反抗與革命之地位。墨家比較正面與積極的理論多些，但多為儒家吸收去，他便不能再存在，因此墨家在中國傳統思想下日見消沉。道家則比較反面與消極的方面多些，此等消極與反面的，儒家不能吸收，因此道家思想還能獨立存在，時時為儒家補偏救弊。因此中國思想界好像成為儒、道對立的樣子，其實道家只是反面的掎儒家之後角。西方耶教與希臘、羅馬兩個系統皆為正面的、積極的，故常互為代興；中國則一正一反，道家只在儒家背後盡他的補救之地位與責任。因此道家雖為墨家之支流與裔，而在後代的地位上轉踞墨家之上。道家雖若與儒家對立，而並不能與儒家代興。如此則中國文化演進，始終在儒家一條線上。這亦是東西文化體系不同一要點。

再加申說，西方耶教是人道主義的，然而陷在神秘的宗教裏，不能與政治、法律種種現實世界的人事相協調。希臘、羅馬精神則為現實人生的，然僅注意在科學、藝術、政治、法律各方面，如何去征服外界與表現自己，而沒有為人道主義安放一個應有的地位。近代西方的社會主義與社會運動，論其發源於人道主義之一點，可謂與耶教精神同出一根。但他們一方面卻不能再用耶教的宗教理論來作宣傳。於此不得不仍抬出自然來。既論自然，則還未能跳出科學圈子。克魯泡特金因感覺赫胥黎生存競爭論之兇暴，而決意來寫互助論。但「互助」到底不過為「互競」的一種手段，克氏的仁慈，豈不仍為達到赫氏兇暴的更好一種手段嗎？則人道主義之理論依然不徹底。而且若如安那其主義般的主張無政府，則依然仍如往昔的耶穌教，勢必仍自居於現實人事與現實社會之圈外。若退一步而容許了他們傳統的政治理論與政治作風，則西方政治根本淵源於希臘、羅馬精神，這中間又沒有為人道主義作一安頓處。至少亦是權力為重，人道為輕。社會主義者，若不與政治絕緣，勢必仍向傳統政治重權力、輕人道的方面移轉。因為權力之攫取與運使，而不惜犧牲個性自由，甚至不惜犧牲人道正義，這是安那其主義所最不放心的。但西方傳統政治觀念並不能跳出此圈套。克魯泡特金常頌揚西方中世紀自由都市，其實還只是希臘市邦與羅馬帝國之相異，在五十步百步之間而已。因此安那其主義者之政治理想，如其自然的人生論一般，同樣的不徹底。這上面正可看出，安那其主義實在只是現代西方社會之一種反動。此處所謂「反動」，即上述「反抗」與「革命」之謂。惟其是反抗與革命，所以易見其熱情與力量；然亦常不免於激昂與偏陷。激昂與偏陷，必多流弊。他們是從革命精神上來安裝一個革命理論的。若論中國道家思想，雖亦對儒家為反動，但卻不見有力量與熱情。此則由儒家思想之立論與處境較為中和，有以解消反對者之激昂與偏陷，因而道家思想若只見有補救而不見有反革。今言儒家思想，一面已儘量含有西方耶教與近代社會主義者之人道觀念，但並不站在宗教立場上，亦不以「惟自然」的偏論為根據。一面儒家與政治、法律種種現實社會人事相融洽，因此在中國儒家的道途上，可以接受西方第一、第二兩正統之正面積極的部分，而免去其相衝突與相敵對。儒家思想始終站在中和的領導地位，遂亦無所謂反抗與革命，亦沒有激昂與偏陷。因此若西方近代安那其主義所積極想望的理想境界，在中國社會上既已為儒家思想居於正面領導地位者所包容，在中國社會上自不易產生像西方近代安那其主義之激昂的、偏陷的反抗態度，而只形成我們中國的道家思想之只落於批評的補偏救弊。若不從頭將中西兩方整個思想系統詳細對列，而僅就中國道家與西方安那其主義相比論，則易見為中國方面之疲軟冷淡而不濟事。

但專就儒家論，亦決非無短處可言。西方正因第一、第二兩正統各走一偏，因而能各各走到其極端處；儒家從容中道，反若兩面不著邊岸。此層實際亦不然，此處不能詳說，姑待更端再論。此處則擬略舉儒家幾點短處：第一，因儒家同時著眼在政治問題上，常欲自己為政治上的正面領導者，因此其精神似乎每易側重在向上的，而忽略了向下；不如西方耶教以及近代社會運動者，他們先對上層政治界抱反抗與革命的態度，因而一心一意著重在向下到民間去。第二，則儒家既注重政治、人事正面事業之領導，而同時又極富於如西方耶教及社會主義者之人道觀念，因此常使儒家看重人事中的教育方面，而較忽略了對物的如西方科學方面的發展。此兩者，在儒家自身，亦並非不注意到，只沒有用力加以特別的提倡。在後亦儘可改進，而無需乎激昂與偏陷之抗爭。在此姑拈出儒家中之兩派論之：其一，如王陽明，尤其是浙中與泰州，龍溪、心齋門下，都有熱烈向下到民間去之風氣。又一，如顏習齋，則注重六藝習行，著意在對物的方面。此二派實足為近代提倡新儒風之指針。習齋論學，雖若反對陸王，其實正從陸王衍變；此層我在另一書中（中國近三百年學術史）已詳細闡述。陽明、習齋莫不痛疾虛偽華飾而崇尚樸素與平民精神。道家所以批評儒家之短處，儒家自可避免，此即在中國所以不易有激昂與偏激的學風之最大理由。

最後我當提到湘鄉曾文正。他曾有一句極堪玩味的話，他主張學者應以「老莊為體，禹墨為用」。此即我上文所論以墨學補道家之缺點也。其實墨之與道，雖本同支，要其互為體用，事殊不易。若眞能會通墨、道，互為體用，其境界意趣已近儒家。我想曾文正胸中的「老莊為體，禹墨為用」，大體上亦正近我所舉的陽明與習齋兼師並用之意。「老莊為體」還是一個偏自然的，還如托爾斯泰的理論一般。孟子曰：「人之異於禽獸者幾希。」若要認得此「幾希」，則不如以陽明為體，始是居於正面領導之地位。墨翟之用，歸本到天鬼的意志上，又要陷入宗教氛圍中去；不如改取習齋，又可免卻這一邊的偏陷。學者若肯對陽明、習齋兩家稍稍研尋，再細味湘鄉曾氏「老莊為體、禹墨為用」的話，然後返讀我上文所舉中國古代道家思想與近代西方安那其主義之比較，便可另長一番意思。我尤願學者將先秦儒家若禮運篇所言，以及王陽明答顧東橋書（收在傳習錄卷二。）末節所舉「拔本塞源之論」中所載他們心意中所藏理想的社會，來與近代西方安那其主義一比較。在此不僅可見儒、道（或儒、墨）異同，亦可見中西異同也。

（原載民國三十二年五月思想與時代二十二期）

# 斯多噶派與中庸

## 一

余謂雖不能一一密附切合，而中西哲人思徑所由，必有一二大同略似之處。比而論之，所以推見人類思維之軌轍，而為研治哲學史者之一助焉。爰拈斯多噶派（Stoics）與中庸證之。

斯多噶派倡一種「泛神的宇宙論」，宇宙中一切事物為神之發現，事物卽神也。世界一切存在之事物，既有形體，復具神性，神之法則到處流行，神與世界一而非二。宇宙者神之體魄也，神者宇宙之精神也，「神」與「物質」乃同一之物。自其受動之方面言之，謂之物質。自其活動之方面言之，謂之神。以與中庸所論極相似。中庸：

子曰：鬼神之為德，其盛矣乎！視之而弗見，聽之而弗聞，體物而不可遺。

此亦「神物一體論」也。故中庸上所表見之宇宙論，一方面為「惟物」，又一方面為「惟神」，相合而為一種「泛神的一元論」，與斯多噶派正同。

## 二

斯多噶派本其泛神的觀念，而謂宇宙乃是統制一切的規律，故宇宙乃一種必然之道，不可避之命。換言之，此宇宙乃從一不可犯之「法則」而活動者。神之法則遍滿於自然之中。此法則在中庸謂之「道」。曰：

道不遠人。

又曰：

道也者，不可須臾離也；可離非道也。

「道」之在天地之間，鳶飛魚躍，上下著察，無往而不見有道。既言有道，自不得不偏倚於「前定」與「命」。故曰：

道前定則不窮。

可見儒家中庸一派實與斯多噶派同抱一目的的、終局的宇宙觀者也。又曰：

君子居易以俟命。

大德者必受命。

「命」即發揮於自然之上之宇宙之大法則也。了解之為「知命」，服從之為「安命」，努力實現此神之法則「道」於自身，即「受命」也。

自其萬物之本體而言謂之「神」，自其本體之運行活動而言謂之「道」，自其運行活動之自然的規律而言謂之「命」，自其自然的規律之信實的德性而言謂之「誠」。故曰：

誠者，天道也。

誠者，自成也；而道，自道也。

又曰：

誠者物之終始，不誠無物。

自成自道卽是自然之意。又曰：

物之終始，只在此神之運行之道之規律之「實在」、「可信」而「一致」之中。（爾雅：「誠，信也。」孟子：「反身而誠。」注：「誠，實也。」說苑：「反質夫誠者，一也。」「誠」字含義，盡此三層。）故「誠」字亦含有「命定」之意。故曰：

至誠之道，可以前知。

可以前知之「命」，即是生育不測之「化」。故曰：

惟天下至誠為能化。

儒家所言「誠」，略當斯多噶派所云「理性」或云「本性」。斯多噶派以「理性」為「人格與宇宙之一致」。謂依照宇宙本性而生活，即是依照人的本性而生活。普遍的本性，即是向結局運動之一種創造的宇宙力。與此相符則為「道德」。故斯多噶派以適應自然而生活為道德之最高原理。於此有可注意者，則斯多噶派謂吾人人類之性質，與他劣等動物大有所異。人類非徒如他動物之僅有生活，而尤在其有理性。故斯多噶派所謂「宜適自然而生活」，即同於謂「宜從理性而制行」也。此與儒家「性善」之論彌見近似。彼其意實皆以人類內發之理想，而塗飾以天然之經程。此天然之衣被冠冕，實隨人體而為裁製，與純粹的崇仰天然者不同。是則此二派一共同顯着之態度也。

蓋儒家「性善」之論，雖創於孟子，而子思中庸實已顯含其義。故曰：

誠者，天之道也。誠之者，人之道也。

## 三

「誠之」即是順從此自然之法則而生活。物只能在「誠」之中，而不能「誠之」。故物之「誠」為無意志的、被動的；人能「誠之」，是有意志的、自由的。蓋一（物）則自然的順從自然（「誠」），而一（人）則自力的順從自然（「誠之」）也。故斯多噶派與儒家，均於命定說之中主張其「自由之意志」焉。

斯多噶派之言曰：

對於世界律可以有兩個態度中之一個：

一、彼之行事或由於盲目的脅從。

二、或由於充分的了解此世界律而自由順從之。
而其行事之遭遇，則為命定。命定之遭遇，不足以成罪惡。道德上之罪惡有三：
一、屈從於善。
二、祇與善有關係。
三、彼身所表出的神之道（「善」）非其自身之道。
則知自然雖善，而在人類之自然則不為善。必待人類之自由了解之而自由順從之，乃得為善。

觀此則可見斯多噶派對於自由意志之鄭重，而一面又綦重「智識」。於此點斯多噶派殆可謂復興蘇格拉底「智識即道德」之教義，而與中庸之論調亦相脗合。

中庸開首即云：

天命之謂性，率性之謂道，修道之謂教。

率，循也。修，明也。修道正有了解而修行之意。故曰：

自誠明，謂之性；自明誠，謂之教。誠則明矣，明則誠矣。

「自誠明」是人類獨有之天賦，所謂「理性」是也。他劣等動物則「誠」而不「明」矣，孟子所謂「行矣而不著，習焉而不察」者也。「自明誠」就是斯多噶派所謂「充分了解此世界律而自由順從之」也。

中庸先言「明」，次言「強」。故曰「擇善固執」，曰「博學、審問、慎思、明辨、篤行」，「人一己百，人十己千；雖愚必明，雖柔必強」，以求達於「至誠」。至誠是誠之「至」，完全由乎「人為」。唯至誠可以盡性，以至「盡人之性，盡物之性，贊天地之化育，而與天地參」。至於眾人愚柔，只是行於道中，不能自發意志去行道。故曰：

人莫不飲食也，鮮能知味也。子曰：「道其不行矣乎！」

是說人不明道，不能依照着去行道，非道自身不行也。道之自身，流行不息，如天地之化育。人去行道，是參贊天地。（按：此所論「行道」，自是中庸正義。宋儒愛講自然，怕犯手脚。不識不知，冥符暗合，並非中庸之義，亦非儒家本來面目也。此當別論。）

斯多噶派既重人類自由之意志，故於富貴、健康等一切物質境遇之善，謂其自身皆無何等之價值，皆非眞善。吾人但當以「德」為目的，利用物質境遇，使有助於理性之生活；而僅認其有比較之價值。此如中庸「君子素其位而行，不願乎其外」也。故「正己而不求於人」，「上不怨天，下不尤人」。故斯多噶派與儒家其倫理學上之傾向皆重「動機」，至其動機之前後，則一歸諸「命」。

於宇宙的觀點，則重規律之前定。於人格之觀點，則重自由之意志。結果在「倫理」上是一種「二元論」，在「玄學」上為一種「一元論」。其立論之巧，二派大概相似。一部中庸論「明」，論「誠」，論「率性」、「修道」，亦可藉而益明其眞義。

# 四

然此僅為部分之巧合耳，至於二派態度迥異之處，則為對於「情」的價值之評判。斯多噶派殊輕視情欲之生活，謂人類情念實為惡之根源，故不惟宜加抑制，更進而求其根本之消滅焉。惟消滅情念，然後可使我精神安靜。為求精神之安靜，甚至尚退隱，樂獨居，於國家、社會、政治、法律諸事，均不免抱消極之態度。更進而貴自殺，以表其蔑視物質境遇之生活而希冀一己精神得脫塵世之羈絆焉。儒家則不然。

中庸云：

喜怒哀樂之未發謂之中，發而皆中節謂之和。中也者，天下之大本也；和也者，天下之達道也。致中和，天地位焉，萬物育焉。

是直以喜怒哀樂之情為天下之「大本」、「達道」，與斯多噶派之求消滅情欲者迥異矣。蓋斯多噶派欲「以理性統制情欲」，而中庸所云，則「理性卽在情欲之中」；兩家下手輕重，自有微辨。惜乎儒家後傳，亦多喪失本意，而致嚴於「天理」、「人欲」之爭，不能從容中道以庶幾於「誠身」之樂也。

## 五

其次儒家於國家、社會、政治、法律諸事，皆抱積極之興趣，又與斯多噶派有別。蓋兩家學說，雖均重個人，而斯多噶派則似以個人理性之完成卽為宇宙理性之完成，而儒家則以宇宙理性之完成為其個人理性之完成。故斯多噶派宗旨不過望個人精神之安寧，而儒家則盡己之性者乃將以盡人、物之性，而其着手則全在個人自身耳。然至孟子已有「達則兼善天下，窮則獨善其身」之語。後之儒者，每偏於「獨善」一途，視為修養正軌，不能徹底做到儒家「參贊天地」之本意，亦不可不謂非一大憾事也。

其他如斯多噶派分人類為兩級：一智者，卽有德者；一愚者，卽邪惡者；而不認其間有逐層之階段；故謂道德非「漸進」而係「驟轉」；亦與儒說略似。雖中庸無明文，而孟子常言：「人皆可以為堯、舜。」又曰：「人之異於禽獸者幾希。」「不為聖賢，便為禽獸」，亦儒家一顯明之倫理觀念也。

章炳麟以斯多葛之艱苦，而推與列子厭世同類等觀；則可謂見其細枝，忘其大本者也。以我觀莊、列之學，寧謂其近似伊壁鳩魯耳。暇當更端證，此則不遑及也。

（原載民國十二年二月二十二日上海時事新報副刊學燈）

# 伊壁鳩魯與莊子

## 一

列子書不可信，請論莊子。

莊子亦一抱快樂主義之哲學家，故其全書開宗明義第一篇即曰逍遥遊。「逍遥遊」者，莊子理想中之快樂狀態也。伊壁鳩魯（Epicurus）哲學之根本要義，可以一語概之，曰：「快樂是善，而苦痛為惡。」莊子全書中，殆充滿此一語之精神。其第二篇齊物論，則本此精神而衡量世間事事物物之價值者也。莊子之意，以謂：世間無眞是非、眞善惡，只求自得諸一己之心而適者即為是、為善，其他則一不之顧。故曰：

唯達者知通為一，為是不用而寓諸庸。庸也者，用也。用也者，通也。通也者，得也。適得而幾已。

「得」卽是「自得」，得之於己。「民食芻豢，麋鹿食薦，蝍且甘帶，鴟鴉嗜鼠，四者孰知正味？」味之內得於己者，卽正味也。捨吾口之內自得者，而外求正味於他人，豈有當哉？此言「彼」、「我」之間也。又自設喻以明意曰：

昔者莊周夢為蝴蝶，栩栩然蝴蝶也，自喻適志與！不知周也。俄然覺，則蘧蘧然周也。不知周之夢為蝴蝶與，蝴蝶之夢為周與？周與蝴蝶，則必有分矣。此之謂物化。

推莊子之意，以謂：大化無極，先後不相知，故前之以為是者，後或以為非；今之所謂善者，古或以謂惡。茫無一定之「標準」，（莊老學說主要點卽在打破「標準」。）只求其「適志」則可已也。此言「今」、「昔」之間也。「齊物」大意，不過如此。

## 二

二派既均持快樂主義矣，而其所承認為快樂者，亦有相似之點。先伊壁鳩魯而倡快樂主義（Hedonism）者，有西任列派（Cyrenaics）。其言快樂也，以「感官刺激」之強度滿足為主。殆如吾國楊朱之縱慾。（楊朱據偽列子，恐是魏晉人學說，學莊老而未至者言也。）伊壁鳩魯則主張持久的快樂，故重「心靈」而黜感官。莊子亦言：

失性有五：一曰五色亂目，使目不明。二曰五聲亂耳，使耳不聽。三曰五臭薰鼻，困惾中顙。四曰五味濁口，使口厲爽。五曰趣舍滑心，使性飛揚。此五者，皆生之害也。而楊、墨乃始離跂自以為得，非吾所謂得也。夫得者困，可以為得乎？則鳩鴞之在於籠也，亦可以為得矣！且夫趣舍聲色以柴其內，皮弁、鷸冠、搢笏、紳修以約其外，內支盈於柴柵，外重纆繳，睆睆然在纆繳之中，而自以為得，則是罪人交臂、歷指，而虎豹在於囊檻，亦可以為得矣！（天地）

此段表明莊子對於快樂的態度極明晰。前四層指斥感官之刺激，以謂刺激強烈，則足以失性；此莊子反對楊朱縱慾派之言也。第五層「趣舍滑心」，則為反對墨子絕慾而發。墨子持「兼愛」者也，嘗設為「兼」、「別」之二士而極論之，以謂天下無愚夫愚婦，平居持議則「非兼」，至於臨患難寄託其身家妻子則「取兼」，故曰：「言而非之，擇即取之。」以謂天下之言行皆相拂悖。（兼愛下。）巫馬期謂之曰：「我與子異，我不能兼愛。……愛我家人於鄉人，愛我親於我家人，愛我身於吾親。……」墨子謂之曰：「子將以子義告人乎？人說子義，則將殺子以自利。人不說子義，亦將殺子。」（見耕柱。）墨子為此而言兼愛，可謂「趣舍之滑心」也。故莊子評之曰：

> 其生也勤，其死也薄，其道大觳。使人憂，使人悲。其行難為也。恐其不可以為聖人之道，反天下之心，天下不堪。

又曰：

> 墨翟、禽滑釐之意則是，其行則非也。將使後世之墨者，必自苦以腓無胈、脛無毛，相進而已矣。亂之上也，治之下也。雖然，墨子眞天下之好也，將求之不得也，雖枯槁不舍也。才士也夫！（天下）

此說墨者自苦而求為天下之所愛好也。人孰不好他人之視我如視其身者？墨子乃眞忘其一己內心之眞而視人如己，雖枯槁而不舍，此眞難能之材士！雖而謂之「失性」則無辯，謂之不能「自得」亦無辯。讀墨子書，絕不能證明「兼愛」之本於自我之生，而徒謂其舍於他人之欲，因遂以合於他人之欲者自取以制吾心，是非「趣舍之滑心」而何？讀此而莊子之態度從可知矣。

三

伊壁鳩魯因求內心持久之快樂，遂重視固定而不變之心態。得此固定而不變之心態者，厥有兩途：

一、不為世羈。

二、寧情制欲。

莊子所論「失性」之第五層，卽一點之反面也。前四層，則二點之反面也。其實則一事也。莊子之稱述「眞人」，常曰「寧靜」、曰「恬淡」、曰「平易」、曰「虛」、曰「素白」、曰「純粹」、曰「天德」，凡以描摹此一事而已。（此一事卽「不失其性」，卽「自得」，實卽理想中之正式的快樂狀態也。）曰「寧情制欲」者，非眞滅絕情感使淨盡無存也。（斯多噶則然。）特使其情欲不見缺憾、不受擾亂已耳。莊子有曰：

（神人者，）物莫之傷。大浸稽天，而不溺；大旱、金石流、土山焦，而不熱。……孰肯以物為事？」（逍遙遊）

人類所以不得一日安寧其心神而弊弊焉終生「以物為事」者，徒以「物」之將傷於我也。既將「以物為事」，卽不能有理想中「自得」之安寧狀態矣。莊子所謂「物莫之傷」者，有二端焉。曰：

至德者，火弗能熱，水弗能溺，寒暑弗能害，禽獸弗能賊。非謂其薄之也，言察乎安危，寧於禍福，謹於去就，莫之能害也。（秋水）

又曰：

聖人處物不傷物，不傷物者，物亦不能傷也。（知北遊）

此一術也。既不願脫離環境，亦不敢違抗環境，（斯多噶兩有之。）乃隨順環境而自勉於調劑，以求得其內部之安寧焉。是莊子非眞能制「外物」使不為我害也，特裁制我心使無嬰「外物」而遭其害耳。又曰：

> 夫醉者之墜車，雖疾不死。骨節與人同，而犯害與人異，其神全也。……故遻物而不慴。彼得全於酒而猶若是，而況得全於天乎！（達生）

此又一術也。「外物」之為害於我者，有可避，有不可避。故曰：「外物不可必。」則雖察安危、謹去就，而「外物」之害傷之者猶將至也。故曰：「知有所困，神有所不及。」於是而求其「遻物而不慴」者。是莊子非徒僅能避物使不害己也，乃直將物雖害之而自以謂猶若無害也。夫物雖害之，而猶自以謂若無害者，則宜其終不肯「以物為事」也。

> 子輿有病，子祀往問之。曰：「汝惡之乎？」曰：「亡。予何惡！浸假而化予之左臂以為鷄，予因以求時夜。浸假而化予之右臂以為彈，予因以求鴞炙。浸假而化予之尻以為輪，以神為馬，予因而乘之，豈更駕哉！且夫得者，時也。失者，順也。安時而處順，哀樂不能入也。……物不勝天久矣，吾又何惡焉！（大宗師）

莊子非徒不願有哀，亦且不願有樂，（此所謂「樂」，是一種積極向前要求所得之樂，伊壁鳩魯亦所不取。）哀樂不能入，而後可希於寧靜之「自得」焉。故莊子非「絕世」者，非「淑世」者，乃一「隨世」者、一「混世」者耳，乃世界中一中立的旁觀者耳。此與伊壁鳩魯可謂恰肖。

## 四

伊氏一生多病，病胃，病便血，終身與病魔相撐拒。方其死，寓書於所親愛之弟子，謂：「身患二病，忍受一生，不以自餒。」今不知莊子生前身體何似，然其所描寫之子輿、子來之流，則亦儼然一伊氏也。

擾精神而見苦者，莫過於死。伊氏則曰：「生不知死，死不知生，死非吾人所當顧慮也。」莊子亦言之，曰：「予惡知乎惡死之非弱喪而不知歸者耶？」（齊物論）曰：「有旦宅而無情死。」曰：「善吾生者，乃所以善吾死也。」（大宗師）莊子非能逃死，特能知死不足畏。此莊子所謂「眞知」。曰：「有眞人而後有眞知。」莊子之所謂「眞人」，卽伊壁鳩魯之所謂「慧者」。慧者未必有手段能自求快樂，然有眼光，覺斯世形形色色皆匪可悲。（卽是眞樂。）卽至大病，至死，世人視之謂至可悲者，慧者視之亦非悲。如是而已！

## 五

慧者既有眞知，與世俗之知不同，故凡舉世所謂知，皆為慧者所不屑，而鄙斥之。伊壁鳩魯貶損一切文化，以謂智識無增於快樂。莊子亦云然。故曰：「黃帝遺其玄珠，使『知』索之而不得也。」（天地）以文化為快樂之障礙而破抉之者，是伊氏與莊生之所同也。

為快樂之障礙者，又有宗教。有宗教則不能樂（自得），猶有文化則不能樂也。人類將求內心之安寧而快樂，必將擺脫一切束縛牽制，視「外物」為不足奇（無宗教），不足重（無文化），而後得精神平安而內心寧靜焉。此又伊氏與莊生之所同也。故曰：

吾有待而然者耶？吾所待又有待而然者耶？（齊物論）

有先天地生者物邪？（「者」卽「之」字。）物物者非物。物出不得先物也，猶其有物也。猶其有物也無已。（知北遊）

此不認有神之先萬物而生之說也。故曰：「聞在宥天下，不聞治天下。」（在宥）一部莊子，不過要打破治天下之宗教的迷信與文化的傳說，以在宥天下人而已。惟在我國者，迷信之色彩淡，而傳說之壓逼重；故莊子書中，亦以對於文化之打擊為尤力焉。

## 六

今請進論伊氏與莊生之宇宙論，則又皆同抱一種「惟物」的原子論者也。伊壁鳩魯之「宇宙觀」，與斯多噶派同為導源於德謨克利泰（Democritus）之「原子說」；斯多噶派取其原子變易之則律，而伊壁鳩魯則僅取其原子之變易焉。此若莊周、子思二人之學，同導源於老子之「道」，子思則注重其道之「必然」，（老子書中如「將欲歙之，必固張之」之類，是言道之必然的則律也。）莊周則注重於道之「無常」，（老子書中如「持而盈之，不如其已」之類，是言道之運行之無常也。）中西思逕，較然若出一轍，亦有味事也。

莊子之論「物」也，以謂：

萬物皆種也，以不同形相禪。始卒若環，莫得其倫，是謂天均。（寓言）

胡適解之曰：「萬物本來同是一類，後來纔漸漸的變成各種『不同形』的物類。卻又並不是一起首就同時變成了各種物類。這些物類都是一代一代的進化出來的，所以說『不同形相禪』。」

胡氏之解，與莊子原文意義迥異。兩兩比看，洞然易見。莊子「萬物皆種也」一語，是說萬物皆可以為種子。如「犬可以為羊」，是犬為羊之種也。故曰「以不同形相禪」。胡氏則謂「萬物皆一種」，「以不同形遞禪」。一為混雜的變化，而一則為系統的進化矣。是胡氏以後世生物學家之言附會莊子，非莊子之本意也。不知進化之說，與莊老哲學絕不相容。請言莊之眞意！

少知曰：「四方之內，六合之裏，萬物之所生惡起？」太公調曰：「陰陽相照、相蓋、相治，四時相代、相生、相殺。欲惡去就，於是橋起。雌雄片合，於是庸有。安危相易，禍福相生。緩急相摩，聚散以成。此名實之可紀，精微之可志也。隨序之相理，橋運之相使，窮則反，終則始。此物之所有，言之所盡，知之所至，極物而已。覩道之人，不隨其所廢，不原其所起。此議之所止。」（則陽）

推莊子之意，以謂「物」之成毀為「氣」之聚散。而氣有陰陽之分，相尅、相治，遂成萬異之物。然此陰陽二氣，亦不過指物之聚散成毀者而言；至於物究何始，則知道者所不言也。又曰：

至陰肅肅，至陽赫赫。肅肅出乎天，赫赫發乎地。兩者交通成和而物生焉。（田子方）

人之生，氣之聚也。聚則為生，散則為死。……故萬物一也。是其所美者為神奇，其所惡者為臭腐。臭腐復化為神奇，神奇復化為臭腐。故曰：通天下一氣耳。聖人故貴一。（知北遊）

故曰：

自本觀之，生者，喑醷物也。……須臾之說也。（知北遊）

此言之尤詳析。試問只一氣之聚散為生死者，何嘗有「物種」之觀念？以臭腐神奇為互相還轉者，何嘗有「進化」之觀念？而得以生物進化之論強誣之耶？然胡氏所尤引以自喜為創獲者，則在解至樂一段，試引如下：

種有幾，得水則為㡭，得水土之際，則為鼃蠙之衣。生於陵屯，則為陵舄。陵舄得鬱棲，則為烏足。烏足之根為蠐螬，其葉為蝴蝶。蝴蝶胥也化而為蟲。生於竈下，其狀若脫，其名為鴝掇。鴝掇千日為鳥，其名為乾餘骨。乾餘骨之沫為斯彌。斯彌為食醯。頤輅生乎食醯。黃軦生乎九猷。瞀芮生乎腐蠸。羊奚比乎不箰，久竹生青寧。青寧生程。程生馬。馬生人。人又反入

於機。萬物皆出於機，皆入於機。（至樂）

胡氏謂「幾」字可以叫做「元子」，為物種最初時代的種子。末三句所用三個「機」字，皆當作「幾」字。從這個極微細的「幾」，一步一步的以不同形相禪，直到人類。人死了還腐化成微細的「幾」。胡氏大誤處卽在強裝上「一步一步的直到人類」一句，以謂是「一層一層的進化，一直進到最高等的人類」。（參看胡適中國哲學史大綱卷第九篇第一章和第八篇第五章。）而不知原文中所言者，厥為「形化」，而非「種化」。如雀入大海為蛤（見月令）、鼃化為鶉（見墨子）之類，是「形化」也。此乃我國古時流行之傳說，而莊生亦信之。故曰：「烏足之根為蠐螬，其葉為蝴蝶。蝴蝶化為蟲。千日化為鳥，其沫為食醯。」明言「形化」，非若近世生物學者之言由猿種進而為人種，為物種的進化也。且原文又明明無一步一步之階級連絡其間。「馬生人」之說，（或謂據搜神記秦孝公時有馬生人，莊生或據其時之傳說而言。）正謂馬死而其幾可以變人，亦如人死之可以化為鼠肝、為蟲臂；左臂之可以化鷄，右臂之可以化彈也。

讀書者，不觀其全體，掇其會通，而第篡取其一節以為比附，其弊最見於近人之論國故，而胡氏不免也。然則莊子此文，究何意？曰：郭象得之矣。象之言曰：

此言一氣而萬形，有變化而無死生也。

故本節開首卽曰：

惟予與女知，而未嘗死、未嘗生也。

此文又見於列子天瑞篇。列子固不可信，此節多若「鼃化為鶉」，「羊肝化為地皋」、「馬血之為轉鄰也」、「人血之為野火也」、「鷂之為鸇，鸇之為布穀，布穀久復為鷂也」、「鷰之為蛤也」、「田鼠之為鶉也」、「朽瓜之為魚也」、「老韭之為莧也」、「老羭之為猨也」、「魚卵之為蟲」諸句，似是後人注語之誤入正文者。然可見其時解此文者，尚能明莊生之論「形化」，故廣引以證之也。張湛注亦有可取者，曰：

自從鼃至於程，皆生生之物，虵、鳥、蟲、獸之屬，言其變化無常。或以形而變，或死而更生，終始相因，無窮已也。……生於此者，或死於彼；死於彼者，或生於此。……一氣之變，所適萬形；萬形萬化，而不化者存。歸於不化，故謂之機。

胡氏謂此一節文，自古至今無人能解。實則文中所舉動植各名，雖胡氏亦自不解。若其大義所在，則郭、張以來，能解之者亦非眞無人也。

余謂文中「幾」字，即伊壁鳩魯之所謂「元子」也。卽指氣之極微小而不可分者言也。原子無因的轉動，偶然的結合，而組成種種之物象，何可欣羡？亦何足厭惡？何分善惡？亦何擇輕重？莊子之意，僅如此耳。故曰：

貴在於我，而不失於變。且萬化而未始有極也，夫孰足以患心！已為道者解乎此。（田子方）

莊生之論，不過求生死之不足患心而已。謂其抱持元子的宇宙論則可，謂其發明生物之進化論則不可也。謂其抱持元子的宇宙論，則與其哲學全部一貫，而原書各節有文從字順、冰解凍釋之效。謂其發明生物的進化論，則與其哲學全部背馳，而原書各節語句亦多不可強解者。謂其抱持元子的宇宙論，則可以見古代思想之大概的程度。（儒家亦言「氣」。）謂其發明生物的進化論，則殊無以解釋此大智深慧之何從得此創見也。

# 七

茲綜舉兩家學說相似大端如下：

一、主張快樂主義。

二、重持久的快樂，故重內心之安寧，而不貴外感刺激之強烈。

三、消極的限制對於外感（物界）之要求。

四、對於不幸境遇（病、死等）之達觀。（自慰。）

五、宗教（神）與文化（知）的打破。

六、唯物的元子論之宇宙觀。

至於兩家異點，則為其對於政治的態度。

蓋伊壁鳩魯與斯多噶兩派之學說，導源於其七十年前之西任列派（伊壁鳩魯之前驅）與犬儒學派（Cynics）（斯多噶派之前驅）。而茲兩派，則純為個人的享樂主義派也。莊子之學，本諸老子。老子學說，本為「君天下」者而設，故莊子雖極尊個人，而其論鋒時及政治。內篇七篇，歸結於「應帝王」，明莊生之不忘政治也。「駢拇」、「馬蹄」、「胠篋」諸篇，遂樹吾國無政府主義之極鮮明的旗幟焉。子思之學本諸孔子，故亦重視政治。此則其異也。

伊壁鳩魯派團體之組織綦嚴，而宣傳甚烈。莊子則「以天下為沉濁，不可與莊語」，故「獨與天地精神往來，而不敖倪於萬物」（天下）云。是亦其一異矣。

（此文續斯多噶派與中庸而作。原載民國十二年三月四、五日上海時事新報副刊學燈。）